TIRE VANTAGEM DA ADVERSIDADE

Dra. Gail C. Feldman

TIRE VANTAGEM DA ADVERSIDADE

TRADUÇÃO
Vera Maria Marques Martins

2003

EDITORA BEST SELLER

Título original: *Taking Advantage of Adversity*

Coordenação editorial
Janice Flórido

Editores
Eliel S. Cunha
Fernanda Cardoso

Edição
Roberto Pellegrino

Editora de arte
Ana Suely S. Dobón

Revisão
Calvin Carruthers

Editoração eletrônica
Dany Editora Ltda.

EDITORA NOVA CULTURAL LTDA.
Direitos exclusivos de edição em língua portuguesa no Brasil
adquiridos por Editora Nova Cultural Ltda.,
que se reserva a propriedade desta tradução.

EDITORA BEST SELLER
uma divisão da Editora Nova Cultural Ltda.
Rua Paes Leme, 524 – 10º andar
CEP 05424-010 – São Paulo – SP
www.novacultural.com.br

2003

Impressão e Acabamento
RR Donnelly América Latina
Tel.: (55 11) 4166-3500

Com afeto, dedico a:

Dra. Elisabeth Kübler-Ross, Psiquiatra

A experiência da morte é quase idêntica à do nascimento.
É um nascimento em uma existência diferente.

Agnes Martin, Pintora

Assim como o rio corre para o mar, como a planta cresce para o sol,
Nós fluímos, crescemos e existimos.

Índice

Agradecimentos

Houve fatos ruins e bons no dia em que eu nasci. Em 21 de setembro de 1941 os nazistas cercaram Leningrado, preparando-se para matar de fome o povo da cidade. Mas, em Nova York, o Museu de Arte Moderna recebeu em seu acervo *Noite Estrelada*, de Van Gogh. Cresci no único beco sujo de San Diego, porém a cidade oferecia lindos parques e praias que foram meus *playgrounds*. O dinheiro era pouco, mas quando minha mãe me mandava comprar pão, precisava me dar apenas oito *cents* para pagá-lo. Eu estava com oito anos na época em que meus pais se divorciaram, e minha mãe, que não chegara ao segundo grau na escola, foi trabalhar em uma fábrica de aviões. Por ser obrigada a ficar sozinha a maior parte do tempo, aprendi muito sobre independência e engenhosidade. Minha irmã, Judy, quatro anos mais velha, descontava sua raiva em mim, mas isso foi superado pela profunda afeição que se desenvolveu entre nós no decorrer dos anos. Agora somos unidas pelo coração, e agradeço a ela por haver me acompanhado nas muitas viagens que fiz, pesquisando para escrever este livro.

Todos os aspectos da minha infância contribuíram para que eu adquirisse flexibilidade e crescesse. Cada experiência apavorante foi como uma vacina, aumentando minha imunidade contra os acontecimentos difíceis que vieram depois. Na primeira vez em que minha mãe saiu com um homem depois do divórcio, ela me deixou na casa de meu tio-avô Ellis. Minha irmã estava morando com nossos avós por algum tempo por ser "incontrolável". Agora eu sei que nos anos 1940 o divórcio era considerado uma desgraça.

Minha perfeitamente respeitável mãe de repente tornou-se uma pessoa suspeita, uma ameaça para as mulheres casadas. Tínhamos de ir para fora do bairro para que ninguém a visse envolvida naquela atividade abominável que era namorar. Tio Ellis foi para a cama logo depois que ela saiu, mas eu não consegui dormir. Fui sorrateiramente ao quarto dele, sentei-me ao lado da cama e fiquei observando-o respirar até minha mãe voltar.

Agora acho isso engraçado, mas na época fiquei aterrorizada. Já perdera meu pai, e receava que minha mãe não retornasse. O velhíssimo tio podia escolher aquela noite para morrer, e o que seria de mim, então? Mas tio Ellis sobreviveu à noite, e eu também. Só precisei de mais um incidente para me curar do medo: tiveram de telefonar para minha mãe no meio da noite para que ela fosse me buscar na casa de minha amiga Gloria Metrovich, onde eu estava chorando, quando devia estar dormindo. Mamãe foi em meu socorro e, enquanto andávamos de mãos dadas à luz do luar, uma profunda sensação de calma caiu sobre mim, e, dali por diante, nunca mais tive medo de ficar longe de casa. Depois daquela noite, tornei-me a menina que mais dormia em casa de amigas em toda San Diego. Levava meu pijama e meu travesseiro e me acomodava no quarto delas tranqüilamente. Dormi tantas vezes na casa de Karen Wickstrom que acho que deveria ter pagado aluguel.

E tudo isso me leva a pensar em cordas de salvamento, bóias e barcos. Na vida de todas as pessoas existem outras que servem de cordas de salvamento, levando-as através de águas turbulentas. Muitas pessoas de San Diego tornaramse como da família, servindo de bóias para a minha autoconfiança, ajudando-me a atravessar tormentas emocionais, serenamente insistindo para que eu fizesse coisas que julgava impossíveis. Karen Wickstrom Karros e sua mãe, Mayrel, têm me dado apoio desde que eu estava no jardim-de-infância, e sua casa era um porto seguro logo ali, na frente da Escola Primária McKinley. Meus outros amigos, Maggie e Bob White, Janice, Jolene, Betty, Marilyn, Mary Jo e todas as outras garotas na casa de quem eu dormi tantas vezes e sobre quem escrevo no quinto capítulo, flutuaram a meu lado, oferecendo incentivo.

Meus professores da Hoover High School bondosamente encorajaram-me a me candidatar a uma bolsa de estudos para a faculdade, dizendo-me para ir em frente, enquanto eu secretamente achava que apenas os jovens ricos que moravam em Kensington Park eram bastante inteligentes para prosseguir além do colegial. Ninguém de minha família freqüentara uma faculdade. Os professores e supervisores da San Diego State University reforçaram meu senso de competência durante meus estágios no programa de saúde mental e ajudaram-me a acreditar que eu podia fazer o curso de mestrado na University of Southern California. Há pessoas demais para ser todas citadas aqui, pessoas que serviram de instrumento para que eu chegasse a receber o título de doutora e, mais tarde, a escrever livros. Espero que todos vocês saibam que moram no meu coração.

Minha querida amiga Marcia Landau, de Albuquerque, é um destaque no departamento de cordas de salvamento. Ela me apóia, dia e noite, durante cada crise que eu enfrento na vida. Também compartilha as minhas alegrias. Agradeço a paciência que ela teve ao ler meus primeiros manuscritos.

Minhas filhas, Nicole e Megan, me dão alegria, energia e surpreendem-me constantemente. Depois do nascimento de cada uma delas, senti que poderia morrer satisfeita, pois sabia que as trouxera a um mundo que eu ajudara a tornar melhor. Agora que são adultas, admiro-as por seu sucesso e conto-as entre minhas amigas mais íntimas. Niki me ensina paciência no amor. Megan me inspira com sua inteligência aguda.

Quero agradecer a todas as pessoas sobre as quais escrevo neste livro e que dividiram comigo seu sofrimento, seu crescimento e sua criatividade. Agradeço especialmente aos artistas Agnes Martin, Celia Rumsey e Michael Naranjo. O espírito inesquecível de Sarah Dixon completa esse quarteto de vidas inspiradoras. Eu me maravilho com todos vocês e agradeço a meus anjos, que os trouxeram para a minha vida e para este livro.

Tenho consciência de que ensinamos aquilo que precisamos aprender. Enquanto aprendo a tirar vantagem da adversidade, continuo a estudar atentamente a criatividade e a evolução espiritual que resultam de todas as crises da vida.

Dra. Gail Carr Feldman
Outono de 2001

Introdução

Estou preparada para este novo milênio. Estou entusiasmada a respeito dele. Esse começo brilhante acena para mim atraente como uma primeira festa de aniversário. Não que o mundo vá deixar de ser caótico. Desastres e devastações continuarão a acontecer nos próximos mil anos, possivelmente na mesma proporção dos mil anteriores. A morte ainda será uma visita indesejável. Novas e estranhas doenças aparecerão, enquanto as antigas continuarão a existir. Acidentes em lugares considerados seguros abalarão nossa confiança. Às vezes seremos feridos por decepções, pois a vida consiste em doses regulares de experiências dolorosas. No entanto gosto de recordar a frase que diz: "O sofrimento é inevitável, mas o desespero é opcional".

Descobri que o antídoto para o desespero e a depressão é a criatividade pessoal. Acredito que desenvolvemos a capacidade de criar reconhecendo que a dor é a reação natural às crises da vida e nos apegando à nossa própria maneira de expressar as emoções da recuperação. É a auto-expressão que nos impulsiona nesse caminho. Quando transcendemos a dor por meio de uma criatividade maior, recebemos em troca a capacidade de dar e de receber amor.

No meu caso, quase todos os anos dos últimos dez foram marcados por uma perda. Entrei na década de 1990 esperando certos acontecimentos marcantes: minhas duas filhas iriam para a universidade, e depois sairiam para o mundo; eu completaria cinqüenta anos de idade, trinta de casamento e 25 de trabalho como psicóloga. O que não previ foram os acontecimentos que me surpreenderam, levando-me a avaliar minha vida, meus relacionamentos, meu trabalho, meus valores e minha capacidade de superar dificuldades.

Eu não sabia que uma de minhas melhores amigas morreria repentinamente de um ataque de asma, que um de meus pacientes me processaria, que meu melhor amigo se suicidaria, enforcando-se, que meu pai morreria de câncer, que meu casamento acabaria, que o meigo namorado de minha filha mais velha se fecharia numa pequena garagem e morreria envenenado por monóxido de carbono, enquanto escrevia uma última carta de amor para ela.

A dor que experimentei não foi diferente daquela que meus amigos e pacientes haviam sofrido, enfrentando perdas iguais, e tenho certeza de que nem chegou perto da agonia daqueles que choram a morte de um filho. Enquanto percorria as etapas de dor e recuperação, tomei consciência dos altos e baixos de minhas emoções. Percebi que tinha grande necessidade de me distrair, de sair de casa, freqüentar cursos, ler romances, assistir a filmes, atividades que temporariamente me transportavam para fora do mundo da perda e me mostravam os meios de superar o sofrimento.

Comecei a tomar aulas de piano. Para mim, aprender música foi como aprender um idioma estrangeiro. Foi divertido descobrir, pela primeira vez na vida, que eu era péssima em alguma coisa. Sentia-me deliciosamente tola, sendo a única adulta tocando nos recitais organizados pelos professores. As crianças tocavam suas peças de memória, e eu tocava de modo hesitante, mal conseguindo ler a partitura.

Foi aí que comecei a me levar menos a sério. E a ver como todas as formas de expressão criativa me ajudaram a superar a dor. Notei que meus pacientes, à medida que se curavam, tornavam-se mais audaciosos no modo de se expressar. Alguns deles pareciam ficar fisicamente maiores. Quanto mais espaço se abria para a paz interior, mais espaço exterior a alegria deles parecia ocupar.

As "perdas necessárias" que conhecemos na vida incluem mudanças que nem sempre associamos ao sofrimento. Passar de um nível de desenvolvimento para outro pode causar tristeza e decepção, assim como entusiasmo e alegria. Uma criança pequena pode sentir uma pontada de pesar ao deixar os brinquedos no quarto e sair para andar de bicicleta ou jogar futebol. Minhas duas filhas, embora estivessem ansiosas por chegar à adolescência, passaram por um período de depressão quando menstruaram pela primeira vez, pois perceberam que a infância ficara para trás e que não havia volta.

Eu tinha cinco anos quando perdi minha melhor amiga, Mona, que se mudou e desapareceu de minha vida para sempre. Levei vários anos para superar essa perda. Perder os pais, os amigos, os brinquedos, os professores, os animais de estimação, a saúde, as boas notas na escola, a sensação de segurança ou um sonho longamente acariciado são reveses, maiores e menores, cuja dor precisa ser superada para "evitar que o sofrimento se torne uma lesão", como o escritor Sam Kenn colocou.

Descobri que, quando aprendemos a aceitar as mudanças como fatos da vida, a aceitar a dor e os ciclos de crescimento como definições do processo que nos torna flexíveis, nossa criatividade aumenta. Toda vez que manifestamos nossa personalidade, algum aspecto do nosso modo de pensar, o que pensamos, de quem gostamos, o que fazemos, como encaramos e resolvemos um problema, como expressamos nossos sentimentos, todas as maneiras pelas quais "perseveramos em nós mesmos", como Emerson dizia, pintamos um quadro que exibimos aos olhos do mundo. A força e a audácia desses quadros refletem nossa coragem de enfrentar as crises e vencê-las, usando a energia da vida a serviço do crescimento.

Está na hora de relaxar nosso julgamento a respeito de experiências "negativas" e reconhecer que, embora não possamos escolher as coisas que nos acontecem, podemos escolher a maneira de reagir a elas. A lendária atriz Mary Pickford uma vez disse: "Isso que chamamos de fracasso não está na queda, mas no fato de continuarmos caídos". Crianças e adultos flexíveis não ficam caídos. Aprendem a levantar-se depois de sofrer com os tombos e ferimentos da vida e exibem um novo ser, uma nova criação. Com flexibilidade, erguemos uma tabuleta para o mundo ver, e nela está escrito: "Levantei-me e estou melhorando!".

A que me refiro quando falo em "adversidade" e "crise"? Refiro-me a qualquer mudança na vida que cause estresse. Os efeitos fisiológicos do estresse incluem uma descarga de hormônios que cria a reação de lutar ou de fugir, que, por sua vez, prepara o corpo para pressentir o perigo, correr de um predador ou defender-se de seu ataque. O corpo, imediatamente após a crise, deve ser capaz de voltar ao estado confortável anterior. No entanto, se o organismo sente a crise como um trauma, as reações emocionais e fisiológicas cristalizam-se no corpo, causando sintomas de distúrbios pós-traumáticos e pós-estressantes. Esses sintomas de hiperexcitabilidade ou paralisação do sistema nervoso prejudicam a saúde e sufocam a criatividade. A reação de relaxamento é o antídoto para o estresse físico. Se você está sofrendo de estresse, procure a página 282 e comece a aprender meditação, depois volte à leitura do livro, continuando do ponto onde parou. Além da meditação, existem vários métodos terapêuticos para a resolução de traumas: terapia por hipnose, o RDMO (Reprocessamento e Dessensibilização dos Movimentos Oculares) e Experimentação Somática. Os terapeutas que usam essas técnicas precisam ser muito bem-treinados. Na maioria das vezes apenas algumas sessões são suficientes para desbloquear o trauma que esteve bloqueado no corpo por um longo período.

Se a reação física à adversidade é o estresse, a reação emocional a uma crise é a dor. A maior parte deste livro trata da necessidade de aceitarmos os sentimentos de dor a fim de que possamos processar e metabolizar a crise e assim nos adaptarmos à mudança. Viver significa enfrentar constantes mudanças. Podemos ver essas mudanças de modo positivo ou negativo, mas elas sempre nos dão uma oportunidade de nos livrar de estilos defensivos ultrapassados, de experimentar as mais profundas emoções, de refletir sobre a mortalidade e de exprimir nossa individualidade quando emergimos à luz da percepção e da escolha. Uma prova de maturidade é a disposição para reconhecer os efeitos das mudanças, chegar à aceitação por meio da flexibilidade e, nesse processo, descobrir novas oportunidades de aprendizado e criatividade.

Como defino a criatividade? Defino-a como qualquer forma de auto-expressão que nos ajude a vencer o estresse e superar o tumulto. Defino-a como o desenvolvimento de uma percepção consciente de nossas reações emocionais. Defino-a como a escolha de transformar a energia da dor em energia que promove o crescimento pessoal. Criar significa causar a existência de algo, originar; e ser criativo significa ter o poder de criar originalidade no modo de pensar e de agir. A origem latina da palavra "criar" é *creare*, que significa "crescer". Para manter a simplicidade, defino a criatividade como "a arte de cultivar a auto-expressão".

Reconhecer que os ciclos de dor refletem um processo criativo pode nos dar uma visão auspiciosa do futuro. Usando histórias pessoais, casos que estudei em meu trabalho de psicóloga, relatos biográficos de artistas, de figuras históricas e a análise de textos literários, espero mostrar-lhe o grande bem que pode resultar do sofrimento. O objetivo deste livro é fazer com que você consiga colocar em foco uma expressão única de si mesmo.

Fazendo parte do mundo, nós passamos pelas quatro estações. Não podemos evitar o outono e o inverno, que existem como épocas de escuridão, descanso, germinação, incubação e renovação. Costumamos pensar que a metáfora do desenvolvimento humano e das mudanças sazonais aplica-se ao curso de uma vida inteira. Prefiro enfatizar que toda vez que passamos por um desafio e uma mudança, estamos encontrando uma oportunidade, tanto psicológica quanto emocionalmente, de abandonar assustadoras crenças do passado a respeito do fracasso e de dar as boas-vindas ao presente com mais percepção, competência e sabedoria.

Todos nós somos obras em andamento. Estamos onde precisamos estar neste momento, porque este é lugar que vai nos proporcionar o máximo de ensinamento. Não existe melhor tempo que o presente para desenvolvermos nossa auto-expressão, nossa forma pessoal de reagir ao mundo.

Venha comigo, agora, e aprenda a tirar vantagem da adversidade.

1

Os Ciclos de Dor e de Processo Criativo

Morremos muitas vezes nesta vida, não apenas fisicamente — no prazo de sete anos, todas as células do nosso corpo são renovadas —, mas também emocional e espiritualmente, porque as mudanças nos seguram pela nuca e nos empurram para a frente, para uma outra vida. Não estamos aqui para simplesmente existir, mas para crescer. Essa é a essência do processo criativo, enraizada na profunda natureza das coisas.

— Susan Howatch

Todo mundo sofre. Além da morte e dos impostos, uma outra constante da vida é o sofrimento. E a maior parte dele é gerada pelas mudanças. Tudo no mundo está constantemente mudando. Algumas mudanças não conseguimos compreender. "Por que isso?", nos perguntamos. "Por que eu?" "Por que agora?" "Qual é o sentido desse sofrimento?" Essas perguntas sempre motivaram grandes pensadores e formaram o alicerce das religiões.

Um dia, preparando uma palestra sobre criatividade, tive uma revelação simples porém profunda: descobri que os estágios do processo criativo são paralelos aos estágios da dor, que, mesmo quando estamos sofrendo, estamos incubando e expandindo nosso ser. Os antigos alquimistas usavam o termo "escuridão" para definir o primeiro estágio da criatividade. É extremamente irônico, mas quando começamos a criar ou inventar alguma coisa, às vezes não temos a mais vaga idéia de como agir para alcançar nosso objetivo. Damos os primeiros passos, então temos a impressão de que não saímos do lugar.

De maneira semelhante, durante o primeiro estágio da dor, quando estamos tentando lidar com uma mudança ou perda, a mente torna-se anuviada, mantendo a ilusão temporária de que o lago de nossa consciência permanece tranqüilo, que nenhum movimento perturba sua superfície. A defesa protetora da negação provê um padrão de suporte, enquanto juntamos força suficiente para aceitar a mudança. Parece que nosso passo inicial, no confronto com uma mudança, é fugir dela. Mas as lutas, no processo de mudança, são inevitáveis.

A maneira pela qual acabamos por aceitar uma mudança e lidar com ela, seja uma crise negativa, seja uma oportunidade positiva de crescimento, pode significar a diferença entre nos tornar vítimas do estresse, do desespero e da depressão, ou nos fortalecer, transformando a energia de nossa dor em expressão criativa. Eu gostaria de ilustrar o que digo com a história de um garotinho que conheci num centro de orientação infantil, em Albuquerque, em meados da década de 1970.

Era estranho ver uma criança, pequena como ele, tão imóvel. O menino nem sequer dava uma rápida e curiosa olhada ao redor de si. Joey, de sete anos de idade, olhava fixamente para o próprio colo, enquanto a mãe me explicava por que o trouxera ao centro. Notei as roupas que ela usava: saia longa, cinto prateado, blusa de veludo de mangas compridas e jóias de prata e turquesa. A cabeça curvada de Joey era muito menor que a da mãe, e sua pele, morena, mais escura que a dela. Os grossos cabelos pretos mostravam um corte bem curto, enquanto os da mãe eram longos e estavam amarrados na nuca com uma faixa. A aparência dos dois deixava bem claro que eles descendiam de nativos americanos e hispânicos.

A mãe me contou que sua grande família morava em uma fazenda e que Joey parara de falar e de participar das atividades escolares um ano antes, quando o pai morrera num acidente com um trator. Informou também que o menino não exibira nenhuma emoção durante o funeral e que alguns dias depois fechara-se em si mesmo completamente.

Sugeri que Joey e eu passássemos algum tempo na sala de brinquedos. Ele me seguiu obedientemente, sentou-se com os ombros curvados e cruzou as mãos no colo. Coloquei papel em branco e lápis de cor diante dele e pedi-lhe que desenhasse um animal do qual gostasse. Ele desenhou um cachorro. Com um pouco mais de incentivo, desenhou cavalos e vacas. Então eu disse que sabia que ele devia sentir demais a falta do pai. — Não quer desenhar um retrato dele? — perguntei.

Ele desenhou uma figura formada por alguns riscos, com um chapéu de vaqueiro na cabeça. Perguntei se ele sabia como o pai morrera, e Joey moveu a cabeça afirmativamente. Quando sugeri que desenhasse o que acontecera, ele, trabalhando devagar e meticulosamente, desenhou um enorme trator e um homem pequenino deitado no chão. Lágrimas começaram a rolar por suas faces. No momento em que terminou o desenho, Joey chorava livremente, e soluços sacudiam seu corpo. Ofereci-lhe lenços de papel e perguntei se ele gostaria de levar seus desenhos para casa. Ele enxugou o rosto, moveu a cabeça num gesto negativo e saiu da sala. Nunca mais o vi.

Joey não dissera uma única palavra no tempo em que ficara comigo, mas quando telefonei para a mãe dele, várias semanas mais tarde, ela me contou que ele voltara a ser o menino que fora antes.

— Não sei o que senhora fez, mas ele só melhorou depois daquele dia — ela disse, mostrando-se profundamente aliviada. Joey estava conversando e participando das atividade escolares e voltara a brincar com argila.

Perguntei o que ela queria dizer com "brincar com argila". Ela contou que o pai sempre dava a Joey argila que ia buscar no rio, desde que o menino era bem pequeno, e que os dois gostavam de modelar animais e objetos, trabalhando juntos. — Nós o chamávamos de menino da argila — ela disse. — Eu me sinto muito melhor vendo-o brincar dessa maneira novamente.

Uma onda de felicidade rolou sobre mim.

Depois dessa conversa comecei a me perguntar o que acontecera para que Joey melhorasse. O simples ato de desenhar curara seu coração enlutado? Seria possível que cada traço dos desenhos fosse como um graveto retirado de uma pilha que bloqueava um riacho, permitindo que o fluxo de sentimentos subisse à superfície, reentrando no rio da vida? A arte como meio de comunicação é um tema importante no modo de pensar da conceituada psicanalista Anna Ornstein. Ela vê a arte como algo que dá ao seu criador a sensação de ser retratado, compreendido e aprovado. Nesse sentido, Joey entrou em um espaço sagrado, onde pôde reconectar-se com seus sentimentos dolorosos, usando a arte como voz para comunicar sua dor na presença compreensiva de outra pessoa.

A geração de minha mãe parecia aceitar mudanças drásticas como fatos da vida. A ausência de qualquer instrução formal além da recebida na escola elementar nunca impediu minha mãe de lidar com sabedoria com as mudanças e perdas. Depois da morte de minha avó, quando estávamos examinando seus pertences, minha mãe mostrou-me uma coleção de fotos de bebês e crianças pequenas de nossa família que haviam morrido em tenra idade. A mortalidade infantil era grande na virada do século, porque ainda não havia a penicilina, as vacinas e os recursos cirúrgicos avançados. Nas fotos, as crianças pareciam bonecas, usando camisolas e toucas de batismo. Era como se houvessem sido fotografadas para um antigo catálogo de bonecas, não para que suas curtas vidas fossem documentadas. Cada um dos trajes brancos de algodão, enfeitados com detalhes de crochê e renda, fora costurado a mão por uma das mulheres mais velhas da família.

— Esta morreu de escarlatina — minha mãe explicou, apontando para a menina de uma das fotos. — E acho que esta morreu de coqueluche. Às vezes o médico simplesmente não sabia que doença havia matado uma criança. — Chegando à foto de uma moça, ela acariciou-a, como se aquele gesto pudesse despertar mais lembranças. — Jenny era uma de minhas tias favoritas. Morreu dando à luz, quando tinha apenas vinte anos. Minha avó era uma excelente parteira e trouxe muitos bebês ao mundo, mas Jenny teve uma hemorragia que vovó não conseguiu estancar. Lembro-me de ter ouvido os homens trabalhando até tarde da noite, fazendo o caixão.

— Como vovó e a mãe dela suportavam tantas perdas? — perguntei.

— Naquele tempo, a morte era apenas mais um dos fatos da vida. Vovó costumava citar a passagem do livro bíblico Eclesiastes que diz: "Há tempo para nascer e tempo para morrer, tempo para rir e tempo para chorar". Nossa sociedade moderna esqueceu que a dor faz parte do ciclo da vida.

A dra. Elisabeth Kübler-Ross, em seu livro inovador *On Death and Dying* ("Sobre a Morte e o Momento da Morte"), fala sobre esse ciclo. Descreve os cinco estágios do modo de pensar e de sentir que devemos atravessar antes de conseguirmos ter paz diante das perdas. Os cinco estágios da dor são:

Negação — Raiva — Barganha — Depressão — Aceitação

No início só compreendi esse processo no contexto da morte. No decorrer de alguns anos, comecei a aplicar o modelo Kübler-Ross para lidar com a perda de modo geral: perda da infância, de trabalho, de auto-estima, do amor dos pais, de sonhos, até mesmo a perda da alma. O psicanalista Leonard Shengold chama os efeitos dos maus-tratos na infância de "assassinato da alma", em seu livro com esse mesmo título, *Soul Murder*. Embora, felizmente, nem todos tenhamos sido brutalizados a ponto de duvidar da integridade de nossa alma, todos enfrentamos desapontamentos que desafiaram nossa capacidade de suportá-los.

Quando me telefonaram, uma certa manhã, para informar que minha amiga Shelly morrera durante a noite, não pude acreditar. Por que ela morreria? Era forte e saudável. Era uma brilhante cardiologista pediatra. Era mãe de dois filhos que estavam sempre com os meus, como se fossem todos irmãos. Ela sofria de asma, mas isso não matava pessoas.

A negação, o primeiro estágio da dor identificado pela dra. Kübler-Ross, protege-nos, impedindo que a dor nos esmague. Nós simplesmente não podemos aceitar mudanças que trazem implicações com as quais não estamos preparados para lidar.

A segunda reação à dor é a raiva. Quando compreendemos nossa perda totalmente, sentimo-nos ultrajados. Tão ultrajados que deixamos nossos pensamentos se descontrolar. Então, culpamos todos, inclusive Deus. Alguém foi responsável. Alguém precisa sanar o terrível estrago e nos devolver o que é nosso. Nós ficamos frenéticos e queremos tudo, menos sentir paz. Podemos até desejar vingança.

A descarga de hormônios de estresse, nesses momentos, leva algumas pessoas à violência física. O suicídio é, sem dúvida, uma expressão de dor não resolvida, e é impossível calcular quantas mortes em acidentes de trânsito são na verdade suicídios inconscientes. Em algumas culturas, as pessoas rasgam as roupas ou retalham o corpo para liberar a tensão insuportável. Os animais passam por um estágio chamado de protesto, quando um ser querido morre. Uivam ou guincham para descarregar a dor da perda. Bebês humanos choram em protesto quando são separados das mães, gritam ou têm acessos de raiva.

No terceiro estágio da dor, que a dra. Kübler-Ross chamou de barganha, recorremos à racionalização. As fortes emoções não conseguiram nos devolver o que perdemos, então tentamos barganhar. Podemos até fazer tratos com Deus. "Prometo deixar meu dinheiro para a igreja, Deus, mas, por favor, permita que eu viva o bastante para ver meu primeiro neto." Ou: "Dedicarei minha vida a ajudar os outros, se o Senhor me curar desse câncer". Nos casos em que a perda parece definitiva, como quando perdemos um ente querido, podemos ser tomados pela obsessão. A mente fica ruminando, revivendo sem parar os detalhes de certos aspectos do trauma.

Mudei o termo "barganha", usado pela dra. Kübler-Ross, para "obsessão", no modelo de dor, crescimento e criatividade, porque acho que ficar remoendo uma perda é uma reação universal a qualquer desapontamento, grande ou pequeno. Quem de nós nunca se pegou pensando no que poderia ter dito durante uma discussão, ou no que poderia ter sido feito para evitar um acidente?

A lista de "se eu..." é muito grande. Se eu não a tivesse deixado sair naquela noite... Se eu não o tivesse deixado sair de carro... Se eu insistisse em ouvir uma segunda opinião, teria tido o diagnóstico certo mais cedo. Se eu houvesse percebido aquele detalhe, talvez essa disputa na Justiça não acontecesse. Se eu tivesse forçado Shelly a cuidar-se melhor... Essa fase obsessiva é outra maneira de processarmos nossa dor.

Os bebês dos macacos que perdem suas mães, depois da fase de protesto passam por outra, chamada de busca. Procuram seu amor perdido em todos os lugares, como fazem as crianças humanas quando perdem seu bicho de pelúcia ou cobertor preferido.

O quarto estágio, o da depressão, é aquele ao qual as pessoas se referem mais facilmente. Em nossa sociedade é comum ouvirmos alguém dizer que está deprimido, mas raramente as pessoas dizem que estão sofrendo, a não ser no caso de uma morte, quando seria arrogante e até absurdo declarar que estão lidando com isso criativamente. No entanto, muitas vezes, ao nos sentir deprimidos, estamos de fato sofrendo por uma perda ou desapontamento e trabalhando para criar uma realidade nova e aceitável, embora possamos estar conscientes apenas de nosso desamparo. Podemos nos sentir perdidos. Ou não sentir nada, completamente entorpecidos. Ou, então, a dor de uma profunda tristeza pode resultar em lágrimas que parecem que nunca vão se esgotar. Bebês que perderam suas mães e não recebem amor e atenção suficientes literalmente não resistem. Não se desenvolvem, param de se alimentar e morrem. Sua dor os mata.

Alguns de nós, adultos, também morrem durante um ciclo de sofrimento. Mas, como uma salamandra que perdeu uma das patinhas, descobrimos que a parte perdida pode se regenerar.

Durante o quinto estágio da dor, o da aceitação, descobrimos uma nova realidade repleta de possibilidades. E, com isso, a alegria volta para a nossa vida.

Minha amiga cardiologista, Shelly, trabalhava também no zoológico de Albuquerque. Para homenagear sua memória, a mãe e os numerosos amigos de Shelly instituíram um evento anual, por ocasião do *Halloween*, chamado Zoo Boo, quando rostos pintados, brincadeiras, fantasias e casas assombradas oferecem às crianças uma diversão segura e excitante, ao som produzido por leões, leopardos e elefantes. Todos os anos, a mãe de Shelly, Sarah, olha para o céu e diz:

— Sei que ela está se divertindo conosco.

Depois que passamos por um período de luto, alcançamos um plano mais elevado de compreensão, de síntese. Enquanto atravessamos sofrimentos maiores ou menores, ciclos de dor e crescimento, nós nos tornamos mais lúcidos, fortes e positivos a respeito daquilo que somos e do que acreditamos. Estamos, dessa maneira, constantemente nos recriando. Quem processa seus desapontamentos torna-se mais flexível, otimista e feliz. O que parece um problema insolúvel e ameaçador para uma pessoa, nada mais é do que um fato da vida para alguém que sabe sofrer e vê na dor uma oportunidade de aprender a resolver problemas de modo criativo.

Para ilustrar como esse processo funciona em qualquer mudança na vida, até a mais simples, vou contar uma história. Uma tarde, depois de almoçar com amigos em Santa Fé, levantei-me da mesa e percebi que perdera um brinco. "Não pode ter desaparecido, deve estar no chão, em algum lugar", pensei, entrando no estágio da negação. "Esses são meus brincos favoritos." Meus amigos e eu procuramos o brinco, mas não o achamos. Despedi-me, dizendo que nos encontraríamos mais tarde, e comecei a andar pelas ruas onde havíamos passado, sempre procurando o brinco. Fui ficando cada vez mais aborrecida pelo fato de estar naquela busca, em vez de me divertindo com meus amigos. Era o estágio da raiva. Enquanto caminhava, comecei a remoer o assunto, lembrando-me de que sabia que a tarraxa estava espanada. Sabia, mas não mandara consertar. Ah, se eu tivesse sido mais cuidadosa!, lamentei, entrando no estágio da obsessão. Fiquei muito triste quando percebi que talvez não encontrasse o brinco, e fui dominada por um grande sentimento de perda. Era a depressão. Depois de alguns minutos tive uma idéia. Usaria o brinco que restara com outro diferente! Uma nova moda, pensei. No mesmo instante, senti-me melhor, aliviada, com o equilíbrio restaurado, invadida por uma sensação de leveza: estágio da aceitação.

Há muitas histórias dramáticas de pessoas que venceram tremendas dificuldades e alcançaram altos níveis de criatividade, pessoas fisicamente deficientes, como Helen Keller, ou aquelas que, privadas das mãos, aprenderam a pintar, segurando o pincel com os dedos dos pés ou com a boca. As histórias dessas pessoas são vívidos exemplos de flexibilidade. Mas agora estou falando de pessoas que em sua maioria são "normais", com problemas "normais", que enfrentam desde perdas catastróficas que interrompem a rotina da vida até breves turbulências, dessas às quais minha mãe se referia com sua versão de praguejamento. "Que boa dor de cabeça!", ela dizia, pondo uma panela embaixo de um cano da pia com vazamento. Criança, ainda, eu não entendia como uma dor de cabeça podia ser boa. Depois de muito tempo percebi que os problemas podem ser bons. Agora sei por que as pessoas que sofrem bem vivem bem. Elas aprenderam a expressar pensamentos e sentimentos a respeito de mudanças, sem medo de mergulhar nas profundezas do próprio ser. A dor, quando bem compreendida, é um elo que nos liga à criatividade. Quem sofre bem opta por viver à luz do que eu chamo de competência criativa.

Não temos como saber quanto tempo levaremos para completar os ciclos de negação, raiva, obsessão e depressão. Podemos levar minutos ou anos para aceitar uma mudança e nos entregarmos à nova realidade. O que desejo sugerir, apresentando esse modelo, é que esses ciclos acontecem durante toda a nossa vida. Acredito que o processo de crescimento humano envolve aprendermos a passar cada vez mais depressa por esses ciclos, e isso significa experimentarmos profundas emoções que acabam por transformar-se em compaixão e compreensão da jornada da vida, tanto da nossa como da dos outros. O desejo que temos de aceitar as mudanças da vida é profundo: origina-se no âmago do ser e invade tudo.

Quando as pessoas não dão vazão ao sofrimento, deixam que o estresse se instale, e com o tempo ficam doentes, ou tornam-se tão cronicamente ressentidas que causam doenças aos outros. Pesquisas mostraram que as lágrimas contêm hormônios de estresse. Quando choramos, liberamos esses hormônios e facilitamos nossa adaptação a uma nova realidade. Provamos que estamos cheios de energia vital e que não receamos demonstrar isso.

Enfrentamos a dor e o processo de desenvolvimento não apenas quando tentamos aceitar a morte, mas todos os dias em que nos defrontamos com desapontamentos e reveses, e reagimos, aprendendo. O caminho da dor apresenta sulcos profundos nos quais caímos, nos machucando e duvidando da nossa capacidade de sair deles. Temos de aprender a reconhecer os momentos em que nos recusamos a sair de um sulco. É isso que eu chamo de percepção.

De acordo com São João da Cruz, "a longa noite escura da alma" leva-nos da escuridão à luz da recriação. São muitos os que se perdem nessa noite escura, e alguns sentem-se tão bem na escuridão que preferem lá continuar. A maior lição que aprendi na vida foi que a percepção que usamos para lidar com as mudanças — de pequenos desapontamentos a grandes perdas — reflete uma criativa jornada psicológica, moral e espiritual. Espero que este livro possa servir de mapa para essa jornada.

Embora a descoberta dos processos paralelos de sofrimento e de recriação do ser seja apenas intelectual, captar essa verdade é profundamente emocional. Durante muitos anos tenho ajudado meus clientes a ver que o que eles chamam de depressão é sofrimento não resolvido. Por exemplo, Bonnie, uma professora, recorreu à psicoterapia por causa de um mal que rotulara de depressão crônica. Na infância, enfrentara várias dificuldades comuns, como freqüentes mudanças de um lugar para outro, o que a impedia de ajustar-se de modo adequado tanto na escola como na sociedade de modo geral. A mãe era emocionalmente distante, mas o pai, apesar de viajar muito, era carinhoso e emocionalmente disponível em relação a Bonnie e ao irmão dela. A vida adulta de Bonnie foi marcada por um divórcio, um acontecimento que ela julgava ter superado muito bem. Quando perguntei a respeito de filhos, Bonnie disse, lutando contra as lágrimas, que tinha uma filha e um filho. Contou que o filho mais velho, de dezenove anos, morrera em um acidente de carro, cinco anos antes.

— Bonnie, você acha que essa depressão pode ser sofrimento não resolvido? — perguntei.

— Não sei como isso seria possível — ela respondeu, suspirando. — Faz cinco anos que meu filho morreu!

— Então você pensa que a dor acaba simplesmente porque o tempo passa?

— Nunca pensei nisso — disse Bonnie, enxugando os olhos. — Todo mundo diz que completamos o ciclo de sofrimento no prazo de um ano. Mas eu nunca passei por todos aqueles estágios dos quais li a respeito. Nunca senti raiva.

— O modo como passamos pelo sofrimento é algo muito pessoal — comentei. — Enquanto uma pessoa parece lidar facilmente com uma perda significativa, outra fica arrasada quando enfrenta uma mudança não tão importante. Perder um filho é algo profundamente significativo. Você acha que deveria ter sentido raiva? Se acha que sim, por quê?

— Eu não poderia ficar com raiva de Billy, embora o acidente tenha ocorrido por culpa dele. Era tarde, e havia chovido. Ele devia estar correndo muito e saiu da estrada. Eu também não poderia ficar com raiva da namorada dele por ter sobrevivido. Pauline levou mais de cem pontos na cabeça e ficou terrivelmente traumatizada. Não pude sequer sentir raiva de Deus. Aquilo tudo simplesmente aconteceu.

— O conhecimento dos estágios da dor serve para nos orientar — expliquei. — Podemos ficar presos em um ponto ou em outro, dependendo da nossa personalidade. Você tem tendência para a depressão, então precisa ter consciência de que está presa nesse estágio do seu sofrimento. Conheço um homem cuja filha foi assassinada muitos anos atrás. Ele ainda sente a mesma raiva que sentiu quando a tragédia aconteceu, porque o seu estilo pessoal de lidar com a dor é por meio da raiva. E essa raiva representa o seu sofrimento não resolvido. Funcionários de hospitais para doentes terminais têm nos ensinado muito sobre o significado da cura. Achamos que alguém fica curado quando se recupera de uma doença ou ferimento, mas o poeta Stephen Levine, que trabalha em um desses hospitais, ensina que a verdadeira cura é vencer o *medo* da morte e fazer cicatrizar os ferimentos expressos pela raiva ou pela depressão. Permita-se resolver sua dor à sua própria maneira.

Bonnie acabou por perceber que não estava com depressão, que precisava abrir o coração e sofrer profundamente por seu amado filho. Fazendo isso, pôde transformar sua vida e devotar total atenção à sua carreira como professora. Recuperou a energia e a criatividade. Passou a dedicar-se com prazer à tarefa de preparar as aulas, e a participação dos alunos aumentou. Restabeleceu a amizade com os outros professores e finalmente deixou a tristeza no passado.

Outra mulher, Maurine, recebeu a orientação para fazer psicoterapia de apoio depois que seu carro foi colhido por um caminhão, num acidente que causou sérios danos às suas costas e pernas. Descobrimos que sofrera outros traumas físicos no passado e que conhecia a dor de viver com um marido alcoólatra, mas que nunca se recuperara da perda de seu filho mais querido, que morrera em um acidente de motocicleta quase dezesseis anos antes! Quando ela se permitiu sofrer, tendo percepção de seus sentimentos, tanto seu corpo como sua alma lentamente começaram a curar-se.

Todos nós temos o que eu chamo de credenciais de nossas crises. Ao mesmo tempo que adquirimos diplomas e recebemos honrarias por nossas realizações, nosso engajamento no curso da vida traz desapontamentos, crises e aparentes fracassos. Eu gostaria que você examinasse suas credenciais de crise e descobrisse de que modo sua força interior o ajudou a passar pelo sofrimento e pelos ciclos de crescimento até chegar a um novo patamar de auto-expressão criativa.

Tenho duas amigas que acho que poderiam se apresentar em shows como comediantes. Ambas atravessaram um difícil processo de sofrimento, uma por causa do suicídio do pai, a outra devido à doença mental da mãe.

Grace era a âncora de uma família que perdia o rumo constantemente. A mãe sofria de esquizofrenia, de modo que Grace cuidava dos irmãos menores quando o pai estava fora, servindo temporariamente na Marinha, e tentava protegê-los quando ele estava em casa e se embriagava, comportando-se de modo violento. Ela deixou a família aos dezesseis anos e cursou uma faculdade. Formou-se em engenharia da computação.

Quando Grace, por fim, conseguiu criar uma vida tranqüila, seu marido anunciou que queria o divórcio. Ela se submeteu à psicoterapia durante vários anos para identificar seus sentimentos e processar sua dor. Começou a meditar com regularidade e finalmente ganhou paz interior, sabendo que podia muito bem viver sozinha.

O que me surpreendeu nesse seu progresso foi que ela se tornou mais engraçada do que nunca, imitando comediantes e executivos de empresas importantes.

— Nunca a vi tão engraçada — comentei. — Mas não a conheci na adolescência. Você era assim na escola?

— Que nada! — ela respondeu. — Na escola eu nem abria a boca. Era uma *nerd* completa. Adorava números, porque não havia emoções relacionadas a eles.

— Bem, acho que você deveria ser comediante — sugeri.

— Não quero isso — ela declarou, pondo as mãos nos quadris e falando com o sotaque de Richard Simmons. — Eu gostaria mesmo era de abrir uma pequena casa de chá. É claro que não serviria os clientes, só tomaria chá com eles.

Embora seja divertido estar com Grace e chamá-la de Gracie, por causa da comediante Gracie Allen, o mais gratificante é ver como ela está feliz. Sua energia vital flui corretamente na direção da auto-expressão criativa.

Mas a energia vital pode fluir na direção contrária também. O guru de criatividade, Mihaly Csikszentmihalyi diz: "O maior obstáculo para uma vida boa é a própria pessoa". Acredito que podemos ficar presos na infelicidade por um sofrimento não resolvido. Há pessoas que preferem abraçar o lado escuro da vida, embora façam isso inconscientemente, agarrando-se à raiva e ao ódio, culpando os outros por seus problemas. Chegam a acreditar que o mal é mais poderoso do que o amor, que se livrarão do medo dominando os outros.

Quase todos nós desejamos escapar da dor e do desapontamento o mais rápido possível, para que possamos emergir com renovada vitalidade e maior capacidade de amar. No entanto, às vezes nos perdemos em um ponto escuro da floresta, sem perceber que existe um caminho para um castelo hospitaleiro além das árvores. A floresta onde nos perdemos representa as quatro primeiras reações do processo de sofrimento: negação, raiva, obsessão e depressão. Na verdade, essas quatro formas de comportamento servem como defesas. Nós as usamos de acordo com a necessidade, como armaduras, enquanto lutamos contra a perda, as mudanças da vida e novas realidades.

O Inventor Elias Howe

Crescer por intermédio da dor às vezes parece impossível, totalmente impraticável. Podemos estar atolados em depressão e, de repente, sentir raiva, ou, então, nos acomodamos no conforto da negação, ignorando as implicações da nossa perda, e então, de repente, somos dominados pela obsessão. Muitas vezes, ao desenvolver um projeto criativo, alcançamos o sucesso, apenas para ser lançados de novo na escuridão por nossa incapacidade de proclamar a descoberta que fizemos. A experiência de Elias Howe, que inventou a máquina de costura, é um bom exemplo de como esses estágios criativos podem funcionar.

Howe conhecia bem a indústria do algodão, assim como o maquinário de meados do século XIX, e queria criar uma máquina que costurasse roupas. Juntar as peças que fariam a máquina funcionar não representou nenhuma dificuldade, mas ele ficou totalmente atrapalhado com o problema de como fazer a linha atravessar o tecido. Porém perseverou, fazendo experiências em busca do resultado desejado. A partir da germinação da semente de sua idéia, ele passou por períodos de frustração e raiva, de perturbadora obsessão e de depressão. Embora parecesse que nunca realizaria seu sonho, sua luta pode ser vista como parte do processo de incubação de uma resolução. Na incubação, o processo criativo acontece abaixo do nível da percepção.

Uma noite, Elias Howe teve um pesadelo. Estava sendo atacado por selvagens que atiravam lanças contra ele. Enquanto corria, virou-se para trás e viu que uma lança voava em sua direção e que iria atravessar seu corpo. Ao olhar atentamente para a lança, viu que havia um orifício perto da ponta aguda. Ah! O bloqueio que o impedia de compreender o que fazer para terminar a máquina foi derrubado. Enquanto na costura manual a linha passa por um orifício no fundo da agulha, na máquina esse orifício tinha de ficar perto da ponta. Howe levou cinco anos para chegar à solução criativa e passou por mais outro ciclo de sofrimento e crescimento antes de patentear seu invento. Mas o seu esforço criativo causou uma revolução na manufatura de roupas.

Os sonhos podem trazer informações esclarecedoras para nós também. Minha amiga Diane Campbell contou-me um sonho que teve durante o processo de seu divórcio e deu-me permissão para contá-lo a outras pessoas. Ela escalava uma montanha muito íngreme e já chegara a um ponto bastante alto. Notou, então, que a mochila que carregava nas costas ficava cada vez mais pesada. Continuou subindo, porém devagar. Os ombros e braços começaram a doer por causa do peso em suas costas, e ela duvidou que conseguiria chegar ao topo. Por fim, perguntando-se por que a mochila pesava tanto, virou a cabeça para olhar. Atônita, viu que ela própria crescera, estava linda e criara amplas asas brancas. Então, soltou-se e voou.

Esse foi um importante lembrete de que, a cada ciclo de dor, crescimento e aprendizado, nós nos tornamos mais capazes de transcender tendências habituais e de nos abandonar ao que alguns chamam de emoções inferiores. Frustração, raiva, obsessão, depressão e dúvidas a respeito do nosso próprio valor podem ser carregadas como uma pesada mochila sob a qual nos vergamos. É um alívio saber que podemos nos livrar do peso e voar.

Existem três etapas de movimento no percurso entre a crise e a criatividade. A primeira é a crise em si, que exige sofrimento. A segunda é a transformação de energia em auto-expressão criativa, e a terceira consiste em fortes possibilidades de transcendência dos problemas e de manifestação de amor.

O processo criativo pede que nos abramos para o mundo interior. Lidar com as mudanças não significa que devemos nos adaptar a qualquer coisa que aconteça no mundo exterior. A intenção de mudar internamente mostra possibilidades em todas as áreas da vida. Essa criatividade, que eu chamo de "a arte de cultivar a auto-expressão", é que nos leva a viver plenamente. Requer que tenhamos disposição e coragem para analisar nossa personalidade e ver em que ponto do caminho para a competência criativa ficamos presos.

Muitas pessoas mostram a tendência de cair em um determinado padrão quando reagem a acontecimentos estressantes. Homens, mais do que mulheres, assumem um padrão de raiva. E mulheres, mais do que homens, entram em depressão. Quando sofremos, ficamos cegos ao bem maior que um desafio da vida pode trazer.

A Tabela de Sofrimento e Crescimento que você encontrará a seguir o ajudará a descobrir em que ponto está preso e também seu estilo neurótico, ou, colocando as coisas de modo mais suave, sua paralisia-padrão.

Tabela de Sofrimento e Crescimento: O Processo Transformador

(O Amor Manifesta Poderosas Possibilidades)

Transcendência

Percepção → Impulso → Força e Paixão → Descoberta → Sucesso → **Amor**

⇑ ⇑ ⇑ ⇑ ⇑ ⇑

Criatividade

Escuridão → Germinação → Incubação → Compreensão → Aperfeiçoamento → **Propósito**

⇑ ⇑ ⇑ ⇑ ⇑ ⇑

Crise e Sofrimento

Negação → Raiva → Obsessão → Depressão → Aceitação → **Paz**

(O Medo Manifesta Mentiras Limitadoras)

A palavra "percepção" foi sublinhada para enfatizar o fato de que a percepção é sempre o começo da transformação da energia vital, o que transforma emoções e pensamentos negativos em positivos. A percepção traz consigo a possibilidade de transcendência de problemas. A solução de qualquer tipo de problema começa com a percepção. Dessa maneira, cada ato de aprendizado, criação e crescimento pessoal é realizado a partir da percepção. Não se deve confundir percepção com compreensão. A compreensão vem mais tarde, no estágio da idéia criativa, ou durante o estágio de aceitação, ou ainda muitos anos depois de uma determinada experiência na vida.

Embora nós todos lidemos com muitos sentimentos diferentes durante uma crise, temos a tendência de nos prender mais firmemente a um deles. Pense na sua reação mais comum a uma crise: negação, raiva, obsessão, depressão, e dê particular atenção ao capítulo que trata do assunto. Sabendo que tem opções, você achará mais fácil assumir o comando de uma mudança pessoal.

A cada ciclo de sofrimento e crescimento nossa competência criativa cresce, e isso resulta em mais energia, propósito mais claro e paz interior. Acredito que, quando aprendemos a sofrer bem, passamos mais rapidamente pelos ciclos. Não nos afundamos tão profundamente na dor, vencemos o medo com mais facilidade e emergimos com um senso de propósito renovado. Kathleen, uma artista profissional, definiu isso muito bem quando começou a melhorar com a terapia: "Não me perturbo mais tanto quando fico perturbada".

Se há apenas dois estados que podemos manter, o de amor e o de medo, o processo de sofrimento é o estado de medo, e o processo criativo é o estado de amor. Essa percepção providencia uma pedra de toque que atravessa a confusão a respeito dos sentimentos. Em reação a qualquer mudança em minha vida, posso me perguntar se estou me prendendo ao medo ou sentindo amor, assim descobrindo se me encontro deprimida ou com pensamentos obsessivos. Se a resposta for "medo", sei que preciso erguer meu periscópio para poder ver o trabalho criativo que estou fazendo. Preciso criar um contexto para mim mesma, no qual saiba por que estou permitindo que a vida me toque, porque estou permitindo que meus sentimentos fluam como uma fonte fresca num dia quente, e logo estarei funcionando com mais força.

Quando, por exemplo, me apanho tendo pensamentos obsessivos, lembro que estou ocupada, incubando soluções, e que minha mente inconsciente pode se encarregar disso. Então observo a parte de cima da Tabela de Sofrimento e Crescimento para me lembrar de que também devo estar trabalhando com um senso maior de poder pessoal e de comprometimento apaixonado.

Quando aprendemos a sofrer de modo eficiente, estamos desbloqueando energia, permitindo que ela flua de nossa profunda fonte interior de criatividade e nos torne um arco-íris de criatividade por fora. Nosso ouro de alquimista é a verdadeira transformação de nosso ser, que se torna mais forte, mais feliz e mais sábio.

A busca da transformação requer intenção e raramente é rápida ou fácil. Minha engraçada amiga Grace, no início de sua busca pelo alívio do sofrimento, fez uma meditação de cinco horas. Quando a vi depois disso, ela disse:

— Fui bem nas primeiras duas horas, então comecei a sentir muita dor nas costas e pensei que estaria encrencada se precisasse sempre disso para entrar em contato com o meu Eu Superior!

Mais tarde Grace descobriu que a dor, além de ser causada pela artrite que tinha na parte inferior das costas, também era uma expressão da situação depressiva em que ela se encontrava por ter sido magoada pelas pessoas mais próximas. Quando dissolveu o padrão de internalizar mágoas, de acordo com o qual vivera a vida toda, descobriu sua verdadeira natureza. Sua luz e seu espírito amoroso emergiram, brilhando para os outros.

A maioria de nós deseja que o momento da descoberta chegue da maneira dramática como chegou para Elias

Howe, resolvendo nossos problemas imediatamente. No entanto as descobertas que nos guiam através da dor, na direção da aceitação e da mudança criativa, estão acontecendo o tempo todo, embora sutilmente. E somos capazes de vê-las, quando desenvolvemos nossa percepção e prestamos mais atenção aos acontecimentos da vida.

Angie, pesquisadora de mercado de uma grande empresa na Califórnia, ficou arrasada quando o número de funcionários foi reduzido e ela ficou dirigindo o departamento sozinha. Não fazia idéia de como poderia dar conta do trabalho. Depois de três anos descobriu que o orçamento lhe permitia contratar pessoas qualificadas que a ajudassem a expandir seus objetivos. Acabou recebendo uma promoção e um aumento de salário.

— Três anos atrás cheguei a pensar que teria de procurar outro emprego — ela conta. — Agora tenho trabalho de sobra, mais interação com outros no meu campo, e estou adorando! — Angie encontrou sua criatividade.

Maggie, uma amiga de infância que fazia anos que eu não via, fez uma descoberta levemente mais dramática, envolvendo a morte da mãe, a quem era muito ligada.

— Nunca pensei muito na morte, e quando minha mãe ficou bastante mal, com câncer, só achei que a morte acabaria com o seu sofrimento — Maggie me disse. — Mas fiquei com muita raiva por aquilo estar acontecendo. Na noite em que morreu, mamãe pareceu entrar em coma e começou a chamar meu pai, que havia morrido muitos anos antes. A princípio julguei que ela estivesse tendo alucinações, mas depois tive a estranha sensação de que estava realmente vendo meu pai. Ela morreu tranqüilamente, uma hora depois. Enquanto tomava as providências para o enterro, eu me sentia em paz. Comecei a levar em consideração a possibilidade de meu pai ter vindo buscá-la, achando que as histórias que eu havia lido a respeito da vida após a morte pudessem ser verdadeiras.

Maggie erguera seu periscópio das profundezas da dor para a superfície da aceitação e da percepção de criativas possibilidades envolvendo a morte. Sua descoberta deu início ao processo de cura, livrando-a do medo de que a mãe sofrera para morrer e do medo de viver sem ela. Aceitou a possibilidade de a mãe ter renascido em uma vida espiritual.

Acreditar verdadeiramente que os ciclos de dor e crescimento estão nos guiando na direção certa requer não apenas percepção mas também confiança e paciência. Podemos levar a vida inteira para nos curar do medo de mudanças. O propósito do coração, porém, é alcançar a luz da auto-aceitação e da paz interior. Embora não me seja possível oferecer um tipo de manual sobre como você deve agir exatamente, o conceito de dor e crescimento pode ser um confiável ponto de referência enquanto você desenvolve sua competência criativa. Peço-lhe que transforme sua depressão ou outros sentimentos dolorosos em um processo criativo. Você verá que existe um significado em suas reações a cada mudança da vida. Poderá descobrir sua natureza espiritual, e essa descoberta lhe dará um senso de propósito e uma tranqüila sensação de paz interior.

Disciplina Criativa Diária

(Os Ciclos de Dor e de Processo Criativo)

1. Assim que acordar, pela manhã, faça duas **declarações** positivas, uma sobre si mesmo e outra sobre o mundo ou a comunidade onde você vive.
2. Medite por pelo menos dez minutos, todas as manhãs, ou faça contemplação, ioga, preces, relaxamento, auto-hipnose, alongamento, exercícios físicos ou qualquer outra coisa que leve sua atenção a **concentrar-se em seu íntimo.**
3. Enquanto faz isso, pense em uma característica que não aprecia em alguém e procure uma maneira de compreender o comportamento dessa pessoa. Esse tipo de pensamento criativo faz com que sentimentos negativos se transformem em **percepção.**
4. Quando tiver um tempo, pela manhã, pense em uma característica que não aprecia em si mesmo e encontre uma maneira de compreender que esse comportamento o protegeu, ajudando-o a lidar com uma experiência difícil. Esse tipo de pensamento flexível o ajudará a alcançar a **auto-aceitação.**
5. Sempre que ficar com raiva, deprimido ou tiver pensamentos obsessivos, permita-se ser curioso. Pergunte-se se está passando por um ciclo de dor e crescimento, se lamenta algum desapontamento, antigo ou novo, grande ou pequeno. Abra a mente para perceber se deseja mais energia, poder pessoal, descobertas ou sucesso. Todos os dias, pergunte-se: "Qual é a coisa melhor, mais maravilhosa que pode me acontecer?".
6. Mantenha um bloco de papel e uma caixa de lápis de cor à mão. Todas as noites, sem pensar em forma ou estilo, **faça um desenho que represente o sentimento predomi-**

nante que você teve naquele dia. Ponha a data no desenho e guarde-o em uma pasta.

7. Não se esqueça de que seu crescimento ocorre em ciclos de agitação e tranqüilidade, de expansão e contração de energia. Quando somos pequenos, deliciamo-nos correndo para longe de nossas mães, e então voltamos logo depois para reafirmar a conexão segura com elas. *Ciclos de independência e dependência são naturais*. Ajude-se a aceitá-los, achando uma foto sua de quando era bebê e outra na idade adulta, empenhado em algum tipo de atividade. Lembre-se de *respeitar a inocência e a dependência do bebê, assim como a ativa confiança* do adulto.

2

Murphy, Jó e Outras Histórias de Competência Criativa

Pois o espírito humano é virtualmente indestrutível, e sua capacidade de erguer-se das cinzas permanece enquanto o corpo respira.

— Alice Miller

Algumas de nossas histórias mais conhecidas, da Antiguidade aos dias de hoje, ilustram a transformação pessoal que pode ocorrer quando alguém completa um ciclo de sofrimento e crescimento e chega à criatividade. Esse processo está profundamente enraizado em nossa história, e seu conhecimento pode nos sustentar quando atravessamos nossos próprios ciclos de dor. Antes de contar histórias antigas, quero me referir a seu equivalente moderno, a Lei de Murphy. Há dois padrões de movimento no processo de sofrimento e crescimento que desejo descrever: a Lei da Infelicidade, de Murphy, e a Lei da Vida, de Jó. De acordo com a Lei de Murphy, tudo o que tem a possibilidade de dar errado, dará, mas aí existe a sugestão de que podemos manter a cabeça fora da água, e que a água, com o tempo, descerá. Quando a Lei de Jó se manifesta, vem como um ciclone, deixando a sensação de que tudo foi destruído. A perda é simplesmente devastadora. A "boa" dor de cabeça é sempre mais fácil de ser suportada durante uma experiência com a Lei de Murphy, porque as coisas parecem entrar nos eixos mais rapidamente, e o aprendizado é mais imediato.

A Lei da Infelicidade de Murphy

Uma vez um amigo meu teve de enfrentar um dia em que decididamente imperou a Lei de Murphy. Jonathon é psiquiatra em um hospital de Los Angeles. Naquele dia ele cuidava de um garotinho que acidentalmente ingerira detergente e estava passando por uma cirurgia. Preocupava-se com o menino, que poderia não sobreviver, e teria de estar disponível para dar-lhe assistência pós-operatória. Sua esposa, Molly, também se encontrava no hospital naquele dia, para uma biópsia, pois estava com um problema em uma das mamas, e havia casos de câncer desse tipo em sua família. Jonathon precisava ir buscar um dos filhos na escola, que ficava longe, em Hollywood Hills.

Enquanto ele dirigia pela estrada que serpenteava pelas colinas, desejando poder ter ficado no hospital, seu bipe tocou. Não havia nenhuma casa de comércio nas redondezas, mas ele finalmente encontrou um quartel do corpo de bombeiros e usou o telefone a fim de ligar para seu serviço de recados. Ficou sabendo que um de seus pacientes psiquiátricos estava no topo de um edifício de Los Angeles, preparando-se para saltar. Ele precisava estar em quatro lugares ao mesmo tempo: com a esposa, com o garotinho doente, com seu próprio filho e com o paciente desesperado!

Foi para a escola e ficou uma hora falando ao telefone, antes de levar o filho para casa e voltar ao hospital. O dia fora longo e difícil. Jonathon sentia forte pressão na cabeça, e todo seu corpo estava tenso.

Naquela noite Jonathon conversou com Molly a respeito de cada um dos pequenos traumas que sofrera naquele dia. Ouviu com atenção o que ela contou sobre a biópsia e expressou seus sentimentos de frustração e raiva por não ter podido passar mais tempo com ela. Os dois conversaram durante alguns dias a respeito de tudo o que acontecera, e Jonathon comprou um telefone móvel, uma nova tecnologia naquele tempo, a fim de diminuir o estresse causado pelo fato de em certos momentos não poder entrar em contato com seus pacientes e sua família. Como ele e Molly contaram um ao outro o que pensavam e sentiam, a dor ligada aos acontecimentos foi processada, digerida, metabolizada. Em vez de enterrar reações e criar ressentimento, os dois expuseram os sentimentos gerados por aquele dia difícil, enfrentando-os e lidando com eles, numa demonstração de competência criativa.

Jonathon tivera um dia que fora uma "boa dor de cabeça", do tipo que fornece uma ótima história, depois que a pessoa sobrevive e emerge mais fortalecida pelo uso criativo das emoções.

A Lei da Vida de Jó

Jó, por outro lado, conseguiu sobreviver a duras penas, e certamente não podia aliviar seu estresse comprando um telefone móvel. De acordo com a Bíblia, ele era o homem mais poderoso de todo o Oriente. Possuía milhares de camelos, bois, ovelhas, burros e escravos. Tinha sete filhos e três filhas. Apesar disso tudo, seu inferno pessoal durou muitos e muitos dias. Foi, de fato, uma experiência profundamente pessoal. Antes mesmo que um portador de más notícias partisse, outro chegava: seus burros e bois haviam sido roubados, e os homens que cuidavam deles, mortos; as ovelhas e os pastores morreram, vitimados por raios em uma tempestade; um bando de malfeitores roubara seus camelos. Por fim, chegou a pior notícia de todas: durante um banquete, o teto da casa desabara, matando seus filhos, noras e filhas. Ele perdera a família e todos os seus bens materiais.

E qual foi a reação de Jó? Caiu de joelhos e disse: "O Senhor deu, o Senhor tirou, abençoado seja o nome do Senhor". Com isso, entrou no primeiro estágio de dor, a negação. Como sabemos que foi uma reação de negação? Por que Jó, um homem justo e devoto, não entrou imediatamente no último estágio, o da aceitação? Porque lemos, no resto da história, que ele se encheu de raiva e se enfureceu contra Deus. Tornou-se obsessivo, paranóico. Ficou profundamente deprimido e adoeceu. Passou por todos os estágios de sofrimento que conhecemos.

Enquanto ele ficava preso na armadilha da dor, três de seus amigos, os primeiros psicoterapeutas, tentavam ajudá-lo. A princípio, ficaram horrorizados ao testemunhar a infelicidade e a completa ruína de Jó, um homem que fora tão poderoso. Rasgaram as próprias roupas e jogaram terra para o ar, deixando-a cair sobre suas cabeças, pois esses eram os rituais de sofrimento praticados naquele tempo. Então, os três e Jó, reunidos, ficaram sem pronunciar uma única palavra durante sete dias. Acredito que isso simbolize o entorpecimento que geralmente domina as pessoas no estágio inicial da dor. Notemos o número sete. No relato bíblico, sete dias foi o tempo que levou a criação do mundo.

Quando Jó volta a falar, amaldiçoa o dia em que nasceu e começa a reclamar contra Deus. "Tudo o que eu temia me aconteceu. Não tenho mais paz de espírito e repouso" (Livro de Jó 3:25-26). Confessa que vivera com medo de perder os bens. A catástrofe ainda não acontecera, e o medo já lhe tirara a paz de espírito. Ele agora não estava mais calado, gritava, entrando no estágio defensivo da raiva. Sua mulher se encontrava mais adiantada no ciclo da dor, atingira o ponto máximo da raiva, pois disse: "Por que não amaldiçoa Deus e morre?". Esse desabafo deve ter sido censurado, pois é a última vez que ouvimos falar da mulher de Jó! Nos capítulos 4 e 7, ela é associada à energia feminina de Deus, Sofia.

Jó, a seguir, entra no estágio da barganha, desejando que alguém sirva de intermediário entre ele e Deus. "Para que

Deus tire a vara de cima de mim", ele diz (Jó 9:33-34). Isso me lembra a história do homem que estava fugindo de um tigre. Ele chega a uma encosta, escorrega por ela abaixo e agarra-se ao galho de um arbusto. Fica lá, pendurado, olhando para o tigre no alto da encosta, então curva a cabeça a fim de olhar para baixo e vê um imenso abismo. "Deus, me ajude!", ele implora. "Diga-me o que fazer." Uma voz profunda responde: "Solte-se". Atônito, o homem pergunta: "Há mais alguém aí em cima, com quem eu possa falar?". O medo não só destrói a paz interior como também a fé.

Então, testemunhamos a raiva de Jó, suas ruminações, pensamentos obsessivos e até mesmo sua paranóia, quando ele se revolta contra os amigos: "Que dons vocês têm que os outros não têm?", pergunta. "No entanto eu sirvo de chacota para meus amigos, embora seja justo e inocente" (Jó 12:3-4). Mais tarde vem a prova de que ele não mais assume a responsabilidade por seus pensamentos: "Estão todos unidos contra mim" (Jó 16:10).

Os amigos, os primeiros psicoterapeutas, revezam-se, falando com Jó e tentando chamá-lo à razão, dizendo-lhe que a situação não é tão ruim, e perguntando-lhe o que ele pensa que é para comportar-se com tanto orgulho, culpando todo mundo, inclusive Deus, por seu problemas. Não funcionou. Apenas Jó podia decidir quando seguiria em frente no ciclo de sua dor.

Minha Bíblia, em versão revisada, refere-se a esse processo de sofrimento como as queixas de Jó a Deus. O que acontecia era que Jó estava passando pelo processo de sofrimento com muita raiva e lamentação. Não é isso o que faz a maioria de nós? Se tivermos maior percepção dessa dinâmica, seremos capazes de completar o ciclo mais depressa e com menos sofrimento, chegando à aceitação da nova realidade e, conseqüentemente, alcançando a paz de espírito.

Acredito que a história de Jó seja uma metáfora sobre os estados de espírito que experimentamos quando processamos acontecimentos difíceis da vida. Elifaz, Bildade e Zofar, os amigos de Jó, representam os pensamentos obsessivos dos quais não conseguimos nos livrar em um período de sofrimento. As projeções paranóicas de Jó representam o ódio dele contra si mesmo, e temos razões para acreditar que ele, como a maioria de nós, lamentava profundamente certos erros que cometera. Por fim, Jó fica doente, perde a esperança e mergulha na depressão.

O jovem Eliú representa o eu intuitivo de Jó, quando o censura por se considerar mais justo do que Deus. Ele fala da importância de aprender as lições da vida e de reconhecer o poder da lei universal. Então, finalmente, a Divina Inteligência, que também pode ser o Transcendente de Jó, ou seu Eu Superior, fala: "Cinge, pois, teus lombos, firma-te e levanta-te como um homem!" (Jó 38:3). Penso que isso significa que devemos arregaçar as mangas e assumir a responsabilidade por nossa vida. Jó, naquele momento, vê a luz da verdade, pede perdão, deixa o passado para trás e aceita o presente.

A história conta que Jó recebe de volta todos os seus bens em dobro, e que vive mais cem anos. Em outras palavras, quando ele deixa de reagir defensivamente diante das perdas, aceita a responsabilidade pelo presente e é transformado. Fica em paz, e mais uma vez sua vida enche-se de abundância.

Toda a história de Jó gira em torno de suas dolorosas reações emocionais. Quarenta e um capítulos descrevem sua dor, e o último refere-se à sua aceitação de uma nova realidade, a uma profunda iluminação, a uma descoberta: "Falei de coisas que não entendia, maravilhosas demais para a minha compreensão" (Jó 42:3).

Um querido amigo e colega, David, com quem dividi um consultório durante catorze anos, até ele se aposentar, era quem me ouvia, quando eu falava de meus problemas.

Meu "muro de lamentações" ouvia-me com atenção e muita paciência, enquanto eu examinava a situação de todos os ângulos, achando-a sem solução. Por fim, ele dizia: "Gail, isso vai fazer de você um homem". Ríamos juntos diante da idéia não expressa de que eu sem dúvida nenhuma sobreviveria.

O que David queria dizer era que eu me tornaria mais forte a cada ciclo de dor e crescimento que atravessava na vida. Como Jó, eu sofreria, mas superaria o sofrimento e seria transformada pela percepção de coisas "maravilhosas demais para a minha compreensão".

Sobreviver a traumas ou solucionar conflitos pessoais dão-nos uma visão mais clara de quem somos, do que pretendemos, de como nos expressamos. Percebemos mais nitidamente que nossos espíritos estão em segurança no mundo. A energia que ganhamos por meio do sofrimento é liberada em auto-expressão criativa.

Somos livres para preferir as poderosas possibilidades da competência criativa e do amor às mentiras limitadoras, que nos fazem acreditar que estamos presos a algum tipo de emoção que não fomos nós que criamos. Quando Jó fez alusão às coisas que não entendia, tenho certeza de que se referia ao fato de ter descoberto que todas as mudanças e perdas fazem parte de ciclos criativos que nos impulsionam para uma união amorosa com outras almas, com nós mesmos e com a Divina Energia.

O Sofrimento de Deméter, o Poder de Perséfone

Dos tempos pré-helênicos chega-nos a história de Deméter e Perséfone, que também ilustra o ciclo de sofrimento, criatividade e renascimento. Deméter é a Mãe Terra, a mãe de tudo o que evolui. Como tal, é rica em potencial criativo e capacidade fortalecedora. Tem uma filha,

Perséfone, uma adolescente alegre e brincalhona, que passa o tempo nas campinas, cheia de curiosidade e energia, pesquisando e rejubilando-se com suas descobertas.

Na primeira versão da história, um dia Perséfone está brincando, quando ouve o pranto de pessoas angustiadas. À noite, conta à mãe o que ouvira. Deméter diz-lhe para não se importar com essas coisas. Mas, no dia seguinte, a mocinha ouve novamente o mesmo choro e começa a procurar, até encontrar uma rachadura na terra, através da qual vê as almas perdidas que vivem no inferno. Levada pela compaixão, desce ao domínio de Hades para ajudar aquelas almas a encontrar o caminho para a luz.

Numa outra versão, Perséfone está brincando em um campo, quando Hades sobe do inferno em sua carruagem preta, puxada por cavalos pretos, e a rapta, fazendo-a desaparecer sem deixar rastro. Quer Perséfone tenha descido ao inferno por vontade própria, quer tenha sido raptada, o sofrimento de Deméter, naturalmente, é devastador, e ela começa a procurar a filha por toda a Terra. Percorre mares e montanhas, arrasta-se para dentro de cavernas, carregando uma tocha. Por fim, exausta e sangrando, estende-se no chão, sentindo que a luz de sua vida se extinguia.

Hécate, uma anciã, vai até Deméter e diz-lhe que ouvira um ruído que indicava que sua filha fora raptada, e que talvez fosse bom ela falar com Hélio, o Sol. Vão juntas, e Hélio conta que Perséfone fora dada a Hades como noiva pelo poderoso Zeus, o rei dos deuses, que achava que aquele casamento seria bom para a jovem.

Deméter fica inconsolável. Isola-se, vai para longe de sua casa, em Creta, e arruma um emprego como ama do filho do rei de Elêusis. Embora ela já houvesse recuperado forças suficientes para criar uma criança, seu profundo sofrimento fizera com que a terra se tornasse estéril. Não há mais alimento para o povo, que perde a fé nos deuses e ameaça parar de reverenciá-los. Zeus começa a enviar todos os deuses do panteão a Deméter para suplicar-lhe que restaure a fertilidade da terra, mas ela os ignora.

Desesperado, Zeus manda Hermes ao inferno falar com o irmão, Hades. Hermes diz a Hades que Perséfone deve ser devolvida a Deméter, para que a terra volte a produzir, e que Zeus está disposto a fazer um trato com ele: se a mocinha não comeu coisa alguma no inferno, deve voltar e ficar com a mãe para sempre, mas que, se comeu, pertenceria aos dois mundos.

Em uma das versões da história, Hades força Perséfone a comer uma romã, e ela engole seis grãos. Em outra versão, ela come a romã vorazmente, pondo fim ao seu jejum voluntário, quando fica sabendo que voltará para a mãe. Seja como for, a história termina com Perséfone ficando com Deméter, mas tendo de passar de três a seis meses do ano no inferno, com Hades.

Essa história fez com que o povo da antiga Grécia compreendesse o ciclo das estações e o natural equilíbrio entre a vida e a morte. As psicólogas junguianas Clarissa Pinkola Estes e Helen Luke ampliaram o significado da lenda, relacionando-a com o desenvolvimento pessoal. Como Jó, Deméter precisa enfrentar o medo e a perda. Ela tenta evitar o lado escuro da vida, sugerindo que a filha ignore o choro aflito que ouviu enquanto brincava. Mas o desejo de conhecer todas as facetas da experiência humana não pode ser ignorado, e Perséfone, que simboliza a parte alegre, jovem, criativa e cheia de energia de nosso ser, é separada de sua fonte nutriente.

Podemos ir para as profundezas voluntariamente ou levados à força, mas, seja como for, às vezes passamos por períodos de escuridão. Nossos sucos criativos secam. Sofremos, perdemos a esperança e nos sentimos estéreis. No entanto, como Deméter, devemos procurar, devemos aprender a acreditar que nossa criatividade, nosso espírito, não podem ser tirados de nós para sempre. Hécate, a anciã, representa o lado intuitivo de nossa natureza. Ela ouviu algo acontecer a Perséfone e, embora não soubesse dizer exatamente o que fora, sabia que, recorrendo a Hélio, o Sol, a Luz, a verdade seria descoberta.

Deméter processa sua dor como Jó. Fica com raiva, deprimida, obcecada. Todos os deuses tentam fazê-la raciocinar, como os amigos de Jó fizeram com ele. Mas argumentos e súplicas são inúteis, pois encontram o obstáculo de emoções profundas demais. "Provamos com a lógica, mas descobrimos com a intuição", disse uma vez o matemático francês Henri Poincaré. Deméter usa a intuição em sua busca e também mais tarde, quando constrói uma nova vida. Dizem que sua busca durou nove dias, um símbolo dos nove meses de gestação.

A filha amada, Perséfone, era a luz de sua vida. E essa luz volta a brilhar quando Deméter aceita a realidade do ciclo de vida e morte, quando tem a percepção de que cada impulso criativo começa com escuridão, germinação e incubação. A mente consciente precisa abrir-se para os mistérios do inconsciente. Quando aceitamos a responsabilidade por esse processo, acontece a integração de todos os componentes de nossa mente. Sabendo que não somos apenas Deméter, mas também Perséfone, Hades, que às vezes destrói nossos impulsos criativos, Hélio, que é a Luz, e a velha e intuitiva Hécate, ganhamos a certeza de que a primavera voltará, que nossa criatividade florescerá e produzirá frutos no verão.

Confiar nas mudanças, na intuição, acreditar que a vida se desenrolará da maneira certa são atitudes que precisam ser cultivadas. Sobretudo nos primeiros estágios da mudança, é imperativo que coloquemos nosso sofrimento em um contexto maior, o contexto de um ciclo criativo e renovador. Clarissa Pinkola Estes lembra-nos que "não pode haver renovação sem morte, sem entropia, sem redução e regressão".

Os alquimistas sabiam que o primeiro estágio do processo criativo é a escuridão, *Nigredo*, em latim, ou *massa con-*

fusa, isto é, total confusão mental. Mesmo durante os estágios subseqüentes de germinação e incubação, as idéias chegam juntas e depois separam-se, deixando-nos novamente no escuro. Então, vergonha, culpa, pensamentos obsessivos e depressão podem levar ao retraimento e ao colapso físico. Depois, porém, na descoberta, um estágio que os alquimistas chamavam de *Citrinitas*, aparece o brilho do ouro que leva ao caminho da saída e da luz. Isso pode acontecer de modo simples: por exemplo, um dia acordamos pela manhã com uma sensação de completo bem-estar. Ou, então, de maneira dramática, como aconteceu com Elias Howe, que sonhou com a agulha da máquina de costura; com o cientista Niels Bohr, que viu a estrutura do átomo em um sonho; ou com o químico Friedrich Kekule, que, perdido em devaneios em um ônibus londrino, descobriu a estrutura molecular do benzeno. No momento da descoberta, tudo volta a ficar bem no mundo. A fertilidade é restaurada. Nossos sucos criativos fluem livremente.

Parece que ocorrem cinco fenômenos durante a fase de descoberta da criatividade:

1. Estado de descontração.
2. Suspensão do pensamento crítico.
3. Imaginação acentuada.
4. Distorção do tempo.
5. Fluxo de associações.

Esses aspectos da criatividade serão descritos mais detalhadamente nos capítulos 7 e 8. Esses estados encontram campo mais favorável quando deixamos de resistir a uma mudança, pois a mente fica livre para acolher pensamentos criativos.

No final da psicoterapia, quando as pessoas fazem uma revisão de seu progresso, vendo que passaram da infelicidade para a alegria, muitas vezes mencionam esses estados: maior descontração, menos tendência para o julgamento, menos pressão do tempo, mais associações e imaginação mais ampla. "Não fico frenético, obedecendo ao tempo", um homem disse. "Apenas vivo *a* tempo." Uma mulher contou que não sabia quando suas obsessões e compulsões haviam parado, que elas foram aos poucos tornando-se menos freqüentes. "Um dia, descobri que não vivia mais em estado de tensão, de preocupação, sentindo o impulso de limpar tudo o tempo todo", explicou. Sua energia estava fluindo por meio de formas de auto-expressão com as quais ela jamais sonhara: arte e a capacidade de expor seus pensamentos à família.

Um arquiteto que se recuperava de um trauma da infância, quando fora molestado sexualmente por um padre, declarou: "Os pesadelos cessaram, a depressão acabou, e me sinto livre pela primeira vez". Esse homem viu imediatamente o resultado de sua energia criativa fortalecida. "Meu trabalho tomou um rumo inesperado", contou. "Depois que fui vítima do abuso, nunca mais consegui me sentir 'em casa', nem na igreja, nem no meio da minha família. Agora estou projetando uma casa, a primeira que poderei realmente chamar de lar. É maravilhoso."

Acredito que a *intenção* de nos curar do medo força-nos a enfrentar as emoções difíceis, tornando-nos capazes, finalmente, de alcançar a aceitação e a paz interior. Quando alguém está determinado a mudar, muda.

Em meados da década de 1960, quando meu marido e eu nos mudamos para o Novo México, conduzi uma pesquisa sobre adoções para o Departamento Estadual de Serviços Humanos. Na maioria dos casos, passavam-se no mínimo dois anos, antes que se pudesse encontrar uma criança para um casal, além dos anos que haviam decorrido enquanto eles tentavam ter um filho. Mas, muitas vezes, depois que um casal conseguia adotar uma criança, a mulher engravidava. Por quê?

Creio que isso tem algo a ver com sofrimento e crescimento, com o fim de uma luta, com o fato de as pessoas conseguirem concentrar-se numa visão de felicidade. Como resultado, vêm a paz interior e a disposição inconsciente de aceitar novas possibilidades. Em alguns casos ocorrem verdadeiros milagres de criação.

Quer você esteja passando por um ciclo de Murphy, quer por um de Jó, reconheça que suas emoções fazem parte da dinâmica energia da vida. Aprendendo a compreender, respeitar e aceitar essa energia, seja negativa, seja positiva, você trará equilíbrio e paz para a sua vida. Confie no processo de mudança. Acredite em si mesmo. Saiba que tem seu lugar no mundo. Tenha fé na maneira como sua vida está se desenrolando. Ame a vida e ficará surpreso ao ver como terá mais alegria, como se manifestará criativamente, enquanto constrói seu novo e verdadeiro Eu!

Disciplina Criativa Diária
(Competência criativa)

1. Pense em um desapontamento ou perda com que está lidando agora. Faça uma lista de três possíveis resultados. Certifique-se de que um deles seja francamente **positivo**.

2. Erga o periscópio para observar a Tabela de Sofrimento e Crescimento e ver os aspectos correspondentes de **criatividade** com os quais está trabalhando. Diga a si mesmo que está incubando uma pessoa mais vibrante, expressiva e irreprimível: você.

3. Pense no que é necessário que aconteça para que você fique mais perto de aceitar o que agora lhe parece uma experiência negativa. Revire isso em sua mente, até ver as **possibilidades** de expansão de seu mundo.

4. Visualize-se no futuro quando esse ciclo estiver completo e você tiver aceitado uma nova realidade. Sinta-se na total responsabilidade de viver, trabalhar e divertir-se com alegria, de ter uma noção clara do **propósito** de sua vida.

5. A cada dia, lembre-se de que se encontra numa **empolgante jornada pessoal**. Acredite que um sistema de orientação, interno e externo, está ativado para facilitar seu aprendizado e seu crescimento.

6. Escreva um **pequeno conto** em que seja o personagem principal, alguém que vive um dia de Murphy, um ano de Jó, ou uma tragédia grega. Lembre-se de que até os deuses e deusas passam por períodos muito ruins, mas que as histórias a respeito deles sempre terminam indicando uma restauração, assim como terminou a de Jó. Qual é o novo começo com que você termina a sua?

7. Procure um lugar na natureza que ofereça uma bela vista. Se for preciso, faça isso em sua imaginação. Quando chegar lá, sente-se e observe a grandeza, a infinita variedade de manifestações da criação na paisagem que se estende à sua frente, e pense que, no momento em que quiser, poderá ter uma visão mais ampla, uma apreciação maior dos acontecimentos em sua vida.

3

Negação: à Luz da Percepção

Um dos triunfos do ser humano é que ele pode conhecer uma coisa e, ainda assim, não acreditar nela.

— John Steinbeck

Negação é dor repudiada. Ao ser açoitado pela dor, Jó caiu de joelhos e disse: "O Senhor dá, o Senhor tira, abençoado seja o nome do Senhor". Estava agindo automaticamente, de acordo com suas crenças e com a cultura na qual fora criado. A conexão com tudo o que conhecia e que significava segurança, amor e Deus, fora aniquilada. Embora devesse estar se sentindo destruído, pronunciou as palavras que afirmavam sua ligação com Deus e praticou os rituais de sofrimento de sua época, tentando não sucumbir.

Quando atravessamos os estágio da negação, é como se estivéssemos abrindo caminho no meio de um mar desconhecido. Talvez não tenhamos medo, acreditando que chegaremos ao porto sem grandes problemas. Às vezes a resistência à percepção é tão grande que nos iludimos, achando que nem nos encontramos na água, mas pisando em solo firme, embora as pessoas à nossa volta notem muito bem que estamos molhados e sendo jogados de um lado para o outro por ondas fortes e transformadoras. Disputamos uma nova realidade para nos assegurar de que nada está mudando, quando, na verdade, estamos envolvidos em um poderoso processo de mudança.

A negação é protetora. É a primeira defesa psicológica que desenvolvemos. Quando as crianças pequenas põem as mãos sobre os olhos e dizem que as outras pessoas não podem vê-las, estão usando o poder que a mente tem de bloquear a realidade. Com esse mecanismo de defesa elas podem ver como normal o mais doloroso dos mundos. A negligência ou os maus-tratos do pai ou da mãe passam a ser simplesmente o comportamento normal de todos os pais. Para elas, o mundo é assim, um lugar de necessidades não satisfeitas e perdas. Sem a proteção da negação, todos nós cometeríamos suicídio na infância, pois negar uma dura realidade nos sustenta enquanto desenvolvemos flexibilidade.

Quando nos tornamos adultos, a negação torna-se o beligerante sabe-tudo que berra: "Eu sei do que estou falando, portanto não me aborreçam com fatos!". É a parte de nossa personalidade que proclama: "Eu não fico com úlcera, eu a provoco nos outros". Existe também uma forma branda de negação: "Não estou zangado, está tudo bem". Seja como for, uma pessoa em estágio de negação cria uma atmosfera tóxica, recusando-se a discutir ou reconhecer seus problemas.

Todos nós captamos a tensão entre a negação e a percepção, e ficamos tentados a permanecer com medo, vendo o mundo como uma fonte de sofrimento. Essa tensão caracteriza nossa ambivalência a respeito das mudanças. Ao mesmo tempo que desejamos explorar o mundo, queremos ficar aninhados em conforto e segurança. Enfrentamos desafios, mas também somos criaturas presas ao hábito. O desejo que temos de dominar novas áreas de conhecimento é geralmente consciente, enquanto as pedras de tropeço em nosso caminho são inconscientes. Pelo fato de que uma mudança pode trazer problemas e difíceis ajustes, a negação é nossa primeira e automática reação de resistência a ela.

A ambivalência a respeito da percepção é expressa no ditado: "A ignorância é uma bênção". Ao mesmo tempo que ansiamos por aumentar a percepção que temos do mundo, receamos o difícil processo e suspiramos por uma época em que tudo era mais simples, quando aprendizado significava andar de bicicleta ou assar biscoitos em um forninho de brinquedo. Muitas vezes desejamos voltar à inocência da infância e redescobrir a alegria de observar as nuvens flutuantes em um calmo dia de verão. Os adultos nunca superam totalmente a tendência de achar que os problemas desaparecerão, se forem ignorados.

Negação, incredulidade e dissociação são defesas psicológicas que nos protegem, evitando que sejamos dominados pelas ameaças à nossa integridade psicológica ou física. Os meios cognitivos e emocionais que usamos para bloquear a percepção vão desde silêncio, entorpecimento, esquecimento e fuga até intelectualização, racionalização e protestos clamorosos.

Em uma sessão de terapia familiar, o pai, um político a quem a família via como um homem intimidador, foi ficando cada vez mais agitado, enquanto ouvia os filhos crescidos falar da dificuldade que tinham para comunicar-se com ele, receando sua raiva. Por fim, ele gritou:

— Eu não são sou uma pessoa raivosa! — Diante disso, apenas pudemos rir e chamar sua atenção para o óbvio, algo que ele ainda não via. Quando negamos nosso comportamento, o de outra pessoa, ou uma dificuldade qualquer, estamos simplesmente bloqueando o movimento da energia vital, impedindo-a de ir em direção a uma mudança e soluções criativas.

Todas as crianças precisam acreditar que o que acontece em suas famílias é normal. Os pais, ou os substitutos deles, representam o mundo inteiro para uma criança. A mãe é a corda salva-vidas que nos liga a sentimentos de sanidade e segurança. Adultos que sobreviveram a abusos que sofreram na infância contam-me que achavam que todas as famílias fossem iguais, então, automaticamente, negavam que estavam sendo maltratados. James, de 38 anos, disse:

— Eu pensava que todos os garotos da terceira série fossem surrados pelo pai, quando ele voltava para casa à noite.

Em outro nível de percepção, porém, a criança sabe que o que está acontecendo com ela é algo cruel e excêntrico. A defesa psicológica da negação faz com que a criança se sinta segura. Na idade adulta, no entanto, essa negação deve ser gradualmente substituída por percepção.

Abrir os olhos para encarar as dificuldades é o primeiro passo para dominarmos o medo das mudanças e aceitarmos novas realidades. Barbara, uma cliente minha que sobreviveu a "lições sobre o mal" na infância, conscientemente negou, durante muito tempo, que sua família seguia a seita do satanismo. Foi apenas na idade adulta, e depois de muitos anos de terapia, que ela se sentiu preparada para reconhecer o significado de seus pesadelos e da recordação rápida de certas cenas. Ela conseguiu reconhecer os maus-tratos da mãe porque era com a avó que tinha um vínculo maternal. Mas quando, finalmente, aceitou que a avó também a traíra, preferindo a seita, ficou inconsolável.

— Suas crenças satânicas são assunto dela — disse chorando. — Mas o fato de ela não me amar tem a ver comigo!

A obediência às regras da família tinha sido o mecanismo de sobrevivência de Barbara, que ainda acreditava que tudo o que eles haviam feito a ela fora por sua própria culpa, portanto, que era uma pessoa que não merecia amor. Como adulta, tentava soltar a corda salva-vidas da qual não mais precisava, ou seja, a dúvida a respeito de si mesma, que a família cuidadosamente alimentara. A fim de curar-se completamente do medo, Barbara precisou abandonar a negação em favor da percepção de que sua avó era incapaz de amá-la adequadamente, de colocar suas necessidades acima das exigências da seita.

Viver em estado de negação significa viver uma mentira, do tipo que chamo de limitadora. Enquanto acreditarmos em mentiras, continuaremos presos, atolados em nosso caminho para a competência criativa. Durante o tempo em que Barbara acreditou que era responsável pela crueldade com que fora tratada, acreditou que era uma pessoa incompetente, que não merecia ter paz interior e sucesso material.

Quase todo mundo conhece as reações de choque e negação que acontecem quando um ente querido morre subitamente. Quando eu soube que meu amigo mais íntimo, Robert, suicidara-se, comecei a repetir, sem parar: "Não, não, não, eu não acredito!".

De fato, não conseguia acreditar. Não somos capazes de aceitar rapidamente uma mudança profunda. A mente precisa de tempo para assimilar novas informações, para reprogramar-se. Precisamos de tempo para começar a processar a reação de dor. A maior das mudanças, a perda de um cônjuge amado ou de um filho, parece impossível de ser aceita, mesmo depois de um longo tempo. A primeira reação de Ellen ao suicídio de Robert, seu marido, foi o entorpecimento.

— Às vezes sinto a raiva ferver dentro de mim, mas na maior parte do tempo não sinto nada — ela dizia. — Meu corpo parece que pára de funcionar, não consigo dormir nem comer. Fico igual a um zumbi.

Ellen e Robert haviam tido um casamento longo e firme e duas filhas. Ninguém sabia que os negócios de Robert iam mal e que ele não suportava a idéia da ruína financeira. Como filho mais velho de um alcoólatra, Robert tornara-se o esteio financeiro dos pais e irmãos e esperava manter sua tradição de abastança e generosidade tão penosamente conquistada. Mas nunca se permitira sofrer pela perda da própria infância, de modo que não aprendera emocionalmente a processar desapontamentos e a descobrir seu nível de autoexpressão criativa.

No início, Ellen sentia-se como se houvesse morrido junto com Robert. Aos poucos a raiva fez com que ela percebesse que estava muito viva. Estava furiosa consigo mesma por não ter podido ajudar o marido, e furiosa com ele por ter desistido de viver. Ela me disse que a terapia a ajudou a compreender por que Robert não pudera vencer o pavor de uma mudança em sua vida financeira. Abriu-se para a percepção do sofrimento que o marido suportara em silêncio e também de sua própria negação dos problemas e de sua incapacidade de ver que a situação estava mudando. Então, passando da negação para a percepção e a aceitação, Ellen perdoou-se e perdoou Robert por ele não ter sabido lidar com a mudança.

Em sua luta para ultrapassar as poças de lama emocionais criadas pela sua dor, Ellen gradualmente desbloqueou sua energia criativa. Cinco anos mais tarde, diplomou-se em belas-artes, e durante o curso teve a surpresa de descobrir que possuía talento para o desenho e a pintura.

— Eu estava interessada em história da arte, mas tive de freqüentar aulas práticas no ateliê para poder tirar o diploma — ela explicou. — Fiquei espantada ao perceber que conseguia desenhar de modo decente.

Ellen agora acha que aceitou perder Robert. Às vezes sente a falta dele, desesperadamente, passa por momentos de raiva e culpa, ou pega-se pensando de modo obsessivo em alguns detalhes do relacionamento dos dois, mas é óbvio que passou pelo ciclo de dor e crescimento, chegando a um nível mais alto de competência criativa. Aceitou o passado, agora encara o futuro. Descobriu uma nova profissão. Até brinca com a idéia de mudar-se para o Extremo Oriente, uma parte do mundo que sempre a interessou.

Um ano após a morte de Robert, outra pessoa querida, minha amiga Shelly, de quem falei anteriormente, morreu durante um ataque de asma. Embora ela fosse uma médica notável, eu a via mais como mãe. Nossos primeiros filhos nasceram com nove dias de diferença entre um e outro, em 1969, e cresceram juntos, como irmãos, dividindo as mesmas babás, escolas, e indo aos mesmos acampamentos de verão.

Meu marido, eu e nossos amigos comuns havíamos negado que Robert podia estar enfrentando uma crise e sofrendo, assim como havíamos negado a gravidade do problema físico de Shelly. Brincávamos com ela por causa de sua devoção a seus animais, a despeito da congestão brônquica que o contato com eles provocava. Nunca vimos que seu estado podia ser uma ameaça a sua vida. Seria irracional e pretensioso assumir a responsabilidade pela morte de Robert e Shelly, mas eu sempre lamentarei não ter notado que a situação deles era realmente problemática e, assim, não haver expressado minha preocupação.

Podemos ter alguma percepção de nossa tendência para a defesa e a negação, ou não ter nenhuma. Levei mais de um ano para começar a escrever este livro e deixá-lo como é agora. Sabia que desejava escrever sobre como transformar o sofrimento em criatividade e transcendência, e escrevia fervorosamente. Algumas pessoas liam meus textos rascunhados, e de vez em quando eu notava que elas não se mostravam muito entusiasmadas. Um dia percebi que não estava escrevendo sobre criatividade e transformação, de modo algum. Na verdade, processava a dor que experimentara nos dois anos anteriores, negava o impacto da morte de meus dois amigos, assim como a injustiça que eu, como psicóloga, via no fato de que vítimas de abusos estavam sofrendo, enquanto alguns dos criminosos viviam bem, pelo menos aparentemente. Eu estava puxando os leitores para o meu próprio ciclo de sofrimento. Precisei pôr de lado mais de cem páginas que já escrevera e começar tudo de novo, lutando para sair da escuridão e aceitar a dor e a morte como fatos da vida.

É importante lembrar que não nos movemos necessariamente de modo linear pelos estágios de sofrimento, crescimento e criatividade. Podemos ir para a frente e para trás entre os estágios, durante anos. Candace teve um pai que a forçou a fazer sexo com ele dos dois até os doze anos de idade, então matou-se na frente dela com um tiro na cabeça. Ela ia da negação à depressão alternadamente, incapaz de completar o ciclo.

— Dissociação é a minha forma de negação — ela conta. — Dissociando, esqueço o incesto, mas quando tenho percepção, fico horrivelmente deprimida. Também apresento dolorosos sintomas físicos que expressam o meu terror.

Note que Candace tem bastante percepção para saber de que forma está processando seu sofrimento. Conseguiu superar suficientes realidades traumáticas para ser bem-sucedida em várias áreas de sua vida. Todavia, até agora, ainda precisa da proteção da negação, da capacidade de dissociar-se das lembranças, enquanto vai ficando mais forte.

Quando estamos no estágio na negação, dizemos silenciosamente: "No momento, não consigo aceitar a realidade desse problema". Não são apenas indivíduos que inconscientemente optam pela negação, mas também grupos de pessoas e até sociedades inteiras. Durante a viagem para a divulgação de meu livro *Lessons in Evil, Lessons From the Light* ("Lições sobre o Mal, Lições da Luz"), quase toda vez que apareci diante da mídia aconteceu um debate, e o objetivo de meus oponentes era desacreditar a história de Barbara, que contava como ela fora maltratada por pessoas pertencentes a uma seita satânica. Eu, então, lembrava-os de que os norte-americanos reconheceram o abuso cometido contra crianças só a partir de 1962, depois da descrição da síndrome de criança maltratada. Antes disso, nós nos mantínhamos confortavelmente abrigados em nossa negação coletiva, dizendo que certas crianças eram propensas a sofrer acidentes. Passaram-se mais vinte anos, até que os norte-americanos começaram a reconhecer que as crianças podem sofrer abusos sexuais em suas próprias casas.

A resistência em reconhecer a maldade individual é compreensível, e, como Lloyd de Mause, historiador da psicologia, demonstrou, a tendência social de negar a maldade organizada faz sentido, pois a ameaça à nossa segurança pessoal e à de nossas crianças parece grande demais. Nas décadas de 1940-50, por exemplo, alguns norte-americanos negavam a existência de um grupo de extorsionários e assassinos chamado Máfia.

Embora seja útil lembrar que pessoas em estágio de negação estão no primeiro estágio do sofrimento e que possivelmente acabarão por ultrapassá-lo, para mim fica óbvio que a negação é campo fértil para os distúrbios de comportamento. É a permanência no submundo da criatividade, no sofrimento não resolvido, que gera a estagnação de energia que pode levar a um comportamento imoral. Para que possamos conhecer nossa própria maldade, devemos estar dispostos a descobrir quais são as áreas de nossa vida em que escorregamos e ficamos fascinados pela descida encosta abaixo.

Minha amiga Lynn voltou de um *workshop* sobre desenvolvimento pessoal em que andara descalça sobre brasas.

— E então, como foi? — perguntei a ela. — Você fez mesmo aquilo?

— Fiz. Foi interessante, porque eu estava indo muito bem, até olhar para baixo e ficar fascinada pelas brasas vermelhas. Então meus pés começaram a queimar. Olhei rapidamente para cima e fui em frente.

Há pessoas que não vão em frente porque passam a acreditar na ameaça e no poder do calor das brasas. Preferem ficar com o fogo do impulso pessoal a olhar para cima, para a luz do autocontrole, do crescimento e do bem-estar geral.

Os que praticam abusos contra os outros vivem nesse primeiro estágio do sofrimento, a negação. São incapazes de ver as possibilidades inerentes às mudanças, às perdas e, acima de tudo, ao amor. Não amadurecem para tornar-se pessoas produtivas, algo que o psicanalista Erik Erikson descreveu como "capazes de sentir o desejo de cuidar dos outros e da geração seguinte".

A maldade reside na negação. Goethe definiu-a como ignorância militante. Modifiquei essa definição para narcisismo militante e falta de amor. Lembra-se da história de Narciso? Ele era um jovem que adorava sua própria imagem e sofria porque não podia ter um relacionamento amoroso consigo mesmo. Quando o centro de nossa vida é tão estreito que realizamos apenas objetivos egoístas, a empatia se perde. Há o caso de um molestador sexual que ilustra bem o fato de que negação e narcisismo andam de mãos dadas.

Um homem que cometera múltiplos crimes sexuais foi entrevistado pelo psicólogo Daniel McIvor e concordou em fazer a seguinte declaração por escrito: "Nunca participei de nenhum tipo de atividade sexual que julgasse imoral ou errada".

Quando o dr. McIvor lembrou-o do motivo pelo qual ele estava sendo tratado, o homem riu e respondeu que tivera um momento de esquecimento. Nas palavras do dr. McIvor, "esse é um exemplo muito claro de como é fácil, para um criminoso sexual, isolar uma porção da realidade tão extensa quanto for necessário para proteger-se ou para minimizar o desconforto".

As pesquisas mostram que uma mulher entre três e um homem entre cinco foram vítimas de abuso sexual. Assim, mesmo que esses resultados não forem perfeitamente corretos, pense em quantos criminosos sexuais, muitos dos quais também foram vítimas de abuso, encontram-se em nosso meio. Eles podem ser pessoas de nossa família, vizinhos, nós mesmos. Quando eu tinha seis anos e usava meus cabelos castanhos presos em duas tranças, costumava brincar com uma menininha de quatro que morava no outro lado da rua e tinha invejáveis cabelos loiros e cacheados. Uma vez, usando uma desculpa qualquer, peguei-a pela mão e a levei para trás da casa. Baixei sua calcinha e dei-lhe umas palmadas nas nádegas. Senti-me poderosa e cheia de satisfação, achando-me mais bonita, mais forte e mais esperta do que ela.

A mesquinha idéia de que eu ensinara algum tipo de lição à garotinha evaporou-se rapidamente quando tive de enfrentar a mãe dela e a minha. Meus protestos de inocência não foram aceitos, e fui mandada para o meu quarto a fim de refletir sobre o que havia feito.

Esse episódio aconteceu logo depois da única vez que meu pai me bateu da mesma maneira. Eu estava vivendo o que aprendera, reproduzindo uma experiência, mas fazendo o papel do agressor, brincando com sensações sádicas, ganhando poder à custa de uma criança menor, procurando uma compensação por ter me sentido fraca.

Vários anos atrás fui visitar meu pai em San Diego, e ele, então com mais de oitenta anos, levou-me ao Sea World. Estávamos sentados sob uma árvore, observando as pessoas que passavam, quando vimos um pai dar uns tapas no traseiro do filho. Perguntei a meu pai se ele se lembrava da vez em que me batera, quando eu tinha seis anos, e ele respondeu:

— Não, meu bem, não me lembro, mas se fiz isso, lamento muito.

Fiquei surpresa e comovida. Meu pai, o rabugento policial aposentado, que era igual ao pai dele, incapaz de dizer "eu te amo", tirara a armadura, suavizara-se. Em vez de negar que me batera e mudar de assunto, ele estava disposto a admitir que talvez houvesse feito algo que me magoara. O longo caminho que meu pai percorrera, indo da negação à percepção de seus sentimentos mais ternos, levara-o à paz interior e a uma maior intimidade com os outros, uma realização criativa que eu nunca julgara possível.

Um outro homem, que todos consideravam incapaz de mudar, liberou uma notável energia criativa quando passou da negação para a percepção e a aceitação. Esse homem, Andrew, serralheiro aposentado, procurou-me para fazer terapia quando a esposa ameaçou abandoná-lo. Sua enteada, já adulta, começara a lembrar-se de que na infância fora molestada sexualmente por ele. Dedicado homem de família, Andrew casara-se com Helene e adotara a filha dela, CC, de cinco anos de idade. O pai biológico de CC morrera quando ela era bebê. Andrew e Helene tiveram três meninos, agora crescidos, casados e com filhos.

Andrew tinha quase setenta anos na época em que o conheci, mas seu rosto redondo de garoto fazia com que ele parecesse mais jovem. Quando falava de CC, ele ficava com os olhos cheios de lágrimas e torcia as mãos nervosamente.

— Eu sei que fiz coisas que não devia com a menina — admitia. — Mas nunca fiz nada levado pela raiva. Sempre fui gentil com CC. Tinha pena dela.

De fato, era verdade que Andrew sentia pena da enteada. Identificava-se com CC porque seu próprio pai o abandonara, não porque morrera, mas por estar sempre ausente. Essa ausência tornava Andrew, o único homem na casa, alvo da frustração da mãe e do desprezo das irmãs.

A intimidade com uma garotinha permitia-lhe tornarse, por alguns instantes, igual à imagem que fazia de uma menina: meiga, adorável, íntima da mãe e protegida pelo pai. Lembrava-se muito pouco de sua própria infância. Extensos períodos de tempo haviam desaparecido de sua memória. O que ele sabia com certeza era que passara a vida toda tentando agradar aos outros. Nunca aprendera a perceber e a expressar seus próprios sentimentos e desejos.

Durante vários anos Andrew dedicou-se tenazmente a compreender as razões psicológicas de seu comportamento. Participou de um programa de terapia comportamental para molestadores sexuais e também de uma terapia de grupo cujo trabalho consistia em ajudar os pacientes a prevenir reincidências. Além disso, de vez em quando viajava à Costa Oeste para encontrar-se com CC e o terapeuta dela. Passava longas horas escrevendo cartas, nas quais pedia perdão aos membros da família por seu comportamento, que tentava explicar o melhor que podia.

Quando uma de suas sobrinhas manifestou-se para dizer que ela também fora molestada por ele, Andrew sentiu-se aliviado, apesar de amargurado. Ele me falara dessa sobrinha, Mary, quando eu lhe perguntara se havia molestado outras crianças. Embora suas lembranças a respeito desses acontecimentos fossem poucas, ele insistia em dizer que apenas CC e Mary haviam sido molestadas. Andrew e Helene falaram com os filhos e as noras sobre a crise que estavam atravessando e reuniram-se para estabelecer um plano de ação. Uma das decisões foi que mandariam uma certa quantia a Mary todos os meses, para ajudá-la a pagar a terapia e os medicamentos necessários.

Após anos de trabalho intenso, Andrew um dia entrou sorrindo em meu consultório. Pela primeira vez CC permitira que sua filha passasse uma semana na casa de Andrew e Helene, no verão. Ela primeiro falara comigo para assegurar-se da reabilitação do pai. CC trabalhava no campo da saúde mental e conhecia as tristes estatísticas que mostravam que os pedófilos freqüentemente repetiam suas ofensas. Como Freud ensinou, a compulsão da repetição é uma tentativa do ser humano de vencer seu medo. Andrew, no entanto, não tinha mais medo do abandono e do descrédito, não precisava mais controlar o medo por meio de uma empatia mal direcionada com menininhas. Não se sentia compelido a voltar ao antigo comportamento. Aprendera a construir pontes de ligação com os outros membros da família, e a maioria de seus familiares, inclusive parentes mais distantes, admirou a coragem e a força que ele demonstrara, confrontando-se com seu comportamento no passado.

Um ano depois de terminar o tratamento, Andrew levou-me um presente, uma linda escultura abstrata de metal, feita por ele. Disse-me, timidamente, que nunca se considerara criativo, mas que, depois da aposentadoria, a esposa incentivara-o a continuar usando sua habilidade para trabalhar com metais. Contou que não parava de surpreender-se com as peças artísticas que criava, e que os elogios que recebia deixavam-no muito contente. Dera uma de suas obras a cada membro da família.

Deixar para trás velhos padrões autoprotetores de negação e abrir-se para a percepção são passos que exigem que renunciemos ao conforto do que é conhecido. Quem opta pela competência criativa assume um risco, quando desiste da negação e entra na escuridão do desconhecido. Andrew arriscou-se a ser rejeitado pela família quando admitiu seu comportamento. Mas foi só assumindo a responsabilidade por seus erros que ele ganhou o respeito de seus familiares. Precisou sofrer pelo que experimentara na infância e pelos efeitos infelizes provocados por aquela época. Precisou conviver com o medo, a ansiedade e a depressão, reconhecendo, pela primeira vez na vida, que sempre fora temeroso, ansioso e deprimido. Tudo aquilo, porém, acabara. Suas expressões de criatividade marcavam o nascimento de um novo começo.

Sidarta

Sidarta, que se tornou Buda no século VI a.C., escolheu um caminho completamente diferente para chegar à transcendência e à iluminação. Deixou a família para aprender o que era sofrimento. Conta a história que ele era um príncipe, e que seu pai, querendo protegê-lo da visão do sofrimento humano, não lhe permitia sair do palácio. Mas, por várias vezes, Sidarta convenceu um guarda a deixá-lo ir além dos muros, e foi assim que conheceu a doença, a velhice e a morte. Foi dominado pelo desejo obsessivo de encontrar um meio de lutar contra o sofrimento no mundo.

Por fim, deixou o palácio para sempre e viveu sete anos em uma floresta, praticando a renúncia. Entre os ascetas com quem vivia, a crença era de que, para livrar-se da tirania do corpo, era necessário torturá-lo. Além de meditar constantemente, Sidarta renunciou à alimentação e a todo conforto físico. Tentou infligir-se todos os tipos de tortura e acabou por ficar doente. Sofrer para libertar-se do sofrimento, porém, não o libertou das dores humanas, de modo que ele abandonou a comunidade de ascetas. Como Jó, Sidarta tornou-se obsessivo em sua busca de iluminação e submeteu-se a todos os rituais de purificação usados na época. Como Jó, ficou deprimido, doente, tanto emocional quanto fisicamente, e chegou à beira da morte. Parece-me que no final dessa primeira parte de sua busca Sidarta teve a percepção de que havia a necessidade de fortalecer-se. Não apenas parou de maltratar-se como banhou-se e fez uma boa refeição. Em seguida decidiu sentar-se sob a árvore Bodhi e ficar lá até compreender a verdade. À sombra daquela árvore colheu os frutos de seus esforços. Descobriu o estado de nirvana, ou a libertação da ilusão de que existe separação e sofrimento.

Quando Sidarta teve a percepção de sua ligação com todas as coisas que existem, recebeu o título de Buda, que significa "o desperto". Ele aprendeu que o sofrimento não existe, pois nasce de uma crença enraizada na escuridão da separação, do desejo e da necessidade, que não passam de ilusões. Buda tomou consciência da unidade. Embora lhe dissessem que ninguém compreenderia seus ensinamentos, ele ensinou durante quarenta anos, falando da liberdade, harmonia e paz que alguém pode ter vivendo como parte da unidade.

Aquilo que descobrimos torna-se a verdade para nós. Há quatro nobres verdades associadas ao budismo. A primeira prega que a vida consiste em tristeza ou sofrimento. A segunda ensina que todo sofrimento vem da crença de que estamos separados de Deus, de nosso Bem, de nossa Fonte. A terceira verdade declara que existe um modo de escapar do sofrimento, e a quarta, que a libertação vem do nirvana. A meditação para a percepção é um dos caminhos para o nirvana, ou para a unidade.

Sidarta passou por um ciclo de desolação e dor e transformou-se por intermédio da sua percepção. No budismo, a ignorância, ou falta de percepção de si mesmo, é considerada uma falha pior do que um pecado, um erro cometido. Buda afirmava que a repentina iluminação é possível por meio da percepção. Lembre-se, entretanto, de que ele passou anos percorrendo seu caminho espiritual antes de chegar à iluminação. Podemos chamar isso de repentino? Como Sidarta, ou Barbara, ou Andrew, a maioria de nós precisa de muitos anos de crise para que as reações de dor sejam metabolizadas e venha a percepção de que estamos firmes em nosso caminho para uma vida de luz e amor.

Se amar é a resposta, a questão é o que fazer para alcançar a percepção. Veja que na Tabela de Sofrimento e Crescimento a percepção é o primeiro passo que damos para derrubar a defesa da negação, a escuridão da inércia e do isolamento. Só nos tornamos capazes de chegar a uma profunda compreensão quando deixamos de lado nossas defesas psicológicas. No momento em que Sidarta abandonou sua crença falsa de que é necessário lutar, pois isso é negar a Deus, aquietou-se e abriu o coração para uma fé total na unidade de todas as coisas. Transcendeu a dor da separação.

Quando aceitou essa realidade espiritual, completou sua tarefa criativa e foi transformado por sua nova crença.

As transformações que resultam do crescimento espiritual e psicológico são: paz interior, senso de propósito e o reconhecimento de que o amor é o princípio dominante da vida. Tudo isso será discutido posteriormente, com mais detalhes.

Impaciência é algo natural. Até Jó mostrou-se impaciente. Foi Eliú quem o exortou a ter paciência, baixar as defesas, ouvir e aprender com suas experiências. Precisamos tratar nossas defesas emocionais com grande respeito. Elas se desenvolvem cedo na vida e permanecem firmes para nos proteger do medo das mudanças, do terror do trauma. A impaciência conosco mesmo ou com os outros e, pior ainda, o ódio projetado para dentro ou na direção de outras pessoas, simplesmente impedem o processo de crescimento. Reconheça que, seja qual for seu estágio de sofrimento e transformação, é exatamente aí que você precisa estar neste momento.

Susan, mãe de quatro filhos, devotara toda sua vida à família. Logo depois que seu filho mais novo saiu de casa, Susan descobriu que tinha um câncer ovariano. Miles, o marido, deu-lhe todo o apoio possível durante a quimioterapia e a radioterapia e atribuía o estoicismo dela ao primeiro estágio do sofrimento, o de negação. À medida que os meses passavam, ele foi percebendo cada vez mais que a esposa se recusava completamente a admitir a presença do câncer.

— A princípio achei que Susan fosse lutar de fato contra a doença, mas depois notei que ela não falava de seu problema, nunca, com ninguém! — ele conta. — Foi muito triste para mim, para nossos filhos e parentes, porque ninguém podia dividir o sofrimento com ela, e ela não dividia o sofrimento conosco.

Susan morreu sem jamais falar do período de dois anos em que perdera a saúde, a vitalidade, a família, a si mesma. E seus familiares conheceram uma tragédia dupla: perderam Susan para a morte e perderam uma fonte de conexão emocional com ela, enquanto ela estava viva.

Esses exemplos fortes servem para nos lembrar de que, como um enredo paralelo de novela, pode haver dor dentro da dor. A família de Susan teve de aceitar sua morte e também superar a desconexão emocional que já devia existir em algum nível, mesmo antes de sua doença. Isso também nos lembra a necessidade de compaixão. Não compete a nós desalojar os outros do abrigo seguro da negação. Podemos apenas suportar nosso sofrimento e promover o próprio crescimento, sempre conscientes de que estamos nos esforçando para aceitar uma realidade diferente.

A artista Célia Rumsey

Certas realidades são mais difíceis de aceitar do que outras. A luz brilhante da percepção é intensa demais, como se olhássemos para o sol sem proteger os olhos. Quando, em 1997, fui à exposição de Célia Rumsey em Santa Fé, meu impulso foi fechar os olhos para protegê-los do assalto da hospitalar luz branca. A aridez daquela luz falava do isolamento criado pela doença. Partes esculpidas do corpo humano, pés, dedos, braços e pernas rodeavam a peça central, um modesto berço que continha um pedaço de carne dissecada com uma fralda. Não havia nenhum senso de inteireza ali, nada que lembrasse alguma conexão, apenas restos fragmentados.

— Eu me lembro de quando tinha três anos — a artista disse, começando a contar sua história. — Logo depois do meu aniversário, fiquei internada em um hospital durante três meses. O quarto em que eu ficava sozinha tinha um linóleo marrom que cobria o chão e subia pelas paredes até uma moldura na metade da altura. Acima da moldura, as paredes eram de um cor-de-rosa sujo. Havia um aquecedor tubular abaixo da única janela, branca e pequena. As portas eram marrons. Não me lembro de ter visto brinquedos, mas havia uma cadeira. Eu ficava em um berço branco com lençóis brancos. A enfermeira entrava no quarto no meio da noite, acendia a luz, puxava minha calcinha para baixo e me espetava com uma agulha. Depois, apagava a luz e saía. E eu estava sempre com fome.

Célia tomou cerca de dezessete mil injeções desde então. Descobriram que ela sofria de diabetes, numa época em que pouco se sabia sobre o controle dos níveis de insulina, um tempo em que havia muita probabilidade de uma doença crônica tornar-se fatal. Célia estava numa idade em que as crianças não conseguem compreender que seu comportamento não tem nada a ver com a causa da doença.

— Eu achava que era uma menina má e, porque os médicos ficavam nervosos quando eu entrava em choque insulínico, pensava que eles estivessem dizendo que a culpa era minha, que eu fizera algo errado.

Cinqüenta anos depois, a arte de Célia Rumsey demonstra que ela está fazendo algo certo. A viva percepção do sofrimento emocional que ela guardou durante tanto tempo finalmente está sendo expressa. Uma criança doente e isolada, ela se sentia imperfeita e rejeitada, mas conseguiu transformar esses sentimentos em um saudável envolvimento com sua comunidade. Percorreu um caminho longo e espinhoso, do berço de hospital à arte contemporânea, mas agora sua criatividade reflete e acompanha seu sofrimento físico e seus triunfos.

Algo interessante é o fato de que o trabalho anterior de Célia como artista não deixava entrever nada da angústia provocada por sua doença. Depois de graduar-se com louvor em história da arte, ela ganhou uma cobiçada bolsa de estudos Fullbright para estudar em Paris. Nos nove meses que passou na França, perdeu vinte quilos, ficou macilenta e adoeceu gravemente.

— Depois de minhas vitórias nos estudos, senti-me totalmente derrotada. Fazia vinte anos que sofria com o diabetes quando descobri que tinha outra doença para enfrentar, o mal de Addison, e mais tarde apareceu uma terceira, o hipotireoidismo, que se desenvolve para uma condição chamada síndrome de Schmitt.

O plano de Célia de ir para a universidade, Columbia ou Yale, e doutorar-se em história da arte, falhou. Contudo, nos vários anos que se seguiram, morando em Nova York, ela fez cursos de pintura no Museu de Arte Moderna, na New School for Social Research e na Art Student's League. Sua fascinação pelas fotografias da natureza de Eliot Porter, "fotos líricas, preciosas", como ela diz, levou-a a mudar-se para o Novo México e pintar paisagens.

— O espaço e as paisagens deram-me uma sensação de liberdade. Eu queria pintar a beleza de forças mais amplas e das quais eu fazia parte. Adoro o conceito de ecologia, da interdependência dos sistemas. Queria ver o mundo perfeito e ser perfeita dentro dele. Nunca pintei figuras humanas, muito menos rostos. Acho que não suportaria ver os sentimentos espelhados em um rosto.

Um grande trabalho surgiu da incapacidade de Célia de enfrentar seus sentimentos a respeito da doença e de superar as perdas para juntar os retalhos de seus sonhos em uma colagem aceitável. Levou anos debatendo-se na enchente de suas frustrações até emergir renovada. Sua obra prova que uma grande arte pode emergir de todos os estágios da passagem emocional pela dor, mesmo o de negação, se o artista for grande. Mesmo que não sejamos artistas, que não tenhamos aprendido a pintar ou esculpir, ainda assim podemos criar válvulas de escape para a tensão que acompanha o trauma.

Tormento íntimo não é um pré-requisito para a criatividade, como certas pessoas acreditam. "Não há dúvida de que muitos artistas criativos, talvez a maioria, são centrados e sãos", escreveu o jornalista Samuel G. Freedman. "A imagem do artista autodestrutivo não apenas sugere futilidade ou morte como nega o valor da arte disciplinada." Não precisamos estar doentes ou perturbados para ser criativos.

Quer atravessemos uma crise temporária, quer passemos por uma enorme dificuldade aparentemente interminável, toda comunicação artística torna-se um ato de domínio sobre um trauma que sofremos. Esse ato de domínio é a transformação da emoção e da autodefesa em paixão de expressão criativa.

A primeira exposição de Célia, de aquarelas baseadas nas fotos de Eliot Porter, foi feita em Nova York, em 1971. Ela pintou aquarelas por mais ou menos dez anos, e depois de mudar-se para o Novo México pintou paisagens a partir das fotos que ela própria tirava e, depois, de fotografias aéreas, tiradas de pequenos aviões que sobrevoavam a Terra Encantada. Essa fase de seu trabalho durou cerca de doze anos.

— Eu me ocupei pintando a beleza que achava que o mundo devia ter. Uma vez, em Paris, pintei um auto-retrato. Não me considero bonita, mas naquele retrato eu estava linda, com aparência angelical. — Embora naquela época Célia pudesse estar negando o impacto negativo de sua doença, parece claro que, ao alcançar a percepção, pôde expressar sua vívida compreensão da beleza da Terra e seu próprio espírito forte.

Ela me explicou que as paisagens eram metáforas, assim como expressões de beleza:

— As placas tectônicas expandindo-se e contraindo-se, o planeta puxando e empurrando, eram como as forças que agiam em minha vida.

Peter, o irmão de Célia, morreu de diabetes à idade de quarenta anos, depois de dez anos de luta dolorosa contra neuropatia, retinopatia e falência renal, fazendo diálise e passando longos períodos no hospital.

— Fiquei muito mal com a morte de meu irmão, porque eu o amava e porque tenho a mesma doença que o matou — Célia contou. — Quando meu cachorro favorito morreu, em 1994, comecei a fazer um curso de escultura e pegueime esculpindo partes separadas do corpo humano: muitos, muitos dedos, por causa das picadas de agulha que um diabético toma no dedo diariamente para medir o nível de insulina. Pés, por causa das amputações, ossos e órgãos internos por sua degeneração. A determinação de encarar a feia realidade da doença levou-me a esculpir as peças desta exposição, que chamei de *Crônico*.

Quando pedi a Célia que me falasse de suas reflexões nos estágios da dor, menos o da negação, ela explicou que elas se sobrepunham, mas que no entanto eram distintas.

— Esse trabalho representa desafio. Não vou me afundar em raiva e depressão. A doença não vai me derrubar. Já senti muita raiva por ter de lidar com o diabetes. É como ter um segundo emprego, exigente e exaustivo. Quando eu era jovem, a raiva poderia ter se tornado destrutiva. Eu ficava obcecada com a idéia de encontrar um homem que cuidasse de mim, de ter um lar perfeito e filhos perfeitos. Esse era o meu desejo quando soprava as velas do bolo de aniversário. Agora desejo dar equilíbrio a minha vida. Aprendi que precisava parar de me sentir furiosa e deprimida, de ficar pensando obsessivamente na injustiça da minha doença.

Depois perguntei a Célia como ela via o último estágio do ciclo de sofrimento e crescimento, a aceitação ou sucesso.

— Para mim, o sucesso foi eu ter aprendido a ser autosuficiente — ela respondeu. — Eu me orgulho disso e também da coragem que precisei ter para fazer esse trabalho. É preciso coragem para dizer ao mundo como é a doença, qual é o impacto que ela causa sobre alguém. Em termos de aceitação, acho que finalmente aceitei a responsabilidade pela minha vida. Não espero que outras pessoas a tornem melhor, nem culpo ninguém pelos meus problemas.

A respeito da possibilidade de ter sua vida abreviada, Célia diz que acredita na vida após a morte e fala de sua idéia de Deus.

— Eu acredito em Deus, num Deus amorfo, Zeus, força ou poder. E, como faço visualização de tudo, vejo um campo de energia azul-noite, um paraíso em forma de constelação, uma elipse de luz dourada estendida nesse campo escuro, como a Via-Láctea. Claro que esses são apenas símbolos de energia, símbolos que eu pintaria. Também acredito que, quando as pessoas vão para aquele lugar, tornam-se oniscientes e são capazes de ver toda a confusão e compreendê-la. Acredito que os laços de amor não se dissolvem. Minha mãe foi minha corda salva-vidas nesta vida, e acredito que meu irmão seja minha corda no plano espiritual, acredito que ele cuida de mim.

Perguntei se ela pretendia voltar a pintar um dia, ou continuar apenas esculpindo, e Célia respondeu em tom confiante e com um sorriso angelical no rosto:

— Com certeza, vou voltar a pintar.

Relatos como o de Célia, histórias da Antiguidade e mensagens passadas pelas religiões oferecem-nos conforto quando nos defrontamos com desafios, mudanças e processos de crescimento. A crença de que a alma sobrevive depois desta vida sugere que todas as nossas experiências trazem importantes lições. Vendo as coisas dessa forma, podemos nos livrar da culpa que tendemos a sentir por não ser capazes de curar nossas doenças ou a depressão, de perdoar o mal que nos fazem, de nos tornar iluminados, em resumo, por não alcançar a santidade durante esta vida. Estaremos ocupados demais aprendendo.

Todavia nenhum aprendizado acontece se não nos sentirmos seguros. Segurança é um requisito para o normal desenvolvimento das crianças, desde a mais tenra idade. Para desarmar a negação, temos de saber que somos amados e aceitos. Acredito que o conceito de cuidar de nossa criança interior foi aceito por tantas pessoas porque quase todos nós temos uma grande necessidade de nos sentir seguros. Precisamos aprender a dar segurança e atenção a nós mesmos. Quando nos sentimos seguros no mundo, operamos de forma mais eficiente nos planos mais altos de criatividade e transcendência, planos em que temos percepção de nossas escolhas. Podemos escolher abandonar a negação e outras defesas. Podemos escolher usar nossa energia para ver a luz que nos guia ao longo do caminho.

Ter a percepção daquilo que os psicólogos chamam de estados do ego pode nos ajudar a deixar a negação para trás. Os principais estados do ego são: a criança interior, o pai internalizado (pai ou mãe) e o adulto. Crescemos aprendendo como é ser criança e como é a identificação com o poder de nossos pais. Se no longo período da infância nossos pais não desempenham suas funções adequadamente, e a maioria de nós é vítima de outras vítimas, podemos nos fechar no medo da nossa criança interior e no julgamento do pai internalizado. Nossas defesas estão sempre presentes.

Embora a maioria de nós tenha dificuldade para entender como as substâncias químicas do cérebro contribuem para a depressão e reagem a ela, podemos mais facilmente ver que essa forma de infelicidade é uma volta ao estado infantil do ego, em que temos pouca percepção do fato de que estamos num período temporário de sofrimento e que a dor vai acabar.

Esse modelo de personalidade de estado do ego, o conceito de que agimos a partir do estado de criança interior, de pai internalizado ou de adulto, permite-nos compreender nossos sentimentos e comportamento. Se considerarmos que os estados da criança interior e o do pai internalizado são aqueles nos quais temos mais experiência, podemos ver que a reação normal ao estresse da vida, ou ao medo, é uma volta a um dos dois. A criança interior sente-se desamparada e desesperançada diante da autoridade e da experiência. Ameaças de perdas emocionais ou físicas produzem medo do abandono ou do aniquilamento. Por reflexo, a grandiosidade do todo-poderoso pai internalizado parece um refúgio seguro. Nesse estado de pai, podemos nos tornar julgadores e despóticos, mesquinhos e hipócritas. A depressão nasce do diálogo interior entre criança e pai, quando um aponta para a imaturidade e a incompetência do outro. Quando nos desconectamos de nosso eu adulto, ou seja, aquele lado da personalidade que contém todos os tipos de inteligência e de competência, a situação torna-se insuportável. Acabamos por nos desligar de nosso Eu Transcendente, o halo acima de nós que nos sustenta com intuição e divina inspiração. É necessário estarmos atentos para perceber a tendência de nos prender aos sentimentos da criança interior e aos julgamentos do pai internalizado, os lados de nossa personalidade em que se erguem as barreiras de defesa, impedindo nosso crescimento. Em tempo de sofrimento profundo, ficamos vulneráveis, correndo o risco de viver continuamente em um estado de infelicidade. Como adultos, somos capazes de assumir nosso eu adulto simplesmente querendo fazer isso. Quando escolhemos o otimismo e a busca de soluções, estamos nos colocando acima da defesa, do medo e da limitação. Transformamos energia de depressão em descoberta de grandes possibilidades de sucesso e de espiritualização do Eu Superior ou Transcendente, no qual reside o amor.

O Eu Superior pode ser visto como o lado da personalidade que os psicólogos chamam de eu observador. Esse lado nos ajuda a observar e a adotar um comportamento adequado, a fim de nos manter a uma distância segura do medo. Acredito que esse lado também seja o que nos conecta com nossa espiritualidade e, como Sidarta descobriu, com a unidade e com Deus. É representado por um halo acima da cabeça.

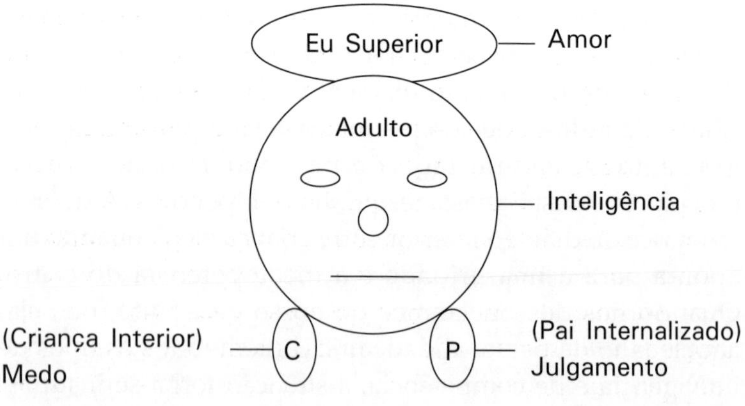

Pense num momento em que você foi capaz de mentalmente ampliar sua visão de algum acontecimento ou desempenho seu, a fim de observar como estava se saindo. Isso é o mesmo que ter um instrutor interno, um mentor que nos orienta para que possamos seguir em frente. Minha filha mais velha, por exemplo, teve um excelente instrutor de esqui quando estava cursando o segundo grau. Certa vez, naquela época, quando fomos esquiar no Colorado, estávamos no alto de uma montanha, preparando-nos para descer uma encosta muito íngreme, em uma área destinada a esquiadores exímios. Minha filha começou a falar sozinha, planejando uma rota por entre as árvores, e continuou assim, dando instruções a si mesma durante toda a descida. Estava usando o ego observador para poder usar toda sua perícia no esporte, entrando em contato com seu instrutor interno, seu Eu Superior ou Transcendente, para manter a autoconfiança.

No inverno seguinte, na mesma montanha, vimos uma moça que parecia paralisada, no alto da encosta íngreme. Ela mal conseguia falar, e não se movia. Conversamos com ela durante muito tempo, incentivando-a a respirar fundo e relaxar, o que lhe permitiria ter percepção de sua força interior. Por fim, ela conseguiu esquiar conosco até embaixo.

A percepção nos sustenta e nos dá a oportunidade de funcionar a partir do nosso aspecto mais maduro. A medrosa criança interior e o julgador pai internalizado mantêm-nos presos na vergonha e na culpa do passado, ou na preocupação e ansiedade pelo futuro. A criança interior não sabe o que fazer para mudar e precisa da coragem do eu adulto para vencer o medo que foi alimentado por anos de insegurança. Ser criança é ser vulnerável, é acreditar em mentiras limitadoras. Até que desenvolvam a capacidade de raciocinar, as crianças acreditam em tudo o que os adultos lhes dizem.

As pesquisas mostram que 85 por cento do que as crianças ouvem são declarações negativas. Os adultos dizem-lhes o que elas não podem fazer, ou as repreendem por fazerem algo considerado "errado". Assim, não é de surpreender que as crianças aprendam a culpar-se quando o caminho da vida toma um rumo desagradável. Acreditamos em mensagens negativas. Aprendemos a viver com limitações, em vez de acreditar em grandiosas possibilidades. A qualquer momento, porém, não importa que estejamos em um processo de sofrimento, crescimento e amadurecimento, podemos usar a visão e a intenção para chegar à percepção de nossa verdadeira natureza amorosa.

Holly, uma bem-sucedida bancária que tivera uma infância feliz, de vez em quando desgostava-se profundamente com sua aparência física e com seu modo de falar em público.

— Essa obsessão com os meus cabelos parece loucura — ela admitiu. — Mas as únicas observações negativas que minha mãe fazia a meu respeito eram sobre meus cabelos, reclamando que não sabia como deixá-los bonitos.

Lutamos contra observações negativas que ouvimos de nossos pais, tentando descobrir se há algum fundo de verdade nelas. É por meio da percepção que podemos avaliá-las claramente. Para que possamos alcançar a total auto-expressão, devemos fazer a distinção entre o que é verdade e o que é mentira. Temos de aprender a encaixar comentários no contexto correto.

Holly, por fim, reconheceu que as observações da mãe eram exclusivamente sobre seus cabelos indomáveis, não a respeito do seu caráter. Embora os comentários fossem verdadeiros, a mãe não tinha a intenção de prejudicar a autoestima de Holly. Pessoas que foram maltratadas na infância acabam por reconhecer que as acusações dos pais, de que elas eram más e mereciam ser magoadas, não passavam de mentiras que eles usavam para encobrir o próprio sentimento de culpa.

No estado de ego infantil, ficamos muito mais vulneráveis às dúvidas sobre nós mesmos, à culpa e à vergonha, emoções que cimentam nossa crença de que não merecemos ser amados. Precisamos tratar nossa criança interior com carinho e compreensão infinita. Quanto mais amarmos e aceitarmos nosso eu interior, mas facilmente venceremos o medo e a dor.

Lembre-se de Sidarta e de que ele atingiu o nirvana só quando parou de exigir, de lutar e de maltratar-se. Não fez nada além de sentar-se com a intenção de despertar para a verdade. Passara por um ciclo de sofrimento e estava pronto para a transformação. Cuidou de sua criança interior.

Em meio a nossos esforços, nossa criança interior diz: "Estou com fome e cansado, alimente-me e ponha-me para dormir". Podemos ignorá-la e negar nossos verdadeiros desejos ou podemos ouvi-la e fazer o que é necessário para satisfazer suas necessidades. É quando respeitamos nossa criança interior e cuidamos dela que nos sentimos bastante seguros para agir com amor, percebendo as possibilidades de aventura e o senso de propósito que vêm com essa percepção.

Foi só quando Sidarta parou de negar suas necessidades íntimas, e Jó parou de tentar negar seus erros, que ambos reconheceram sua natureza divina, tornaram-se um com Deus, livraram-se do medo, despertaram para o sentido da vida.

Albert Einstein

Um dos maiores pensadores de nosso tempo, Albert Einstein viveu uma vida de criatividade e auto-expressão contínuas.

Era descontraído e sentia-se à vontade para dedicar-se a seus interesses. Uma vez declarou que, em sua opinião, a imaginação é mais importante do que o conhecimento. Fazia jogos mentais, fingindo que cavalgava um feixe de luz. Ficava tão mergulhado em pensamentos que, para ele, o tempo deixava de existir.

Foi um exemplo notável de alguém que perseguia seus interesses incansavelmente, nunca limitando a percepção de possibilidades. Há quem o julgue mal por ele ter sido insensível em relação à família, mas Max Born, o físico que foi seu amigo, avaliou-o imparcialmente: "Apesar de toda sua bondade, sociabilidade e de todo seu amor pela humanidade, Einstein era totalmente desapegado de seu próprio ambiente e dos seres humanos ali incluídos". E um de seus biógrafos chamou-o de criança eterna. Einstein foi capaz de elevar-se acima das emoções reativas e de viver em níveis de criatividade e transcendência. Nunca negou sua curiosidade ou suas opiniões. Um fato muito interessante é que ele jamais deixou de ter interesse e respeito pela mente infantil.

Foi Einstein quem sugeriu ao psicólogo Jean Piaget que estudasse as noções intuitivas de velocidade e tempo das crianças. Essa pesquisa enriqueceu nosso conhecimento do desenvolvimento cognitivo infantil. Dizem que Einstein declarou que aos três anos de idade já sabemos tudo o que precisamos saber sobre física. Ele elevou a imaginação, a fantasia e a intuição à altura de valiosas funções científicas.

Usava a própria mente como um pátio de recreação. Não tinha laboratório. Sua teoria da relatividade surgiu de numerosas experiências mentais (*Gedanken*, em alemão). Deixava-se absorver por essas experiências durante horas, dias e anos. Atribuía a seus padrões infantis de pensamento o fato de ter desenvolvido aquela magnífica teoria. Não pedia desculpas por seu eu infantil. Endossou sem nenhum recato o modo de pensar das crianças, o que sustenta a idéia de que a segurança interna capacita-nos a rejeitar a negação em favor da percepção e da descoberta. Uma criança destemida não acredita em mentiras limitadoras.

O que a maioria de nós não sabe é que Einstein focalizava sua percepção "no modo como Deus criou este mundo". "Não estou interessado neste ou naquele fenômeno, no espectro disto ou nos elementos daquilo. Quero saber o que Ele pensa. O resto são detalhes." Einstein era altamente espiritualizado. Durante toda sua vida ele refletiu sobre a construção do Universo, a substância da luz, a escuridão, o espaço, o tempo e o sentido da existência. O valor que ele dava a cada aspecto da criação traduzia-se em um profundo amor pela humanidade e pela natureza. Einstein foi uma prova viva de que nossa mente pode nos levar a enormes distâncias quando melhoramos nossa competência criativa. Podemos aceitar a probabilidade de nossa criatividade ser divinamente incentivada.

O que pouca gente também sabe sobre Einstein é que ele não tinha uma parte do cérebro. Quando, recentemente, seu cérebro foi examinado, descobriu-se que o opérculo parietal não existia. Embora o tamanho do cérebro estivesse dentro da normalidade, o espaço deixado pela parte que faltava permitia que o lobo parietal inferior crescesse e se tornasse quinze por cento mais largo do que o normal. Essas células cerebrais estavam agrupadas e possuíam mais intercomunicações naquela área, o que dava a Einstein maior cognição matemática e imaginação visual-espacial mais ampla.

Esse é um importante lembrete de que é de um defeito ou deficiência que surgem nossas características mais marcantes e mais criativas. A parte que faltava no cérebro de Einstein permitiu a expansão de sua genialidade. Podemos reverenciar nossas experiências adversas, porque elas nos ajudam a desenvolver a mente e a expandir o coração. Podemos também acreditar que a percepção de nossa criatividade, o modo como nos expressamos no mundo, é a mais misteriosa e complicada das dádivas.

Embora possa parecer paradoxal, fortalecer a criança interior é a rota certa para o Eu Superior, o campo de provas do amor. A razão para isso tem de estar relacionada com o fato de precisarmos estar despertos e conscientes de nossos desejos e necessidades do momento. Quando nos sintonizamos com o momento e aceitamos nossos desejos, em vez de negá-los, estamos deixando o sofrimento para trás e caminhando para a transcendência.

Lembre-se de *respeitar* suas reações às mudanças da vida. *Seja gentil*. Não é possível forçar a percepção. Resistência ou ameaças só resultarão no fortalecimento do medo relacionado à mudança. *Derreta o medo* com métodos de relaxamento (discutidos no capítulo 8) e pensamentos positivos. Qualquer método que lhe permita alcançar regularmente um estado alterado de consciência o ajudará a transformar o medo e as reações defensivas em auto-aceitação e percepção criativa. É aprendendo a valorizar cada parte de nós mesmos que desfazemos a tensão entre o desejo de negar nosso potencial criativo e permanecer pequenos e o desejo de ter consciência de nossa vontade de crescer e de nos tornar magníficos.

Ao reconhecer que todas as partes de nós na realidade formam uma só, despertamos para o fato de que em nosso estado infantil *precisamos* de amor, em nosso estado de pai internalizado *queremos* amor, em nosso estado de adulto *escolhemos* o amor, e em nosso Eu Superior ou Transcendente *somos* amor.

Disciplina Criativa Diária

(Negação: à Luz da Percepção)

1. Durante um dia inteiro, preste atenção a qualquer reação negativa que tiver aos acontecimentos da vida. Descreva esses acontecimentos por escrito e diga como gostaria que as coisas **mudassem**.

2. Por outro dia inteiro, esteja atento apenas às **reações negativas**, até mesmo a um esboço de pensamento negativo. Em seguida, converta-as em pensamentos positivos. No princípio, você pensará que está racionalizando ou brincando de Poliana, mas em algum momento verá e sentirá uma diferença em seu modo de encarar as coisas. Estará abrindo uma fresta na porta para uma **nova percepção**.

3. Pense em uma crença à qual você se agarra, talvez de maneira obstinada, e a respeito da qual pode estar se comportando defensivamente. Finja que terá de **debater** esse assunto tomando a posição contrária. Preste atenção a três de seus argumentos.

4. Imagine que é um jovem Sidarta e que se perdeu em seu caminho para a paz interior e o senso de propósito de sua vida. Toda vez que detectar um julgamento duro a respeito de si mesmo, use sua **imaginação criativa** para sentar-se sob a grande e protetora árvore da vida, respire fundo e acredite que terá um esclarecimento, uma **percepção**.

5. Faça de conta que é Einstein e tente ver todos os acontecimentos do dia por intermédio dos olhos da criança de cinco anos que um dia você foi. Observe como a criança reage. Observe cada momento de alegria que sentir por causa da espontaneidade da criança. Não se esqueça de anotar os pensamentos que tiver nesses momentos.

6. Pegue um papel em branco e pinte a folha toda com lápis de cera de diferentes cores. Depois pinte por cima de tudo com lápis de cera preto. Agora use um objeto pontiagudo para fazer um desenho sobre a superfície preta. Observe a sensação de **prazer** que sentirá ao ver as cores aparecerem através do preto. Quando terminar o desenho, escreva três ou mais frases que descrevam a figura e seu significado para você. Guarde o papel em sua pasta.

7. Em uma noite de lua cheia, enquanto olha para o lindo globo luminoso, examine cuidadosamente seu coração, à procura de um lado bom de sua personalidade que muito tempo atrás você escondeu por ter sido magoado. Deixe que esse lado cresça e irradie-o para fora, para que todos o vejam.

4

Raiva: o Impulso para a Integridade

Raiva e ódio são obstáculos para o bom coração, obstáculos para a compaixão.

— Dalai Lama

A raiva é uma energia que pode alimentar paixões e nos empurrar pela estrada de nosso propósito na vida. A mesma descarga de adrenalina que ajudava nossos ancestrais a correr atrás de animais selvagens e alcançá-los pode ser usada para a execução de extraordinárias façanhas. A mãe de um adolescente salvou a vida do filho quando o carro sob o qual ele estava trabalhando escorregou do macaco e caiu. O desespero que a mulher sentiu diante da possibilidade de perder o filho transformou-se em força sobre-humana, e ela conseguiu erguer o carro de cima dele. Isso aconteceu porque, em momentos cruciais, a fusão de agressão, ação construtiva, poder pessoal e amor faz milagres.

Como a única constante na vida é a mudança, focalizar a energia vital no poder do amor deve ser uma escolha permanente. A raiva pode ser o combustível da ação criativa, como no caso da mãe que ergueu um carro para salvar o filho. Essa energia ardente pode ser aplicada a todas as atividades e em todos os momentos. Contudo, quando a energia da raiva se agita abaixo da superfície e permanecemos atolados em nossa dor, paramos de crescer.

A dor ululante muitas vezes anuncia que tivemos percepção de nossos ferimentos. "A dor é, em certo sentido, a maior das graças, porque a maioria das pessoas não inicia nenhuma prática espiritual até chegar ao fundo do poço", diz o filósofo Ken Wilber. "A dor é um chamado para que a pessoa desperte, e presta esse serviço fielmente."

A história de Jó descreve cada estágio de suas reações emocionais à devastadora mudança em sua vida. A emoção que aparece com mais força é a raiva. Depois dos sete dias de mutismo, Jó começa a queixar-se a Deus, amaldiçoando o dia de seu nascimento: "Por que não nasci morto?". E acrescenta: "Agora eu estaria em meu túmulo, adormecido na morte, em paz" (Jó 3:1, 11, 13). Passa por três ciclos de lamentação, reclamando contra a injustiça, a amargura da vida. Seu ressentimento é tão grande que ele diz que sua miséria "pesa mais do que as areias do mar" (Jó 6:3). Ele acusa Deus de desferir-lhe golpes sem motivo (Jó 9:17). Chama Deus de algoz, enfurecendo-se porque Ele "multiplica as nações e as faz perecer" (Jó 12:23).

Quem fez de Jó um símbolo da paciência deve ter lido uma versão diferente da história. Na verdade, um de seus amigos censura-o duas vezes por sua impaciência (Jó 4:2, 5), dizendo que nos bons tempos Jó era forte e dava apoio aos outros, mas que, aos ser açoitado pela adversidade, perdia a paciência. E avisa: "A ira do tolo o destrói" (Jó 5:2).

Entretanto Jó continua processando sua dor. Profere dezesseis juramentos, negando que houvesse cometido algum erro, e com intensa introspecção mergulha no lado mais escuro de sua personalidade, aquele que lança a culpa sobre os outros, e recusa-se a aceitar a responsabilidade pelas mudanças.

O impulso de Jó em direção à integridade é demonstrado por sua tenacidade, enquanto ele drena de seu ser até o último vestígio de rancor, ressentimento e fúria. Ao expressar abertamente a mágoa, a raiva e o medo, Jó se torna um ser humano mais completo.

Acredito que o Livro de Jó deva ser visto como uma meditação sobre a aquisição de sabedoria. A fim de aprendermos o máximo a respeito dessa meditação, vamos examinar cada aspecto da história como uma expressão do próprio Jó. No começo, acontece um diálogo no íntimo de Jó, entre seu Eu Superior e Satã, o Adversário ou Obstrutor. Jó toma a decisão inconsciente de passar pela experiência da longa noite escura para testar sua fé e crescer mediante o sofrimento, com o objetivo de aprender a manifestar seu Eu Transcendente.

Ao passar pelas duras provas, inicialmente nega sua dor, então torna-se veemente em sua raiva e na justificação de si mesmo. Penso que não é por acaso que sua mulher expressa a raiva antes dele. Isso representa a necessidade de Jó aceitar seu próprio lado feminino. Uma das influências da cultura grega sobre o pensamento judaico daquele tempo era o conceito de que a mulher personificava a sabedoria. "Sofia", a palavra grega para "sabedoria", é o princípio eterno e co-criador de Deus. Ela é citada em Provérbios: "Quando Ele fez os céus, ali estava eu" (8:27). E em Eclesiastes: "Ouça o louvor à sabedoria de sua própria boca" (24:1). "Ela lhe sairá ao encontro como uma mãe cheia de honra, o receberá como uma noiva recebe o noivo e lhe dará o pão do entendimento para comer e, para beber, a água da sabedoria" (15:2-3). A sabedoria é descrita como um espírito benigno (Sabedoria de Salomão 1:6), e como Espírito Santo (Sabedoria de Salomão 9:17). E no trecho transcrito a seguir é louvada na mais linda das prosas. "Porque a sabedoria move-se mais facilmente do que o próprio movimento, é tão pura que invade e permeia todas as coisas. Como fina bruma, ergue-se do poder de Deus uma clara emanação do fulgor do Onipotente" (Sabedoria de Salomão 7:24-25).

Jó, então, a fim de manter a integridade, precisa aceitar sua natureza feminina. Nas ilustrações de William Blake para o Livro de Jó, Deus fala de dentro de um redemoinho de vento com Jó e sua mulher, que nessa versão aparecem juntos no fim da história. A mensagem disso é que Jó só pode encontrar sabedoria quando aceitar o sofrimento da esposa, a rejeição, a fé e o amor como uma parte interna de si mesmo.

A energia da raiva, usada como preciosa água de rio, facilita o crescimento. Se soltamos pouca, nossa auto-afirmação corre como um fio, e se soltamos demais, há uma inundação de intolerante hipocrisia. A raiva saudável nos faz tomar consciência de um desequilíbrio, pode avisar que alguma coisa é ameaçadora, assustadora, capaz de ferir. Algo está errado em nosso mundo. Temos de tentar descobrir o que está precisando de ajuste para que possamos concentrar nossa energia vital adequadamente.

Minha filha mais nova, à idade de três anos, ensinou-me que existe uma conexão direta entre a mágoa e a raiva. Um dia ouvi-a gritando e atirando coisas em seu quarto. Corri para lá e perguntei-lhe o que acontecera, por que estava tão furiosa, e ela, com lágrimas escorrendo pelo rosto, respondeu que eu ferira seus sentimentos. Eu a ignorara quando ela me pedira para ajudá-la a vestir sua família de coelhos de pelúcia. Ocupada na cozinha, desligara a positiva energia amorosa entre nós, algo que ela sentira imediatamente. Acho que foi o fato de eu tê-la afastado, falhando em mostrar empatia, que a magoou e desencadeou o ataque de fúria. O que mais me surpreendeu foi descobrir que uma criança de três anos era capaz de conectar a mágoa com a raiva.

Raiva é nosso protesto por termos sido afastados de nossa fonte de segurança. Minha filha, como qualquer criança daquela idade, estava aprendendo a expressar suas necessidades, medos e desejos. Quando atingimos a idade adulta, podemos não ter a capacidade de expressar a raiva de modo eficiente. No entanto essa energia pode nos ajudar a defender nossos valores, a nós mesmos, a proteger os outros e a suportar as perdas.

Quando minhas filhas eram pequenas e estavam aprendendo a esquiar, eu ia atrás delas com os bastões prontos para bater em qualquer esquiador imprudente que ameaçasse atropelá-las. Era como se eu segurasse uma placa com o aviso: "Não se atreva a invadir este espaço seguro!".

Podemos canalizar energia agressiva para ajudar os outros, sentir raiva pelas injustiças cometidas contra quem amamos, muito mais facilmente do que reconhecemos e impedimos desrespeito ao nosso território pessoal! Ensinaram-nos que a ira justa é saudável, se a sentimos quando outra pessoa é magoada. Mas se nós mesmos somos magoados, devemos considerá-la egocentrismo. Fomos ensinados, ou ensinamos a nós mesmos, a ignorar o medo, superá-lo, esquecê-lo e ir em frente.

Muitas vezes a raiva explode inesperadamente, como um visitante que não foi convidado. Grande parte das erupções de raiva entre casais acontece assim, é um protesto que vem de surpresa, em reação à percepção de que o amor acabou. Durante meu casamento, os ataques de raiva que tive foram provocados pelo fato de eu sentir que o amor de repente desaparecera, deixando-me num buraco negro de rejeição ou indiferença. Em momentos como esse, a percepção é da maior importância, pois por meio dela acessamos o eu observador, ou Eu Superior, que nos permite estabelecer a compreensão, dentro da qual está sempre a fonte do amor. Sofia, ou a Sabedoria, nos diria que Deus Pai e Deus Mãe estão eternamente presentes, abraçando-nos e fortalecendo-nos.

Esse conhecimento pode restabelecer nosso equilíbrio. A Sabedoria diz que a raiva é uma expressão de nosso medo, e não a sentiremos se soubermos que não há mais nenhuma necessidade de nos sentir temerosos. Como adultos, reconhecemos que a raiva é um impulso natural para a liberação da tensão, para a expressão do medo e, por fim, para a conexão com todas as partes de nós mesmos e com o espírito de amor, mesmo que não estejamos nos sentindo muito amorosos.

Meus clientes sempre se surpreendem quando sugiro que a raiva deles é uma forma de depressão e que representa sofrimento não resolvido. Dar à raiva e à depressão um aspecto de sofrimento pode ser um grande alívio, porque nossos sentimentos, então, passam a fazer parte de um processo normal de reconhecimento de uma profunda dor emocional. Essa compreensão que salva casamentos também tem salvado vidas. Vários de meus clientes, que sofreram abusos sexuais e maus-tratos físicos na infância, haviam tentado suicídio ou pensavam em suicidar-se, quando me consultaram pela primeira vez. Estavam distorcendo a energia da raiva, transformando-a em ódio contra si mesmos. No fim do tratamento eles me disseram que ver seus sentimentos no contexto de um processo de sofrimento fizera com que achassem que havia alguma coisa de "normal" neles, dera-lhes a esperança de que poderiam mudar e, com o tempo, transformar aquela energia em auto-aceitação.

Hansel e Gretel

Contos de fadas têm sido usados ao longo dos séculos para ensinar as crianças a ser vigilantes e a cuidar de si mesmas, além de fazê-las compreender o poder das emoções. O psicólogo Bruno Bettelheim, em seu livro *The Uses of the Enchantment* ("Os Usos do Encantamento"), aumentou nosso conhecimento a respeito de como as crianças se beneficiam com contos de fadas, porque elas são metáforas que representam crescimento e desenvolvimento. A psicóloga Clarissa Pinkola Estes conquistou o interesse e a imaginação de adultos com seu livro *Women Who Run with the Wolves* ("Mulheres que Correm com os Lobos"). Por meio de contos de fadas e histórias folclóricas, ela salienta o fato de que em cada mulher existe "uma força poderosa, uma criatura natural e selvagem, cheia de bons instintos, criatividade apaixonada e conhecimento infinito".

A história de Hansel e Gretel descreve como a adversidade pode acionar a energia da raiva e usá-la para a autoexpressão e para garantir a sobrevivência. Os dois irmãos, órfãos de mãe, deixaram a casa do pai porque a madrasta tencionava fazê-los morrer de fome. Fugiram durante a noite e foram para a floresta, onde se perderam. Depois de andar alguns dias, desesperadamente famintos, chegaram a uma clareira onde viram uma linda casinha feita de pão de mel. Felizes por encontrar tão delicioso alimento, tiraram alguns pedaços das paredes e começaram a comer. Uma velha saiu da casa, levou-os para dentro e serviu-lhes comida nutritiva. Então, convidou-os a ficar morando com ela.

O que no início parecia uma agradável situação, tornou-se uma prisão. A velha era uma bruxa que queria comer as crianças, literal e figuradamente. Hansel foi colocado em uma jaula para engordar, antes de ser cozido. Gretel tornou-se a criada, cozinhava, limpava e preparava o irmão para ser devorado. A energia de sua raiva contra a velha bruxa começou a crescer, e ela traçou um plano de ação. Quando não pôde mais convencer a bruxa de que o irmão ainda estava magro demais para ser comido, teve de acender o forno, obedecendo à ordem da malvada. Usou, então, sua condição de criança para fingir ignorância, dizendo que não sabia se o forno estava bastante quente e sugerindo que a bruxa fosse verificar. Quando a bruxa se inclinou para testar o calor, Gretel reuniu toda sua força, empurrou-a para dentro do forno e fechou a porta. A fúria da menina, sua energia de raiva direcionada para a velha ou para a parte de si mesma que escolheria a destruição em vez da vida, dá a liberdade a ela e ao irmão, que simboliza seu lado masculino, ajudando os dois a crescer.

Todos nós somos Hansel e Gretel. Deixamos a casa de nossos pais e às vezes nos perdemos. Talvez encontremos casas de pão de mel em forma de empregos, amores, amizades, passatempos ou vícios, que nos dão a ilusão temporária de que alcançamos a integridade, encontramos um lar. Em termos de crescimento e transcendência, todavia, chegamos a um mero acampamento, um lugar onde somos abandonados à indulgência para conosco mesmos e aprendemos a nos preparar para a próxima fase de nossa experiência na vida. Em um momento qualquer, finalmente reconhecemos que estamos famintos de amor, ansiosos por uma conexão íntima que nos fortaleça e exija uma maior auto-expressão. Precisamos, então, sair do lugar onde nos encontramos, e é necessário que tenhamos uma boa dose de agressão e coragem para queimar a bruxa e continuar nossa jornada.

Foi a energia da raiva que salvou Hansel e Gretel e os colocou no caminho seguro que os levou de volta para o amor. Eles foram transportados através de um lago por um lindo cisne branco e retornaram à casa do pai. A madrasta não existia mais, e o pai esperava ansiosamente pela volta dos filhos. Isso representa a união como o nosso eu expandido, a parte de nós que descobriu a autoconfiança, a autoproteção, a moralidade e o amor.

O conto de fadas de Rumpelstiltskin ensina que a energia da raiva, quando usada para manipular e intimidar os outros, acaba por mostrar-se autodestrutiva. Quando a princesa da história foi mais esperta do que Rumpelstiltskin e adivinhou-lhe o nome, ele teve um acesso de fúria e pulou tanto, com tanta violência, que o piso desabou, levando-o para a morte. Enquanto Gretel dirigiu a energia da raiva para uma ação construtiva e a maturação, Rumpelstiltskin usou mal a sua, permanecendo em estado de fúria até que foi destruído por ela. Para Hansel e Gretel, o ciclo de sofrimento e crescimento resultou em mais percepção, auto-aceitação e intimidade. O uso construtivo da raiva deu-lhes uma vida bem-sucedida, com amor.

A vida não é bidimensional como a Tabela de Sofrimento e Crescimento. Ninguém sobe uma montanha marchando direto para o topo. Ao longo do caminho existem subidas até picos menores e descidas a vales entre eles. Às vezes tempestades prendem os escaladores em seu acampamento por longos períodos. Então, peço-lhe que imagine esses marcos de sofrimento e crescimento em três dimensões e se coloque no espaço entre todos os níveis, sabendo que de vez em quando você se encontra em diferentes lugares, em cada nível diferente. Por exemplo, certas perdas afetam-nos tão profundamente que ficamos envoltos em raiva e depressão, como se fôssemos alpinistas abrigados em uma tenda na montanha, esperando uma tempestade passar.

Pessoas que sobreviveram a torturas na infância contam-me que, para elas, a parte mais difícil do processo de crescimento é permitir-se conhecer seus sentimentos. Aprenderam a não se render a sentimentos dolorosos, dissociando-se deles e funcionando apenas nos níveis da criatividade e da transcendência. Enquanto aparentam que são adultos produtivos, podem negar a raiva e a angústia provocadas pelos maus-tratos que suportaram.

Se não formos capazes de reconhecer nossos sentimentos e conviver com eles, não viveremos a verdade, não nos sentiremos completos, não manteremos contato profundo com as outras pessoas. Procure sua verdade pessoal e aceite o lugar onde está, no ciclo de sofrimento e crescimento. Encare e respeite o que você é, aprenda com sua condição e encoraje-se com as palavras de Sofia: "Beba a água da sabedoria".

É importante ter consciência do impacto que a socialização produz sobre nossa capacidade de usar uma energia agressiva de maneira eficaz. As mulheres dos Estados Unidos, por exemplo, são socializadas de modo a não expressar sua raiva. É mais aceitável, para a nossa cultura, que as meninas chorem e os meninos esbravejem. Amigas minhas, que são advogadas ou ocupam cargos de autoridade, dizem que expressões de raiva por parte dos homens são vistas como divertidas excentricidades, enquanto as mulheres, quando expressam sua raiva, são chamadas de histéricas, descontroladas ou agressivas, termos que diminuem a credibilidade feminina. A mulher de Jó, depois que demonstrou raiva ao vê-lo negar sua dor, foi eliminada da história bíblica em uma de suas versões. Tanto homens como mulheres precisam de uma percepção maior a respeito de como comunicar-se de modo eficiente, assumindo uma posição neutra de autoconfiança, sem cair nos extremos de agressão ou passividade.

Quando nos tornamos agressivos ou passivos, geralmente estamos *reagindo* a uma situação, não *respondendo* com autoconfiança. Homens e mulheres sofrem igualmente quando vivem as inconscientes mentiras limitadoras resultantes da socialização mal orientada ou, como dizem alguns, da consciência tribal. As mulheres, a fim de sentir-se completas, precisam ter acesso aos poderosos sentimentos que vêm do equilíbrio entre agressividade e autoconfiança. Os homens, a fim de sentir-se completos, precisam saber que a empatia expande sua força interior e a autoconfiança criativa. Anos atrás, uma psiquiatra da América Latina falou sobre esse assunto. Comentou o fato de que nos Estados Unidos espera-se que as mulheres reprimam a raiva e disse que achava isso uma ultrajante violação da feminilidade.

— Das mulheres latinas, ao contrário, espera-se um temperamento apaixonado — ela declarou. — Se uma mulher não consegue ficar com raiva, é considerada uma mulher sem paixão, o que a torna tediosa e sem atrativos. — Para mim, esse era um conceito totalmente novo.

Uma expressão *exagerada* de raiva certamente não é tediosa, mas não nos torna mais atraentes. Percepção e equilíbrio são os fatores mais importantes. Luce, uma bela mulher de olhos escuros, de origem mestiça, procurou-me porque tinha dificuldade em controlar a raiva. Esperava o segundo filho e estava no quinto mês de gestação.

— Tenho de aprender a controlar a raiva, ou acabarei por machucar meus filhos e perder meu marido — ela disse. — Jack me mandou procurar ajuda, mas eu mesma sei que devo fazer alguma coisa.

À medida que me contava sua vida, Luce foi rapidamente reconhecendo o medo e a tristeza que sentia e que tentava compensar usando a raiva. O pai era alcoólatra e a maltratava verbalmente na infância, chamando-a de menina insignificante e estúpida, observações que programaram a mente de Luce, fazendo-a acreditar nessas mentiras. Ela se casou com um homem instruído, mas não se achava capaz de também cursar uma faculdade. Como mãe, não se julgava com bastante conhecimento e autocontrole para criar filhos de modo saudável. Seu ressentimento explodiu na adolescência, em forma de rebeldia e uso de drogas, algo contra o qual lutou desesperadamente antes do casamento. Agora, sua raiva atingia o marido e o lar, ameaçando a segurança da família.

Quando Luce aprendeu a cultivar a auto-expressão, o processo de fazer emergir seu verdadeiro eu, descobriu que gostava de escrever, mas a princípio resistiu à idéia, quando sugeri que escrevesse um diário. Vencendo o medo, falou com os pais sobre os acontecimentos da infância e descobriu que a mãe era receptiva e encorajadora. Quando reconheceu que podia lentamente construir uma ponte de ligação com os pais, sua capacidade de falar com o marido, colocando os sentimentos em palavras, aumentou notavelmente. O orgulho que isso lhe proporcionava era muito mais forte do que o ódio que ela sentia de si mesma, quando perdia o controle sobre a energia da raiva. Agora que está satisfeita com seu modo de criar os dois filhos, Luce planeja encontrar uma maneira de fazer um curso universitário.

A raiva é uma energia que brota em forma de ação construtiva e solda as fraturas em nossa personalidade. Pode ser expressa pela dor, quando reconhecemos as mágoas da infância, pela intensidade com que protegemos nossos filhos, pela insistência com que impomos limites respeitosos no trabalho, pelo senso de indignidade que nos atinge quando reconhecemos que precisamos aprender autodefesa, pela agonia de aceitar a morte, por gritos lancinantes quando revivemos um trauma terrível. A energia da raiva dá-nos o impulso de que necessitamos para curar o passado, ferido por pequenas e grandes perdas e mudanças.

Minhas filhas e eu fizemos um curso de defesa pessoal para mulheres. O enfoque principal das aulas era a autoconfiança. Aprendemos que os alvos mais fáceis para os agressores são as mulheres passivas e as agressivas. Os agressores escolhem alguém para atacar, e uma mulher que pareça amedrontada ou furiosa são as mais provocantes. O agressor pode racionalizar seu ataque dizendo: "Ela se rendeu sem lutar". Ou, então: "Ela era uma ordinária, tentou bater em mim". O meio-termo oferecido pela autoconfiança é o terreno mais seguro, e isso foi lembrado repetidamente durante as aulas. Quando uma pessoa está certa de que tem direito a um espaço físico, à privacidade e aos limites pessoais, a tensão decresce. A mensagem, ali, era a de que devemos transmitir tudo isso a um possível agressor, fazendo-o saber que terá de responder por qualquer intrusão.

As instrutoras de defesa pessoal, todas com faixa preta de caratê, esclareciam que mostrar autoconfiança não significa não optar pela agressão, se for necessário. É apenas a primeira opção, que tem como objetivo diminuir a tensão até dissolvê-la. No fim de uma simulação de ataque em que o agressor não desistiu após uma demonstração verbal de autoconfiança, tornando-se necessário o uso de técnicas físicas das mais simples, uma das participantes perguntou à instrutora o que ela faria se o agressor pretendesse claramente estuprá-la ou matá-la. A instrutora respondeu:

— Eu diria que ele estava me dando uma alegria e o mataria.

Depois que os risos nervosos cessaram, ela explicou que não hesitaria diante de nada para proteger sua vida. Fora atacada e estuprada na adolescência e passara muitos anos trabalhando para livrar-se do sofrimento e da raiva. Então, dedicara-se a aprender caratê e outras artes marciais. Treinava muito, participava de competições e ensinava tanto homens como mulheres. Sabia defender seu espaço sem perder a calma. A energia de sua raiva fora convertida em autoconfiança poderosa e disciplinada, temperada com uma boa dose de humor. Para aquelas alunas do curso que declararam que jamais matariam uma pessoa, nem mesmo para salvar-se, ela ensinou técnicas para deixar um agressor incapacitado momentaneamente, tornando a fuga possível.

A energia da raiva tornou-se incentivo e determinação para Betty, uma amiga minha, quando, alguns anos atrás, seu professor de contabilidade interpelou-a, ao vê-la entrar na classe, perguntando o que ela estava fazendo ali, explicando que se tratava de um curso para homens. Betty decidira ser contabilista, e as palavras do professor só serviram para reforçar sua decisão. Ela não apenas provou que era capaz de aprender o que os homens aprendiam como formou-se em primeiro lugar.

Minha amiga de infância, Karen Karros, é mãe de Eric Karros, batedor do Dodgers de Los Angeles. Um dia começamos a falar do desejo de Eric de tornar-se um jogador profissional.

— Desde pequeno Eric sempre se concentrou em melhorar seu jogo — ela comentou. — Quando jogava em times menores, um repórter de jornal escreveu que restava saber se ele tinha capacidade para jogar num grande time. Eric recortou, ampliou o comentário e pregou-o em seu quadro de avisos. Aquilo foi um desafio que o motivou a esforçar-se ainda mais.

Outros jogadores poderiam ter se sentido insultados e ficado furiosos. Eric, porém, usou o comentário como seu propulsor no caminho para o sucesso. O antídoto da raiva, o alívio para ela, é o impulso construtivo. Esse impulso pode ser direcionado para o sucesso pessoal ou, de modo altruísta, para o bem de outras pessoas. Lembrando que viver de maneira bem-sucedida é amar de maneira bem-sucedida, respeitamos e aclamamos aqueles de nós que trabalham longa e duramente para vencer obstáculos e realizar seus sonhos. Compartilhamos seu sucesso e aprendemos com seus exemplos. Quando uma pessoa alcança uma vitória, todos os outros também alcançam.

Suponhamos que nunca experimentamos sentimentos de raiva. Como explicar isso? Pode ser que estejamos bloqueados por um muro de raiva passiva e afastados de nosso objetivo de auto-expressão criativa. Não reconhecemos nossa dor. Talvez nos sintamos presos na armadilha da confusão e da depressão, como me senti na faculdade.

Um dia fui falar com um dos meus professores favoritos, um sociólogo, e perguntei-lhe se achava que eu devia procurar um psicólogo.

— Por quê? — ele quis saber.

— Estou me sentindo infeliz — expliquei.

— O que você faz com a sua raiva?

— Nunca sinto raiva — respondi.

— O problema é esse! — ele exclamou. — Depois que se formar, vá fazer terapia.

Segui o conselho dele, fui fazer terapia e comecei a compreender que os meus medos e mágoas da infância estavam escondidos dentro de mim. Eu os negara, e também a raiva que provocavam, até me tornar adulta.

Raiva reprimida quase sempre cria depressão. Assim como a depressão é um disfarce para a raiva, a raiva é um disfarce para os sentimentos dolorosos. As pessoas mais vulneráveis à prisão da raiva são aquelas, sejam homens, sejam mulheres, que abrigam desapontamentos, confusão e tristeza mal resolvidos. A única diferença entre essas pessoas é que a maioria dos homens dá expressão exagerada à sua raiva por meio da agressão, e a maioria das mulheres dá expressão deficiente à raiva por intermédio da passividade e da depressão. Os dois grupos devem procurar o equilíbrio do meio-termo, encontrado na autoconfiança.

Homens e mulheres que sofreram abusos verbais ou físicos na infância geralmente crescem com dificuldade para lidar com a raiva e convertê-la em impulso construtivo. Bárbara, a mulher que quando menina sofreu abusos físicos e sexuais por parte de membros de uma seita satânica, na idade adulta costumava ficar tão furiosa com a filha que tinha medo de agredi-la. Sentia que se afogava na raiva e que levaria a filha para o fundo juntamente com ela.

Como aconteceu com Luce, Bárbara também processou sua dor, reconhecendo todas as suas reações a acontecimentos passados, e aprendeu que tinha escolha no que dizia respeito a seus pensamentos e comportamentos atuais. Quando criança, não tinha direito a estabelecer limites pessoais, criando uma zona de segurança, mas, quando adulta, possuía muitos meios de construir autoconfiança e manter sua privacidade. Muitas pessoas que se entregam a acessos de raiva fazem isso porque não se sentiam seguras na infância. Eram obrigadas a suportar intrusões e ataques ditados pelos caprichos dos adultos, de quem elas dependiam para sentir-se protegidas.

Andrew, o homem que molestou a enteada, não tinha nenhuma consciência de que abrigava sentimentos de raiva, até que desenvolveu a percepção de seu passado. Quando se lembrou da humilhação e da mágoa a que fora submetido quando menino, conseguiu reconhecer a raiva, a obsessão e a depressão e lidar com elas. Por fim, pôde desbloquear sua energia e transformá-la em claras expressões de seus desejos e lindas expressões de sua criatividade.

A depressão disfarça a raiva e o medo, e a raiva leva ao medo e à depressão. James, um homem que era surrado quase diariamente depois da escola, não parecia nem deprimido nem abrigar raiva. No entanto, de vez em quando, se alguém o desafiava ou o tratava com rudeza, ele tinha um acesso de fúria. Logo após esses acessos, ficava doente e deprimido, tendo de passar uma semana na cama. Ele e a esposa receavam que ele estivesse afastando amigos e colegas de trabalho com esse comportamento. Medicação antidepressiva ajudou-o durante cerca de um ano, então ele percebeu que o ciclo recomeçava.

Ao se submeter a sessões de psicoterapia, ele aos poucos foi compreendendo que muita de sua raiva inconsciente era associada à negligência e aos maus-tratos físicos que sofrera quando criança.

A crescente percepção de James a respeito do sofrimento da infância, desenvolvida pela análise de suas reações às lembranças do passado, foi um processo de germinação. Ele juntou as sementes de criatividade que plantara na infância. Começou a lembrar-se de das experiências químicas que fazia, das aventuras no bosque perto de sua casa, das tentativas de comunicar-se com seus pais indiferentes. Quanto mais ele aceitava sua dor e reconhecia o menino magoado que havia em seu íntimo, mais descobria as razões de sua raiva. Começou a praticar a espontaneidade, a brincar, a ser mais curioso, a deixar sua criança interior expandir-se. Por meio de diálogos, livrou-se da raiva e acalmou a parte assustada de si mesmo. Isso lhe deu imenso alívio. Ele não sentia mais o impulso de explodir em acessos de raiva, deixou de afastar, com seu comportamento autodestrutivo, as pessoas a quem amava.

James transformou-se. O homem reservado e às vezes amuado ou furioso tornou-se alegre, expansivo, cheio de energia. Deram-lhe mais responsabilidades no trabalho, e ele descobriu que tinha jeito para inovar e resolver problemas que envolviam o pessoal da empresa. O recém-descoberto impulso interior levou-o a voltar a inventar, a área de expressão criativa de que mais gostava. Mas o que tornou sua nova vida completa foi o fortalecimento dos laços de amor que o ligavam à esposa, que ele anteriormente afastara de si com seu comportamento. James parou de sentir-se fragmentado na raiva para sentir-se inteiro no amor.

Luce, Bárbara, Andrew e James retratam a dor que resulta de maus-tratos na infância. Quando o espaço pessoal e a privacidade da criança são violados, a auto-expressão é sacrificada, o ressentimento e a raiva voltam-se para dentro e bloqueiam os ciclos de sofrimento e crescimento. A criança não aprende a ser autoconfiante nem a lidar com os sentimentos de raiva. Na idade adulta, pode ter pouca energia criativa para o trabalho ou para a intimidade.

Raiva equilibrada resulta em confiança, em fortes expressões de proteção e na capacidade de defender não apenas a nós mesmos como também outras pessoas. Essa energia alimenta nossos valores e faz com que eles se manifestem. Se na infância somos encorajados a cultivar nossa auto-expressão, como adultos seremos capazes de ouvir e processar informações e de agir de modo útil e produtivo. A expressão exagerada e a expressão deficiente da raiva geralmente indicam que a pessoa foi ferida emocionalmente, negligenciada ou maltratada na infância. A mágoa e a raiva que ela sente tendem a derramar-se sobre os outros ou a estagnar em seu íntimo, criando tristeza, cinismo e, às vezes, doenças.

Lembra-se de que Jó ficou doente dos pés à cabeça? Sobreviventes de traumas na infância e aqueles que se fecham em sua dor, recusando-se a deixar o passado para trás, muitas vezes têm problemas físicos constantes e sintomas que desafiam os diagnósticos médicos. Com repetidas violações físicas e emocionais, a criança não apenas não tem força emocional como pode ter defesas físicas e sistema imunológico fracos. Quer tenhamos sido maltratados na infância, quer não, todos conhecemos um pouco de sofrimento, medo e um número enorme de desapontamentos, grandes e pequenos. A energia do medo e da confusão pode ficar presa no corpo, assim como na mente.

Precisamos sentir que estamos fisicamente seguros para ser autoconfiantes. Expectativas pessimistas de desamparo e invasão precisam ser vencidas para que possamos deixar de lado a passividade e a reatividade que aprendemos a adotar e, assim, evitar a conversão da energia em sintomas físicos ou emocionais. As pesquisas mostram, por exemplo, que meninas que são molestadas sexualmente na infância têm uma probabilidade três vezes maior de ser estupradas quando adolescentes ou jovens adultas. Essas meninas aprenderam, sem saber, a projetar uma impressão de desamparo e passividade.

É de suma importância respeitar e encorajar as expressões de mágoa, raiva e medo das crianças. E nunca é tarde para nós, adultos, desenvolvermos a percepção de nossos sentimentos, de modo que possamos processar a dor e jogar as atrocidades no lixo, chegando ao fim de um ciclo de sofrimento e crescimento. Uma maneira de fazer isso é monitorar nosso nível de autoconfiança, mantendo-o alto.

A raiva é um protesto. Pode ser um protesto contra uma mudança, uma perda, uma injustiça. No momento em que identificamos a raiva e a utilizamos como autoconfiança, a energia pode ser transformada em impulso construtivo. Não é por coincidência que pais de crianças seqüestradas ajudem outros pais na mesma situação, ou que pessoas com doenças graves fundem grupos de apoio para outras que sofrem do mesmo mal. Um propósito construtivo e amoroso que tenhamos na vida faz com que nos sintamos completos e nos liga à nossa comunidade.

Maomé

A verdadeira fortuna de um homem é o bem que ele faz no mundo.

— Maomé

Maomé, o grande profeta e líder do islamismo, nascido no ano 570 da era cristã, foi capaz de transformar sua dor no impulso construtivo de que precisava para tirar seu povo da ignorância e levá-lo a uma fé baseada no monoteísmo, na moralidade e na ordem social.

Os pais de Maomé morreram quando ele era pequeno, deixando-o aos cuidados de um amoroso tio, que o criou. O menino era meigo, bondoso, sensível a todo sofrimento humano, embora crescesse em uma cultura que não aprovava essas características. Não havia leis, e a ignorância imperava. Fora de Meca, onde viviam os nobres, só havia pobreza. A solidariedade tribal estava acabando, e longas contendas entre famílias eram comuns.

Maomé começou seu ministério depois que passou quinze anos em meditação. Devido ao seu negócio de caravanas, conheceu uma viúva rica, mais velha do que ele, com quem se casou. O casamento era feliz, havia companheirismo entre o casal, e Khadija, a esposa, aceitava de bom grado que o marido se isolasse durante longos períodos em uma caverna na encosta de uma colina. Em uma dessas vezes, enquanto refletia sobre os mistérios da vida e da morte, do bem e do mal, Maomé sentiu uma presença que acreditou ser um anjo de Deus e que lhe revelou verdades que ele deveria ensinar aos outros. No início ele protestou, dizendo que não podia ser profeta, mas por fim aceitou a missão.

Como todos os outros que promoveram grandes mudanças, Maomé encontrou forte resistência. Seu ensinamento, de que havia um único deus, Alá, enfureceu os que ocupavam o poder, pois sua renda vinha das peregrinações aos mais de 360 santuários dedicados a numerosas divindades. A pregação que requisitava um governo baseado em leis e no tratamento caridoso a todos os cidadãos atiçou a ira dos líderes da comunidade, que começaram a perseguir Maomé impiedosamente.

Maomé fugiu de Meca e foi para Medina, uma cidade onde havia feito seguidores. De acordo com muitos relatos, ele se tornou um estadista brilhante, reunindo várias tribos para formar uma federação com base na ordem e no espírito de cooperação, algo nunca registrado na história da cidade. Gentil e misericordioso na condução de seus deveres administrativos, ele também liderava ataques a caravanas que vinham de Meca, que acabou por atacar Medina e sitiá-la após dois anos de batalhas, com um exército formado por dez mil homens. Em vez de agir militarmente contra as forças inimigas, Maomé exerceu pressão econômica sobre Meca e finalmente tomou-a com seu próprio exército de dez mil homens, sem encontrar resistência.

Quando morreu, ele reunira toda a Arábia sob a bandeira do Islã, que significa "rendição a Deus". Os registros das palavras ditadas a ele pelo anjo Gabriel num período de vinte e três anos estão compilados no Corão, o livro sagrado do islamismo, um guia para a fé, a religião, a política e a sociedade. No século VII, a Arábia garantia liberdade e justiça para todos. A lei da primogenitura, por exemplo, foi derrubada, e ficou estabelecido que a herança dos pais seria dividida igualmente entre todos os filhos, inclusive as mulheres. De modo diferente dos cristãos, que pregavam o celibato, Maomé acreditava que a união sexual era uma das grandes alegrias da vida. O casamento, de acordo com ele, protegia homens e mulheres de atividades que ofendiam a religião. Insistia para que seus seguidores se casassem, mas instituiu leis de divórcio, promovendo harmonia entre os sexos. O infanticídio era crime, a coexistência inter-racial, recomendada com ênfase, e a tolerância religiosa, uma ordem.

Huston Smith, professor de religião comparativa, considera as mudanças revolucionárias na cultura daquele tempo quase um milagre. "A diferença entre a Arábia pré-islâmica e a pós-islâmica leva-nos a perguntar se a história alguma vez testemunhou tal avanço moral envolvendo tanta gente, em um tempo tão curto." É difícil imaginar quanta expressão de força foi requerida para que houvesse tantas mudanças, quanta violência Maomé teve de exercer para conseguir tudo aquilo. No entanto o fato de ele ter perdido os pais tão cedo e seu desejo de dar uma vida melhor para seu povo armaram-no com o impulso e a agressividade necessários para criar uma sociedade mais unida e mais justa.

Gandhi

Assim como o calor conservado se transforma em energia, também nossa raiva controlada pode ser transformada em uma força capaz de mover o mundo.

— Mohandas Gandhi

Cerca de 1300 anos depois do tempo de Maomé, no outro lado do mar da Arábia, um tímido advogado chamado Mohandas Gandhi também usou a energia da raiva para efetuar uma mudança no mundo. Ele pregava que a desobediência civil sem violência podia ser tão poderosa quanto a força militar. Quieto e inseguro na infância e na juventude, Gandhi surpreendeu a si mesmo quando reagiu com raiva às injustiças que sofreu enquanto trabalhava na África do Sul. Foi repreendido por usar turbante, atirado de um trem por viajar na primeira classe e teve sua entrada barrada em hotéis reservados apenas para europeus. Ultrajado com a discriminação, decidiu que não a aceitaria como parte de qualquer organização social, que defenderia a dignidade das pessoas.

Gandhi venceu a timidez e transformou a raiva em impulso construtivo. Na Índia, entrou para a política e organizou passeatas para garantir os direitos do povo. Também incentivou a desobediência civil em massa e a prisão sem resistência. Houve uma época em que mais de sessenta mil de seus compatriotas foram presos pelos ingleses. Ele próprio passou anos na prisão e suportou longos períodos de jejum voluntário. A tenaz fidelidade ao propósito de sua vida resultou na saída dos ingleses da Índia, o que deu início ao fim do colonialismo naquele país. Mais tarde, Einstein, inspirado pelo exemplo de Gandhi, considerou o pacifismo um método possível de protesto contra as bombas nucleares. E Martin Luther King Jr. adotou a postura de antiviolência de Gandhi para promover o movimento pelos direitos civis dos negros nos Estados Unidos.

Gandhi e Maomé, dois notáveis líderes sociais e religiosos, ensinaram-nos uma verdade sobre a energia da raiva: todos nós temos a capacidade e a escolha de transformá-la no impulso que nos ajuda a alcançar nossos objetivos.

Van Gogh

Quanto mais penso, mais chego à conclusão de que não existe nada mais artístico do que amar as outras pessoas.

— Vincent van Gogh

O pintor Vincent van Gogh teve acessos de raiva durante toda sua vida. Um diagnóstico retrospectivo mostrou que ele sofria de mais de cento e cinqüenta doenças, psicológicas e físicas. Embora nunca saberemos quais eram as verdadeiras causas de seus males, Van Gogh deixou, em mais de oitocentas obras, prova de seu desejo de conectar-se com os outros.

Sabemos que a mãe dele sofria de depressão, que o pai era religioso, e que ambos eram frios e indiferentes. Van Gogh foi mandado para um internato quando tinha doze anos de idade.

Em uma carta que escreveu ao irmão, Theo, justificou sua opção de viver com uma prostituta de mau gênio: "Eu não posso e não vou viver sem amor, quero tocar as pessoas". Embora nunca conseguisse manter um relacionamento amoroso duradouro, tocou muitas pessoas com seus girassóis luminosamente amarelos e com as luzes deslumbrantes de *Noite Estrelada*. Escreveu também a respeito de sua arte: "Quero criar obras que toquem as pessoas, para que elas vejam que dentro deste farrapo de homem, discriminado por todo mundo, existe uma alma bonita que, apesar de tudo, é mais motivada pelo amor do que por qualquer outra coisa".

Se o amor e o desejo de conexão com os outros foram forças propulsoras tão poderosas para alguém atormentado como Van Gogh, também podem ser para nós. Esteja atento para perceber de que modo você está usando a energia de sua raiva. Ela flui como energia positiva que dá impulso a atividades agradáveis a você e às pessoas que o rodeiam? Você vê essa energia como um reforço de autoproteção, firmando sua segurança pessoal e sua auto-expressão? Já observou se ela não é uma expressão de angústia provocada por sofrimento não resolvido? Alguma vez usou essa energia para evitar a aquisição de novos conhecimentos? Usa agressividade criativa para alcançar seus objetivos?

A maioria de nós tem usado a energia da raiva de todas essas formas. Para dar equilíbrio e harmonia à nossa personalidade, precisamos reconhecer a raiva e colocá-la em palavras. Precisamos caminhar para a aceitação e a percepção de como estamos reagindo a cada acontecimento da vida, porque dessa forma alcançaremos a integridade da paz interior, de um firme propósito e do amor que está sempre se expandindo.

Disciplina Criativa Diária

(Raiva: o Impulso para a Integridade)

1. Sabendo que a raiva faz parte dos sentimentos criados pela dor, escreva uma lista das razões pelas quais você se sente furioso. Descreva suas credenciais de crise, os acontecimentos ou experiências que feriram seus sentimentos ou o deixaram com medo, levando-o a expressar sua raiva de modo exagerado ou deficiente.

2. Esteja à altura do campo de batalha de sua experiência, aprendendo a praguejar criativamente. Pegue a dor que existe em sua raiva e transforme-a em energia criativa, gritando quantos impropérios "originais" conseguir inventar. Aqueça-se pronunciando as palavras que quiser, mas com sentimento: "Droga! Porcaria! Caos! Graxa! Lama! Raios!". Isso o lembrará de que sua raiva não precisa ser destrutiva, que está apenas levando-o através de uma crise.

3. Note em que lugar de seu corpo a raiva está localizada. Pergunte à energia por que se alojou naquele ponto. Dê forma e cor à raiva. Veja a forma mudando, tornando-se mais suave. Veja a cor mudando, ficando mais clara, mais alegre ou de um relaxante tom de azul. Veja o azul misturando-se com o verde e deixe a cor fluir, como uma cascata mansa, para fora de seu corpo. Você também pode usar essa meditação para expulsar a dor.

4. Pense no personagem de história de fadas de que mais gosta. O que aprecia nele? Identifique essas características positivas em si mesmo e procure, conscientemente, expandi-las.

5. Pense em uma figura histórica que admira. Enquanto transforma a energia de sua raiva em impulso construti-

vo para sua realização e integridade, visualize-se realizando algo importante para você.

6. Compre tinta para pintura a dedo, forre bem a mesa da cozinha com jornais, para poder fazer bastante sujeira. Use as duas mãos para espalhar a tinta misturada com água. Depois que representar com figuras as palavras que usou para praguejar, faça um desenho em um papel separado, usando a cor que você mais ama. Deixe secar e guarde em sua pasta.

7. Ao reconhecer que sua raiva é um protesto pelo fato de ter sido desligado de uma fonte de segurança, pense em três coisas que poderia fazer para sentir-se mais ligado a uma pessoa amada, a si mesmo ou à espiritualidade.

5

Obsessão: a Energia da Paixão e o Poder Pessoal

Se eu pudesse voltar aos velhos tempos, quando Deus cuidava de mim...

— Jó, 29:2

A preocupação pode levá-lo ao passado ou ao futuro.

— Sandra Ingerman, em *A Fall to Grace*

Obsessão, Barganha e Perda

Acompanhamos nossa filha de dezesseis anos até o aeroporto, e ela, levando apenas uma mochila, partiu para a República Dominicana, onde passaria dois meses em um vilarejo remoto, prestando serviço na área de saúde pública. Naquela noite, meu marido e eu não conseguimos dormir. Ficamos conversando, compartilhando nossa preocupação.

— Ela esqueceu de levar as barras de cereais e os pacotinhos de sopa instantânea — comentei, puxando as cobertas até o queixo e ajeitando-me em posição fetal.

Meu marido virou-se para um lado e depois para o outro.

— Isso não é nada — observou. — Esqueceu o cartão do seguro médico e o filtro de água que comprei para ela levar.

Senti o estômago contrair-se.

— Ainda nem terminou o segundo grau. Por que a deixamos ir? — lamentei-me. — Ela não consegue achar nada nem no próprio quarto. Como vai se cuidar sozinha num país estrangeiro?

— E se ela pegar alguma doença gastrintestinal, comendo peixe estragado? Não há medicação para isso — meu marido disse com uma ponta de pânico na voz.

E assim continuou nossa conversa.

A obsessão tomou conta de nós naquela noite, que é o que acontece quando ficamos com medo. Pegamos cada receio e o analisamos, reconhecendo a atração que ele exercia sobre nós. Respeitamos a obsessão, sabendo que fazia parte do processamento de nosso sofrimento, e pela manhã estávamos nos sentindo um pouco melhor. Meditação e prece são minhas âncoras em cada crise da vida, e aquela vez não foi exceção. Bem cedo fui para o lugar onde costumo meditar e conduzi a rotina de permitir que os pensamentos viessem e fossem embora outra vez, livremente. Isso me deu alívio.

Meu lugar de meditação é meu escritório em casa. Girei a cadeira para a porta corrediça de vidro, para olhar a paisagem, um trecho do rio Grande correndo entre as árvores da floresta, com a cidade de Albuquerque mais além e as montanhas Sandia ao fundo. Acendi uma vareta de incenso e uma vela para obter um clima de lugar sagrado, ajeitei-me confortavelmente na cadeira e fechei os olhos.

Os receios que flutuavam na minha mente eram sempre os mesmos, e notei que meu corpo estava tenso. Depois de algum tempo me entreguei à prece, enviando luz e amor para minha filha e pedindo que seus anjos protetores a acompanhassem em sua viagem. Visualizei-a saudável, feliz e forte, flutuando em uma bolha de luz branca. Pedi ajuda para vencer meu medo e agradeci, demonstrando que acreditava que meus pedidos seriam atendidos.

Quando abri os olhos, vi um gracioso pássaro branco voando sobre o rio, ao longo da correnteza. Sorri involuntariamente, enquanto o resto de tensão em meu corpo desaparecia, dando lugar à alegria. Agradeci ao Grande Espírito e à bela ave por me darem um sinal de que a viagem de minha filha seria segura.

A meditação me tem feito perceber que todas as criaturas vivas são mensageiras, conexões com a Unidade e um símbolo de segurança. Quando me volto para dentro de mim e relaxo, entro em um profundo lago de tranqüilidade. Vejo um quadro maior do futuro e noto as possibilidades do presente ganhando um senso de amplidão. Apesar de saber que não seria possível nenhum contato telefônico com minha filha durante aqueles dois meses, e que suas cartas provavelmente chegariam depois que ela houvesse voltado para casa, eu não sentia mais a obsessão do medo. Estava livre para ver minha filha participando de uma aventura gratificante.

Obsessão é o que a mente produz quando receia perder o contato com uma fonte de amor, provendo um compartimento para a nossa ansiedade, um modo estruturado de processar pensamentos temerosos. A obsessão é uma estratégia cognitiva que visa controlar o futuro.

A dra. Elisabeth Kübler-Ross usou o termo "barganha" para descrever os tratos mentais que fazemos para tentar retardar a experiência da morte. As preces desesperadas de pais de crianças com doenças terminais passam a mensagem de que eles farão qualquer coisa, se seus filhos forem curados.

Na queixa de Jó a Deus, nove vezes ele grita esse "se". "Se houvesse alguém para servir de intermediário entre o homem e Deus, como entre o homem e seu vizinho" (Jó: 16:21). "Se Deus afastasse a vara de minhas costas" (Jó: 9:33-34). E assim por diante. Treze vezes Jó pergunta por que aquilo tudo está acontecendo com ele, por que precisa sofrer aquela dor, se outras pessoas menos justas e menos fiéis não sofrem.

Ruminações repetidas e os "se" são tentativas que fazemos de superar a experiência de perder o controle sobre os acontecimentos da vida. É também uma maneira de suportar as mudanças e começar a nos orientar novamente, restaurando a certeza de que nós, e ninguém mais, é que estamos no domínio de nossas reações. Examinando a Tabela de Sofrimento e Crescimento, podemos ver que, dando vazão aos pensamentos e aos receios, nos curamos da falsa crença de que estamos separados de nosso poder interior. Quando prestamos atenção a todos os nossos pensamentos e às emoções ligadas a eles, podemos transformar o medo em fé.

Como Jó, nós todos queremos voltar aos velhos tempos da inocência, em vez de encarar algo com que temos de lidar emocionalmente e que nos dá medo. Diante de uma mudança catastrófica, Jó teve de olhar para dentro de si e encontrar um novo sentido para a sua vida. No início ele não acreditou que pudesse fazer isso: "Oh, como poderei encontrar ajuda dentro de mim?" (Jó: 6:13). Sente-se totalmente sem esperança: "Nunca mais verei bons tempos" (Jó: 7:7). "Não tenho vontade de viver" (Jó: 7:16).

Três amigos, Elifaz, Bildade e Zofar, vão dar-lhe as condolências. Os pensamentos obsessivos que esses amigos expressam representam a dúvida e o sentimento de culpa de Jó. Podemos ver esses amigos como estados obsessivos de Jó e descobrir temas e reações nas ruminações a que ele se entrega, temas que o ajudam a libertar-se do medo e da resistência em render-se e mover-se na direção da auto-aceitação e do poder pessoal. Um tema com o qual Jó se confronta é o ensinamento ortodoxo de que aquilo que se planta se colhe. Se Jó está em desgraça, foi ele mesmo que, com seus atos, provocou essa situação. Outro tema é o de que os mais novos devem respeitar os ensinamentos dos mais velhos, e outro ainda determina que ninguém pode compreender o mistério das obras e da perfeição de Deus.

O terceiro discurso, atribuído a Elifaz, aconselha uma enorme dose de auto-recriminação. Até aquele momento Jó se via como homem completamente justo e devoto, quase santo. A partir daí, ele vê um lado mais escuro de si mesmo, comportamentos pelos quais deve sentir-se culpado, e recorre à raiva, à obsessão e à negação da responsabilidade por sua própria vida. Um dos discursos declara que a depravação de Jó ultrapassou todos os limites. "Sem motivo, você tomou penhores a seus irmãos, tirando-lhes as roupas e deixando-os nus. Não deu água ao cansado e negou pão ao faminto. Ao braço forte pertencia a terra, e só os homens favorecidos a habitavam. Por isso, você está cercado de armadilhas, e repentino pavor o conturba! Não é de causar admiração que esteja em trevas e coberto por águas transbordantes" (Jó: 22: 6-11).

Como a maioria de nós, Jó descobriu que no passado comportara-se de maneiras das quais não podia se orgulhar. No começo da história ele conta que vivia com medo de perder o que possuía. "Aquilo que temo me sobrevém, e o que receio me acontece. Não tenho descanso nem paz de espírito" (Jó 3: 25-26).

Não pode haver paz de espírito em meio às convulsões do pensamento obsessivo. Na obsessão, ficamos encarcerados no medo e na dor causados por uma mudança na vida. Vivemos no inferno do passado ou no purgatório do futuro. O que devemos fazer é mergulhar no momento presente e descobrir que nosso poder pessoal está aqui e agora.

A obsessão pode ser transformada em planejamento cuidadoso e consciente, deixando de ser uma defesa. Cuidar de cada pensamento torna-se um ato de fortalecimento. Pensamentos repetitivos fazem parte do processo de vencer obstáculos, de desenvolver o autodomínio e traçar um plano com verdadeira paixão.

Sarah Orne Jewett, uma romancista do século XIX, descreve esse processo em *A Country Doctor* ("Uma Médica do

Campo"), publicado em 1884. A protagonista, Nan Prince, decide tornar-se médica numa época em que as mulheres não tinham acesso a profissões ditas masculinas. Ela analisou cuidadosamente suas razões para querer ser médica e refletiu que, se levasse seu plano adiante, perderia a aceitação da sociedade e inevitavelmente ficaria solteira a vida toda.

> *"Os pensamentos de Nan eram tumultuados, e embora algumas das razões para ela abandonar seu plano fossem válidas, eram a minoria, o que não a impediu de analisá-las uma por uma."*

O processo de avaliar cada pensamento relacionado à escolha que fizera reforçou a determinação de Nan e preparou-a para as dificuldades que enfrentaria. Usar a energia obsessiva dessa maneira leva-nos ao planejamento e à realização do propósito de nossa vida. Dar atenção a todos os pensamentos e escolher quais serão eliminados e quais serão conservados é uma prática da auto-expressão criativa. A auto-expressão é a invencível extensão do espírito que gradualmente manifesta o poder pessoal e a paixão pela vida.

Quando estamos bem, nossa energia nutre a mente, e os mecanismos da inteligência processam cada pensamento, cada emoção e cada intuição, levando-nos para a frente em nosso caminho de criatividade pessoal. Os pensamentos são analisados, avaliados e liberados. Alguns deles são escolhidos para nos ajudar a tomar importantes decisões ou fazer planos. Outros nos ajudam a alcançar um senso de paz interior para enfrentar mudanças e aceitar novas realidades.

Eu gostaria que alguém houvesse me confortado, em vez de me envergonhar, quando minha reação à notícia da morte de nossa professora de história da sétima série foi uma risada embaraçada e depois um sentimento de culpa obsessivo.

Uma manhã de primavera, quando os lilases floresciam no pátio da escola, quem entrou em nossa sala foi o diretor, em vez de a professora. Ele começou a brincar com o chaveiro e olhou para os próprios pés por um momento, antes de erguer a cabeça e anunciar que a sra. Briggs morrera na noite anterior. Depois de longos instantes de silêncio atônito, dei uma risadinha que não pude conter, nem mesmo tapando a boca com a mão. Senti o sangue subir ao rosto quando o diretor e todos os meus colegas olharam para mim com ar de censura. Só desviaram o olhar quando alguém perguntou como fora que a professora morrera. Os breves comentários sobre o ataque cardíaco que levara a sra. Briggs pareciam vir de uma outra sala, distante da minha. O som das palavras era abafado pelas batidas descontroladas de meu coração. Fiquei completamente envergonhada e confusa com a minha reação porque eu gostava daquela professora. Não conseguia entender o que acontecera comigo.

É possível que o divórcio de meus pais tivesse me deixado à deriva, vulnerável às ondas das mudanças. Eu me via como uma pessoa diferente das outras, marcada por uma tragédia talvez pior do que a morte, pois divórcios, em 1949, eram raros, evitados a todo custo. Eu não conhecia nenhuma outra criança que tivesse pais divorciados. É provável que a notícia do falecimento de minha professora tenha me induzido ao pensamento assustador do qual fugira anteriormente, de que podia perder minha família não apenas por meio do divórcio, mas também da morte. Se o diretor tivesse sido capaz de dizer que há muitas maneiras de expressarmos a dor, e que um riso embaraçado talvez fosse uma delas, meu comportamento poderia ter sido considerado normal, e minha aflição seria amenizada.

Em tempos de perda, quase todos nós andamos sozinhos por um território desconhecido, incertos sobre o significado de nossas emoções e sem saber se estaremos em situação melhor ou pior, depois de sobreviver ao acontecimento. Em geral nos convencemos de que a vida será pior. Durante muitos anos, tive o pensamento obsessivo de que a única coisa que meus colegas de classe lembrariam a meu respeito era aquela risadinha em um momento totalmente impróprio.

É importante que nos lembremos de que pensamentos obsessivos e reações aparentemente bizarras são tentativas que fazemos de lidar com uma situação, de superá-la e crescer mediante uma mudança significativa em nossa vida. A trigésima quinta reunião de minha turma de formatura do segundo grau foi particularmente interessante e notável, porque as histórias de quinze mulheres de 53 anos de idade continham tudo o que se possa imaginar de doloroso: alcoolismo, divórcio, incesto, violência doméstica, acidentes, desemprego, problemas com filhos, falecimentos e mal de Alzheimer, a morte psíquica. Sentadas em círculo, no chão da sala de estar de Marilyn, contamos nossas histórias, passando ao redor lenços de papel e café, em vez das pipoca e refrigerantes de que tanto gostávamos nos tempos de escola. Como estudantes, falávamos de namoros, agora falávamos de desastres.

Passava da meia-noite quando Mary Jo começou a falar a respeito da morte de Sam, seu marido. Ela e Sam haviam tido um casamento longo e feliz, e o companheirismo entre eles tornara-se mais forte quando ficara claro que não teriam filhos. Sam trabalhava em um banco de investimentos em São Francisco, e Mary Jo, em uma grande empresa aérea. Viajavam muito e tinham um vasto círculo de amigos. Então Sam começou a mostrar alguns sintomas de doença, que finalmente foi identificada como câncer pancreático. Além de seguir o tratamento médico tradicional, ele começou a freqüentar as reuniões de um grupo do Centro de Cura pela Atitude, sempre em companhia da esposa. Quando faleceu, os laços que o uniam a Mary Jo haviam se tornado mais estreitos do que eles jamais haviam imaginado que fosse possível.

— Logo pela manhã, no dia em que ele morreu, nossos amigos mais queridos foram para o hospital — Mary Jo nos contou. — Parecia que todos estavam livres naquele dia. Quando telefonei para Jack, um desses amigos, ele estava a caminho do aeroporto, porém me disse que iria cancelar a viagem e que logo também estaria no hospital, que aquilo era mais importante do que tudo. Sam, eu e os nossos amigos mais íntimos acreditávamos que a morte é uma simples passagem para outro plano de existência. Todos nós conhecíamos pessoas que tinham tido experiências de quase-morte. E se vocês meditassem, como faço há anos, saberiam que o mundo espiritual é tão real quanto o físico. Bem, Jack chegou, nossa enfermeira favorita entrou no quarto, e todos nós nos sentamos ao redor da cama, contando histórias sobre Sam. À tardinha, alguém apareceu com uma garrafa de vinho e fizemos um brinde a ele, agradecendo-lhe a alegria que levara para a nossa vida. Quando a respiração de Sam ficou mais difícil e senti que o fim estava chegando, comecei a conversar com ele, dizendo-lhe que todos nós o amávamos. Encorajei-o a deixar o corpo e ir embora, afirmando que eu ficaria bem, embora fosse sentir muita saudade dele. Então, se a sua hora havia chegado, ele devia deixar seu espírito flutuar para fora do corpo e ir em direção à luz.

A voz de Mary Jo falhou nesse instante, porém havia paz em seu rosto. Os olhos brilhavam, cheios de lágrimas, mas ali ainda existia a energia jubilosa que me fizera querer ser sua amiga nos tempos de escola.

— Eu não me lembro de tudo o que falei a Sam — ela continuou. — As palavras vinham facilmente, de modo espontâneo. Acho que lhe disse que haveria pessoas da família à sua espera, que ele ficaria saudável e se sentiria feliz. Isso parece muito estranho, mas eu realmente senti seu espírito deixar o corpo, flutuar no alto e sair do quarto. Sei que estão achando tudo isso espantoso, mas deixem-me contar-lhes mais coisas. Não falei da agonia emocional que suportei durante o longo período de um ano e meio em que lidamos com o câncer. Dois meses depois da morte de Sam, meu pai, meu melhor amigo, morreu de repente. Fiquei como em estado de choque durante algum tempo, então comecei a me sentir estranhamente eufórica. Parei de comer e ficava pensando repetidamente nas últimas horas de Sam e em alguns momentos especiais que havia tido com meu pai. Uma amiga, que andava de olho em mim, disse que eu precisava me alimentar, mas eu não tinha fome e me sentia ótima. Depois de uma semana ela declarou que iria me levar ao hospital, que achava que eu estava com depressão. Não concordei com a sua opinião, mas não me opus à idéia de ir ao hospital, embora estivesse me sentindo ótima. Na verdade, nunca me havia sentido tão bem. No hospital, um jovem psiquiatra falou comigo sobre meus sintomas e me aconselhou a me internar para passar por uma avaliação. Ele achava que eu estava com mania depressiva e tendo uma experiência psicótica. Recusei-me a me internar, mas de repente percebi que iriam me submeter a uma internação forçada! Comecei a correr, querendo sair do hospital, mas dois funcionários grandalhões foram atrás de mim, me pegaram e me levaram de volta. Desisti de lutar, decidindo que iria cooperar para que me dessem alta bem depressa.

— Mary Jo, isso é incrível! — exclamei. — Você sempre foi estável, confiante, pronta a ajudar os outros. Mas qual foi o diagnóstico? Perceberam que você estava tendo uma reação de sofrimento?

— Disseram que eu estava passando por um período de grave depressão, mas o mais estranho era que ninguém nunca conversava comigo sobre a morte de Sam ou de meu pai. Ninguém nem sequer perguntou o que eu achava que poderia ter desencadeado aquele comportamento inusitado.

— Você deve estar brincando! Tem certeza do que está dizendo? — perguntei.

Eu não podia imaginar um profissional do campo da saúde mental deixando de explorar algo tão significativo como a morte recente de um marido e de um pai.

— Tenho certeza, sim. Ninguém me fez perguntas a respeito daqueles acontecimentos — Mary Jo afirmou. — Todos só falavam dos sintomas e do tipo de medicação que deviam prescrever. Participei das sessões diárias de terapia de grupo mostrando boa vontade, mas só me comportava assim para que me dessem alta. Por fim, deixaram-me ir para casa, e quinze dias depois joguei fora todos os remédios e, claro, passei e passo muito bem sem eles. A parte interessante é que, quando recomecei a fazer ioga, contei à minha instrutora o que havia acontecido depois da morte de Sam, e ela disse que eu tinha tido uma experiência *kundalini*, isto é, basicamente, um renascimento espiritual relacionado com o falecimento de meu marido. Achei que fazia sentido. Depois disso fui trabalhar como voluntária no Centro de Cura pela Atitude, como líder de grupos de apoio. É muito bom ser capaz de ajudar outras pessoas a atravessar seus períodos de dor. Não tenho mais pensamentos obsessivos sobre Sam ou a sua morte, mas levei mais de um ano para estar como estou hoje. Agora me sinto em paz.

Nenhuma de nós sabia muito bem como reagir ao relato de Mary Jo. O que acontecera com ela parecia uma bênção, em comparação à experiência que Janet, outra amiga de nosso grupo, tivera. Janet contara sua história antes de Mary Jo, e ficáramos sabendo que seu marido morrera subitamente numa segunda-feira de manhã, na cama, deitado ao lado dela. O medo de perder outro membro da família levou Janet ao sentimento de culpa e à preocupação obsessiva com a segurança dos filhos adolescentes. Notei que ela parecia sentir que estávamos comparando sua situação atual com a de Mary Jo.

— Tudo bem — Janet disse por fim, quebrando o silêncio. — Sei que o fim da minha história é muito diferente, mas agora estou ótima. Levei um bom tempo para me recuperar, não parava de pensar que, se eu tivesse sido uma pessoa melhor, menos irritada, se me queixasse menos, se não fosse tão voluntariosa, se apreciasse mais as qualidades de Joe, ele não teria morrido. Sei que isso não faz sentido, mas o que vou dizer faz menos sentido ainda. Acredito que escolhemos o momento da nossa morte, então comecei a me preocupar com a possibilidade de alguém mais na minha família estar se preparando para morrer. Eu não suportaria outra perda. — Janet parou de falar e olhou em volta. — Estou sendo mórbida demais? Acho que ninguém esperava que passaríamos a noite falando de morte.

— Por favor, continue — pediu Alise, falando por todas nós com sua voz profunda e melodiosa. — Queremos conhecer toda a sua experiência, se você se sente à vontade para contar.

Janet respirou fundo e prosseguiu:

— Depois de um ano de ansiedade e preocupação, houve uma semana em que caí três vezes. No último tombo, caí para a frente, no jardim, e bati o rosto numa pedra grande. Doeu tanto que achei que havia quebrado algum osso, que o meu rosto ficaria roxo e inchado. Na manhã seguinte, quando não vi nenhum inchaço, nenhum hematoma, percebi que ali havia uma lição que eu precisava aprender. Dias mais tarde compreendi qual era essa lição. Meus pensamentos obsessivos representavam o hábito de uma vida inteira de adiar as coisas, de não tomar decisões por medo de errar. Eu deixara tudo por conta de meu marido, tentara controlar a vida de meus filhos, mas não assumira a responsabilidade pela minha. Tinha medo de que, se tentasse criar uma vida própria, cairia de cara no chão. Desde que cheguei a essa compreensão, tenho me esforçado muito para ser capaz de fazer escolhas responsáveis.

— E aposto que você toma mais cuidado quando anda no jardim — Alise brincou.

— Como se sente agora? — perguntei a Janet.

Estava tendo dificuldade em associar aquela mulher que falava com sabedoria e humildade à sempre sorridente mocinha de dezesseis anos que tocava tambor na fanfarra, na turma de 1959 da Hoover High School.

— Sinto-me como se estivesse descobrindo quem sou realmente — ela respondeu. — Sou mais ativa agora do que quando Joe estava vivo, e acho que ele ficaria orgulhoso de mim. Meus filhos dizem que estão.

— Nós também estamos orgulhosas de você! — disse Judi, a tagarela organizadora daquele encontro.

Ela já nos explicara que, apesar de ter sido considerada a aluna da nossa turma com mais probabilidade de ser bem-sucedida e de ter recebido uma bolsa de estudos integral para a Universidade Stanford, fora reprovada no primeiro ano e perdera a bolsa, devido ao seu vício de jogo. Quando retornou para San Diego e os pais disseram-lhe que não iriam sustentá-la, ela foi trabalhar em um barco de pesca. Uma manhã, depois de uma noite de bebedeira e farra, descobriu que estava casada com outro trabalhador do barco, que nem sequer falava nossa língua! Todas nós, rindo, havíamos perguntado o que ela fizera. Judi disse que anulara o casamento, mas que depois daquilo não confiara mais em si mesma. Morara com Chuck, seu atual marido, durante seis anos, antes de casar-se com ele.

— E eu me sinto muito orgulhosa por fazer parte deste grupo — Judi continuou. — Percebem como algo assim é raro? Quinze mulheres, reunindo-se depois de tantos anos, e ainda gostando umas das outras. Acho isso maravilhoso!

— Todas nós sofremos muito, no entanto, nenhuma de nós parece estar deprimida — comentei.

Então falei dos estágios da dor, o assunto que eu estava estudando.

— Alguma de vocês acha que ainda tem sentimentos e pensamentos obsessivos a respeito de perdas? — indaguei.

— Eu não tenho — respondeu Mary Jo. — Acho que fiquei revirando aqueles acontecimentos na mente porque essa foi a maneira que descobri de me acostumar às mudanças. Por isso, é tão importante que as pessoas que estão sofrendo tenham alguém a quem contar sua história. Vamos falando, falando, até que digerimos o sofrimento e nos tornamos capazes de seguir em frente.

— Concordo — disse Janet. — Mas, para a obsessão parar, eu tive de tirar uma lição do que estava acontecendo.

— Acho que sou metafisicamente deficiente, ou não quero aprender nada a respeito de verdades cósmicas — aparteou Alise com um sorriso travesso.

— Penso que ao longo dos anos você aprendeu muitas "verdades cósmicas" — observei. — Uma verdade triste que aprendi sobre mim mesma foi que tive uma imensa capacidade de ficar ruminando obsessivamente as discussões com meu marido e os comentários ofensivos dele.

— Ah, eu sou mestra nisso! — declarou Jackie. — Na verdade, acho que me livrei dos meus vários maridos com essa mania de ficar remoendo todas as coisas desagradáveis que eles me diziam. Claro que eram todos uns idiotas insensíveis, de modo que havia muitos comentários ofensivos com que me ocupar. Agora estou tentando atrair um homem bom. Acha isso possível?

— Possível existir um homem bom, ou possível você atraí-lo? — Alise brincou.

Continuamos alternando conversas e reflexões sobre o sentido do sofrimento com risos e brincadeiras. Cada mulher falou da experiência que mudou sua vida mais profundamente, e era fácil ver que todas elas haviam feito sua jornada através da dor, passando pelos estágios de negação, raiva, obsessão e depressão. Todas haviam avançado, parado, voltado atrás, ido novamente para a frente, em seu caminho rumo à aceitação de uma realidade totalmente nova. Parece que a obsessão nos apanha e nos segura por um tempo, não importa quanto lutemos par nos libertar.

Depois do café da manhã, no dia seguinte, nos separamos, prometendo nos reunir novamente dali a um ano para continuar a compartilhar nossas experiências e discutir o ciclo que cada uma completara, sofrendo, crescendo e chegando à auto-expressão criativa.

Obsessão e Compulsão

Não poderemos descobrir nossa mente iluminada enquanto alienarmos a neurótica.

— Mark Epstein, em *Thoughts Without a Thinker*
("Pensamentos sem Pensador")

Em 1964, durante meu curso de pós-graduação na Universidade da Califórnia do Sul, eu estava ansiosa por fazer um outro, sobre anormalidades psicológicas, que seria dado por um psiquiatra da escola de medicina, dr. Edward Stainbrook. Entre outras coisas, diziam que ele era um notável intelectual e um palestrante divertido. Mas o mais interessante de tudo: ele fora um dos objetos de Lewis Terman no estudo longitudinal da genialidade, que começara na década de 1920. Era um dos originais superdotados.

De fato, como todos diziam, sua oratória era estimulante e inspiradora. Lembro-me de que fiquei esperando com o lápis pronto para escrever, quando ele disse que iria nos dar uma definição de saúde mental. Depois de estudar o desenvolvimento infantil, as teorias da personalidade, os numerosos aspectos da doença mental e psicologia comportamental, eu ansiosamente aguardava sua sábia explicação do que vem a ser saúde mental. O dr. Stainbrook olhou-nos e proclamou: "Saúde mental é a capacidade de pensar qualquer coisa, sem a necessidade de agir de acordo com o pensamento".

Achei aquilo simples demais. Mas, depois de trabalhar durante trinta anos no campo da saúde mental, reconheci que era uma definição brilhante, que me ajudou a tranqüilizar muitas pessoas que lidavam com mudanças em sua vida.

Na obsessão, a pessoa tem pensamentos repetitivos, e na compulsão, comportamentos repetitivos. Quando um cliente diz que deve estar ficando louco, porque não pára de pensar no mesmo assunto, eu posso acalmá-lo dizendo que a obsessão não nos enlouquece, apenas levanta questões que devemos responder, mostra lições que devemos aprender, um sofrimento que devemos resolver, medos que devemos dominar.

Vários anos atrás, quando eu ainda estava casada e morava no Novo México, meu marido e eu voltamos para Los Angeles para aperfeiçoar nossos estudos. Descobri que sentia medo, apesar de notar que a cidade não crescera muito mais, e que o trânsito era como sempre fora. Mas eu não estava mais acostumada a dirigir em alta velocidade. Imagens horríveis passavam por minha mente, e eu me via batendo no carro da frente, que freara bruscamente, ou, então, desviando de outro, perdendo a direção e me arrebentando em um paredão de concreto. Estaria ficando louca? Lembrei-me da definição de saúde mental do dr. Stainbrook e vi o que estava acontecendo realmente: eu tinha medo de agir de acordo com os meus pensamentos. Receava que, de alguma forma, os *pensamentos* me pusessem em perigo.

Tão logo percebi a conexão entre um pensamento e a compulsão de agir, pude usar meu ego observador para me distanciar do impulso. A revelação de que eu podia simplesmente observar meus pensamentos deixou-me curiosa a respeito deles, interessada e deliciada. Em vez de precisar agir de acordo com os pensamentos perigosos, eu podia brincar com eles.

Comecei a criar histórias fantásticas em minha mente durante os longos percursos nas vias expressas. Quando me zangava com outro motorista, meu veículo virava o carro de James Bond, armado com dispositivos escamoteáveis que podiam empurrar os outros para fora da estrada ou furar seus pneus. Imaginava batendo meu carro na proteção de concreto de uma ponte e depois fingia estar assistindo ao meu próprio funeral. Quem estaria lá? O que diriam a meu respeito?

Portanto, obviamente, é o senso de estar no controle dos pensamentos que faz com que nos sintamos mentalmente saudáveis e cheios de poder. Quando percebemos que perdemos o controle sobre os pensamentos, ficamos ansiosos, receamos estar enlouquecendo. A obsessão é o estágio do processo de sofrimento e crescimento em que vive a ansiedade, e a ansiedade tem a ver, tipicamente, com acontecimentos futuros. Quando temos pensamentos que causam ansiedade, sentimo-nos compelidos a fazer alguma coisa para acabar com aquilo. Tanto podemos evitar o que causa ansiedade, seja falar em público, seja ir ao dentista, como satisfazer um desejo relacionado com amor, comida, bebida, exercícios físicos ou qualquer outra coisa. Nós nos comportamos compulsivamente para nos proteger da perda ou do abandono. Comportamento compulsivo é uma tentativa que fazemos de controlar a ansiedade a fim de nos tranqüilizar com a certeza de que não haverá mais perdas e sofrimento em nossa vida.

Às vezes, quando fazemos uma escolha, no início nos sentimos totalmente no controle da situação, certos do sucesso, apenas para descobrir que aquela escolha nos colocou frente a frente com um enorme problema. Brandon, um bem-sucedido médico, envolveu-se com uma mulher muito mais jovem, logo depois que se divorciou. No começo ele se sentiu poderoso e orgulhoso, pois ela era muito bonita e precisava que ele a ajudasse financeiramente. Também foi com essa moça, Cindy, que ele teve as experiências sexuais mais excitantes que já tivera.

Logo, porém, descobriu que havia um preço muito alto a pagar para ter Cindy em sua vida. Ela era insanamente ciumenta e, quando imaginava que Brandon estava saindo com outra mulher, destruía as coisas de que ele mais gostava ou roubava seu dinheiro. Ele lhe dera um emprego de meio período em seu consultório, mas por ela ser tão turbulenta, teve de demiti-la. Em duas ocasiões Cindy atacou-o fisicamente, deixando-o com cortes e hematomas. Seu ciúme era tanto que ela fazia objeções a que ele passasse algum tempo com os filhos. Um pouco antes de Brandon me procurar para fazer psicoterapia, Cindy fizera uma cena em um importante encontro médico, humilhando-o e deixando-o com medo de perder o respeito de sua comunidade profissional, tão arduamente conquistado. Os amigos de Brandon não entendiam por que ele a tolerava e diziam-lhe para deixá-la, mas ele não conseguia.

— Esse relacionamento me deixa louco — ele me disse. —Não faço mais nada, a não ser pensar em Cindy, em como fazemos sexo, em como me sinto quando ela está longe de mim. Não suporto pensar que ela pode me deixar. Não durmo se ela não está comigo. Estou viciado naquela mulher. Nem gosto dela, e ela está arruinando a minha vida!

Brandon precisou examinar seu padrão longamente mantido de fazer de tudo para agradar aos outros. Refletiu sobre o fato de seu irmão mais novo ser o filho favorito da mãe. Na verdade, a mãe tinha o hábito de culpar Brandon por tudo o que acontecia de errado em casa e na vizinhança. Ele decidiu, ainda muito pequeno, que devia esforçar-se o mais que pudesse para agradá-la: tirar boas notas, ser médico, salvar vidas e resgatar mulheres.

Brandon pediu que eu o hipnotizasse e mudasse seus padrões imediatamente. Expliquei-lhe que isso não era possível, mas que a hipnose poderia ajudá-lo a conhecer melhor o padrão de sua personalidade, de modo que ele tivesse acesso à sua força interior e efetuasse a mudança. Em transe, Brandon reviveu uma experiência de quando tinha seis anos. A mãe culpara-o por um acidente em seu forte de brinquedo, no qual uma amiguinha se ferira. O responsável, na verdade, fora seu irmão, mas a mãe nunca ouvia o lado da história de Brandon.

Quando saiu do transe, Brandon enxugou as lágrimas e explicou que quisera aquele forte apaixonadamente, e que pedira tanto que os pais haviam mandado construí-lo. Depois do acidente, pelo qual levou a culpa, ele nunca mais pedira coisa alguma. Assim que teve idade suficiente, começou a trabalhar como entregador de jornais, jurando que iria economizar para comprar as coisas que quisesse. Contou que tinha muita vontade de tomar *sundae* de chocolate, mas que nunca pedira aos pais, e que finalmente comprara um quando tinha treze anos. Brandon disse que cresceu achando que nunca mais dependeria de uma mulher, e eu perguntei-lhe o que acontecera para ele tornar-se tão dependente de Cindy. Ele riu e disse que não sabia, mas que realmente fora fisgado.

Aos poucos Brandon começou a ver que aquele momento de sua vida, a meia-idade, era perfeito para ele tomar consciência do sofrimento nunca resolvido, causado pela distância emocional da mãe e pelas injustiças que ela cometia, culpando-o por tudo. Em outra sessão de hipnose, ele voltou ao tempo em que era muito pequeno, mal começara a andar, e quando seu irmão ainda não nascera. A mãe embalava-o no colo, e Brandon estava encantado, não queria que aquilo acabasse. De volta do transe, ele associou o que sentira nos braços da mãe com o que sentia quando estava com Cindy. E perguntou, alarmado, se isso significava que ele desejava a mãe.

Respondi que não, que ele ansiava por aquela sensação de total aceitação, de fusão com o feminino, de estar flutuando de tanta felicidade. Afinal, não é isso que todos queremos?

À medida que conhecia seus desejos e medos, Brandon ia experimentando uma sensação de força interior e poder pessoal. Quando aprendeu a provocar conscientemente essa sensação, que chamávamos de transe de homem, fosse no consultório, fosse dando aulas na escola de medicina ou presidindo reuniões, ele se envolvia nela, levando Cindy junto.

Brandon achava que o acontecimento que causara uma mudança permanente fora o fato de ele ter decidido que levaria a filha, em vez de Cindy, a um congresso nas Bahamas. Antes, ele teria esperado até o último minuto para contar isso a Cindy, suportaria seus maus-tratos e acabaria por deixá-la ir com ele. Dessa vez, porém, havíamos planejado cuidadosamente o modo e a hora de ele contar o que decidira, como faria para permanecer firme em sua decisão e como reagiria, se ela se tornasse violenta.

No retorno da viagem, Brandon estava bronzeado e satisfeito. Disse que fora capaz de seguir o plano, que tudo dera certo, mas que Cindy jogara algumas coisas em cima dele, quando ficara claro que não o acompanharia e que depois, vendo-o de saída para ir buscar a filha, a caminho do aeroporto, começara a rasgar sua correspondência. Suspeitando que ela se tornaria ainda mais violenta e destrutiva, ele pedira a um amigo para ir ao apartamento, chamara a polícia e saíra. Cindy aparecera no aeroporto, fizera um escândalo, gritando e xingando Brandon e sua filha, mas ele não dissera uma única palavra. Por fim, ela fora embora com a ameaça de sempre: "Você nunca mais me verá!". A velhinha que estava na frente, na fila de embarque, olhou para Brandon e disse que era mesmo bom ele ficar livre daquela mulher.

Perguntei a ele o que acontecera no retorno, e ele contou que Cindy pedira desculpas, dissera que sentira saudade e que nunca mais agiria daquela forma, e que informara que fora para Las Vegas com um homem. Brandon disse que já esperava todas aquelas artimanhas, que a única novidade era o fato de ele ter se libertado da obsessão que sentia por Cindy. Antes, não podia sequer imaginá-la deixando-o ou dormindo com outro, mas agora sabia que podia viver sem ela. Disse também que algo que eu dissera ajudara-o muito: "Não permita que ela more em sua mente sem pagar aluguel". Ele não permitira. Passaram-se alguns meses antes que ele pudesse de fato viver sozinho em sua própria mente, escolhendo os próprios pensamentos, mas valera a pena, pois finalmente assumira o controle de sua vida, ou, como gostava de dizer, "era o capitão de seu navio". Não tinha mais medo de seus sentimentos, da perda, da mudança, ou de pedir o que desejava. Cindy, viciada em relacionamentos cheios de drama, logo se cansou do novo Brandon e foi procurar alguém que fosse um parceiro melhor, que lhe desse a ligação obsessiva que ela desejava.

Um dia Brandon me disse que estava muito contente por sentir-se atraído por mulheres "normais", pela primeira vez em muito tempo. Mulheres com quem podia conversar, perto de quem podia relaxar e ser ele mesmo.

Uma Compulsão de Vida Passada

Enquanto Brandon, por meio de terapia tradicional e hipnose, resolveu a obsessão que o prendia a um relacionamento perigoso, Cecily teve uma notável redução de sintomas em uma única e surpreendente sessão.

Eu não via Cecily havia muito tempo, desde sua última terapia, quando ela estava com trinta e poucos anos e procurara ajuda para resolver suas reações à morte da mãe, que morrera de câncer. Ela aprendera muito sobre a dinâmica de sua família. Filha de professores universitários, não era uma estudante excepcional, e isso fazia com que ela se sentisse inferior intelectualmente. Quando ficou mais alta do que os irmãos do sexo masculino, foi alvo de brincadeiras e zombarias. Como resultado, via-se como uma jovem pouco inteligente, desajeitada e sem atrativos. Mas, no fim da terapia, percebera que, na verdade, agora era a líder da família. Os irmãos sempre pediam sua opinião quando precisavam consolidar idéias ou tomar importante decisões.

Foi bom vê-la de novo. Sua natureza calorosa e expansiva era envolvente, e fiquei feliz em saber que ela estava indo bem tanto na vida pessoal como na profissional. No entanto ela me contou que fazia um mês e meio que começara a sentir-se nervosa quando via uma faca. Na realidade, desenvolvera um medo obsessivo de ver ou usar facas.

— Sou enfermeira, e esse medo prejudica demais o meu trabalho —, ela me disse em tom de brincadeira. — Você sabe que sempre fui ansiosa, mas os meus receios nunca se concentraram em uma coisa específica. E não consigo me livrar disso. Agora comecei a ter medo de estar ficando louca! Você precisa me ajudar, e acho que a hipnose seria o meio mais rápido.

Perguntei a Cecily o que ela associava a facas, e ela respondeu: "Suicídio". Contudo nunca houvera nenhum caso de suicídio em sua família nem em seu círculo de amigos. Então perguntei o que ela associava à palavra "louca", e ela respondeu que não fazia nenhuma associação. Pelo que sabia, ninguém de sua família sofrera ou sofria de qualquer doença mental. Fiz perguntas sobre as datas dos aniversários de seus familiares, da morte do pai e da mãe, pois muitas vezes reagimos inconscientemente a datas de acontecimentos marcantes em nossa vida. Mas não encontramos nenhuma relação entre acontecimentos familiares e o medo obsessivo que ela desenvolvera. Apesar de que Cecily sempre sofrera de um pouco de ansiedade crônica, ela não passara por nenhuma experiência recente que pudesse causar medo exagerado, desespero ou desejo de acabar com a própria vida.

Em transe hipnótico, ela reviveu vários incidentes da adolescência e um da infância. Esses incidentes haviam danificado sua auto-estima, imprimindo em sua mente a idéia de que, comparada aos outros membros da família, ela era grandalhona, desajeitada e feia.

Sugeri que procurasse a causa de seu problema atual.

— Volte à experiência que causou esse seu medo — instruí.

— Voltei — ela anunciou.

Pedi-lhe que descrevesse o lugar e dissesse o que estava fazendo. Cecily respondeu que se encontrava em um campo e espantava moscas que insistiam em rodear-lhe o rosto.

— Estou enlouquecendo — ela gemeu.

— Que lugar é esse? — indaguei.

— Guerra... a guerra entre os Estados.

O fato era que ela voltara a uma vida passada, a uma época em que fora soldado da União na Guerra Civil americana.

— Meu nome é Jack — ela contou. — Encostei a minha arma naquela árvore e estou aqui, pulando de um pé para o outro, espantando as moscas. Está muito quente. Não suporto toda essa matança. Está muito quente. Vou ficar louco.

— O que vai fazer? — perguntei. — Pretende ir embora?

— Não, não, eu não desertaria.

Então eu quis saber o que acontecera depois, e "Jack" contou que recebera permissão para trabalhar no hospital de campanha, que funcionava em um prédio de tijolos. Procurava estancar a hemorragia de soldados feridos, limpava-os o melhor que podia. Mas aquilo era, em suas palavras, morte em vida. Depois da guerra, como não era casado, ele voltara para a casa do irmão, em Massachusetts. Tornara-se cada vez mais deprimido, até que um dia se matara usando uma faca.

Quando saiu do transe, Cecily ficou surpresa ao saber que espontaneamente voltara a uma vida passada. Na verdade, fora uma surpresa para nós duas. Ela me perguntou se eu acreditava que aquilo realmente acontecera, e eu respondi que não sabia. Mas todos os terapeutas que recorriam à hipnose tinham clientes que retornavam a uma vida passada quando lhes era sugerido que procurassem a raiz de um certo problema. Comentei que o mais importante era saber se os sintomas dela desapareceriam.

Cecily achou interessante que houvesse trabalhado em um hospital em outra vida e que agora fosse enfermeira. Na semana seguinte ela me ligou, toda entusiasmada, para contar que aquele medo obsessivo de facas acabara.

— Eu me sinto ótima — afirmou. — E estou pensando em ter mais sessões de hipnose. Voltar a uma outra vida me fez sentir grande... como infinita.

Seis meses mais tarde foi ao meu consultório para mais uma sessão. Eu estava tão ansiosa para vê-la que fui à sala de espera encontrar-me com ela. Olhei em volta e não vi. Estava para retornar à minha sala quando minha secretária fez um gesto na direção de uma moça. Olhei e fiquei atônita. Cecily estava transformada. Perdera alguns quilos, usava um corte de cabelos da moda e substituíra as roupas normalmente largas por um terninho justo no corpo. Estava elegante, e eu lhe disse isso.

Ela explicou que não sabia exatamente o que acontecera, mas que parecia que a ansiedade dera lugar a muita energia. Contou que começara a fazer ginástica em uma academia, porque de repente sentira o desejo de ter uma aparência realmente boa.

Disse também que, depois de passar tantos anos acreditando que não era tão inteligente quanto os outros membros de sua família, decidira voltar para a universidade e fazer mestrado em sua área, pois estava pensando em lecionar, confiante de que venceria seu medo antigo de falar em público.

Sob hipnose novamente, ela explorou outra vida anterior, quando havia sido mulher, numa época após a Guerra Civil. Tivera uma experiência familiar tranqüila e feliz e chegara à velhice. Seu encontro com a morte fora meramente uma extensão do amor e do apoio que sempre recebera, pois falecera rodeada de amigos e membros da família. Vira seu espírito deixar o corpo e olhar para as pessoas abaixo, despedindo-se carinhosamente, antes de flutuar para as nuvens e ser envolvido por luzes e cores.

Em outra sessão, Cecily foi diretamente para o plano espiritual e viu espíritos-guias e anjos da guarda. Pediu a um dos anjos que desse especial atenção a seu filho, que estava no Exército. O anjo, que parecia uma entidade masculina, disse-lhe que já estava cuidando de Paul e que seria seu guia.

Essas experiências deram a Cecily um senso maior de comando sobre sua própria vida. Ela se sentia como se houvesse dado à luz um ser que vinha incubando havia muito tempo, uma mulher forte, inteligente e bonita.

Eu raramente vejo uma mudança tão espetacular em um cliente em prazo tão curto. A energia de Cecily, bloqueada por obsessões de vidas passadas, foi liberada e transformou-se em poder pessoal na existência atual. Quando enfrentou seus medos, ela fez a ansiedade desaparecer e abriu-se para o futuro, totalmente renovada. Desenvolveu a arte de cultivar a auto-expressão e saiu da crise para uma vida mais criativa e cheia de realizações.

Freud falou da compulsão da repetição, um termo que descreve a necessidade inconsciente de alguém repetir situações até que perca o medo delas e sinta que as dominou. O relacionamento de Brandon com uma mulher violenta foi uma repetição do relacionamento mal resolvido que tivera com a mãe. Dominando sua obsessão, ele transcendeu sua falsa crença de que precisava ser punido simplesmente porque dera a si mesmo algum tipo de prazer. A história de Cecily mostra que podemos nos sentir compelidos a permitir a repetição de sentimentos limitadores de vidas passadas. Quando desenvolvemos a percepção, podemos finalmente nos livrar da dor, fazer escolhas que nos beneficiam e expressar nosso poder pessoal.

Obsessão e Vício

Todos os vícios são maneiras de evitar sentimentos inaceitáveis.

— John Bradshaw

Vícios são tentativas de lidar com sentimentos assustadores e diminuir a dor da perda. Em geral são esforços mal orientados que fazemos para processar um sofrimento gerado na infância. No entanto não existe conexão consciente entre o comportamento e a causa traumática. Nas garras do vício, uma pessoa sente-se intensamente compelida a *ter* a substância e *desempenhar* o comportamento, seja esse vício o trabalho, seja a comida, os exercícios, a bebida, a droga, o sexo, dessa forma aliviando a incontrolável ansiedade interior e a tensão.

Essa tensão, de modo típico, pode ser relacionada com um medo que já foi experimentado: medo de abandono, de anulação ou de qualquer outra coisa que signifique falta de amor. No caso de Brandon, por exemplo, a razão de seu apego a uma mulher que só podia causar-lhe sofrimento era completamente inconsciente. Foi apenas quando ele começou a fazer ligações com seu passado que compreendeu o motivo de seu apego compulsivo a uma mulher que podia mostrar afeto, então, depois, rejeitá-lo e agredi-lo, como a mãe fizera. Na infância, não tinha outra saída a não ser preservar a corda salva-vidas que o ligava à mãe, evitando confrontos e tentando agradá-la, suportando o pernicioso comportamento dela da melhor maneira que podia. Na idade adulta, embora seu relacionamento com Cindy lhe oferecesse grandes recompensas no campo do prazer sexual, isso era um conforto muito pequeno, comparado com o que ele tinha de suportar, sentindo-se acuado, humilhado, sem controle sobre si mesmo e com medo de ser abandonado.

Comportamentos compulsivos e vícios às vezes resultam de abusos sexuais na infância. Loni, por exemplo, entregava-se a ações compulsivas que ela podia justificar conscientemente, mas que não faziam sentido para as pessoas a seu redor. Sua família achava que ela era viciada em limpeza. A entrada de carros tinha de ser varrida todos os dias, por causa das folhas que caíam da árvore do vizinho. O marido e os filhos tinham de tirar os sapatos antes de entrar em casa, para não sujar o carpete. Ninguém podia ajudá-la na cozinha, porque ela usava certos métodos para preparar os alimentos e lavar os utensílios, dos quais não abria mão. Estabelecera muitas regras severas para a manutenção da ordem e da limpeza, que os membros da família se esforçavam para obedecer. Mas, no decorrer dos anos, seu comportamento foi se tornando cada vez mais irritante e sufocante para seus familiares. O sintoma mais alarmante que Loni apresentava era seu pânico diante da possibilidade de se descontrolar. Ela se assustava com sua raiva, que periodicamente entrava em erupção, tendo o marido como alvo, temendo que um dia explodisse em fúria cega.

Quando reviu os acontecimentos da infância, Loni sentiu que sua mais profunda experiência de perda fora o divórcio dos pais, quando ela estava com sete anos. Achava que sua mãe a culpava pela desintegração da família, assim como culpava a mulher com quem o pai mais tarde se casara. Não tinha permissão para visitar o pai, e a mãe tinha predileção pelos meninos, mais novos do que Loni. Quando foi molestada sexualmente por um tio do lado materno, Loni achou que aquilo acontecera por sua culpa. De alguma forma, o fato confirmou a mensagem que a mãe lhe passava constantemente, de que ela estava sempre fazendo sujeira. Daquele tempo em diante, Loni decidiu que seria absolutamente limpa e ordeira.

Ela me confessou que, não importava o que fizesse para cuidar bem de seu ambiente, não conseguia livrar-se da impressão de que havia podridão em si mesma.

— Sinto-me como uma maçã estragada num barril de lindas maçãs recém-colhidas — explicou. — Na aparência, sou igual a todas as outras, mas por dentro sou escura e podre.

Loni permitiu-se sofrer pela perda de uma infância segura; então, lentamente, foi descobrindo que era capaz de derrubar as barreiras de compulsão que erguera à sua volta para proteger-se de mais sofrimento. Livrou-se do vício de limpeza ao perceber que seu presente era seguro. "Estou segura no momento presente" era a afirmação que ela usava diariamente, lembrando-se de que estava incubando sua criatividade e cultivando o poder pessoal, num processo de sofrimento e crescimento. Hoje Loni trabalha fora de casa, algo que nunca julgou capaz de fazer, cuidando da contabilidade e do departamento pessoal de uma empresa de gerenciamento de propriedades. Sente-se duplamente surpresa por haver conseguido realizar-se em outro campo, no qual pode expressar sua criatividade na cozinha: nas horas de folga, organiza bufês para acontecimentos sociais.

Os vícios são uma máscara trágica para a busca compulsiva de amor. John Bradshaw define o vício como "um relacionamento patológico com qualquer experiência que mude um estado emocional com conseqüências danosas para a vida". Os vícios, então, não têm nada a ver com o desejo por uma substância, como álcool, sexo ou drogas, mas com a convicção de que, naquele estado suave de fusão, a "podridão", como Loni disse, pode ser dissolvida. Perdidos em nossos vícios, podemos experimentar a felicidade de ser merecedores de amor, às vezes pela primeira vez. Ou então podemos sentir que recuperamos um amor perdido.

Comportamentos compulsivos são também uma forma de manter a ansiedade sob controle. Um comportamento repetitivo encobre o medo de que alguma coisa terrível aconteça, possivelmente no momento seguinte. O álcool e as drogas são com freqüência usados para entorpecer o medo relacionado a uma experiência já vivida ou que ainda não acabou. Por exemplo, é bem maior o número de dependentes de álcool e drogas entre pessoas que sofreram maus-tratos na infância.

No contexto do medo, a ligação entre essa percepção de perda de controle e o uso de drogas e álcool é também confirmada por estudos feitos com grupos de combate e veteranos da Guerra do Vietnã. De 75 a 85 por cento dos veteranos com distúrbios provocados por estresse pós-traumático desenvolveram séria dependência de álcool e drogas *depois* de seu retorno à vida civil, como um meio de entorpecer lembranças e sentimentos causadores de medo. Um estudo mostrou que o uso de álcool por soldados aumentava proporcionalmente às baixas em seus grupos de combate, porque eles tentavam diminuir a crescente sensação de terror e desamparo.

Encontrar uma maneira de reduzir o medo é uma reação de sobrevivência. Como acontece com todas as nossas manobras defensivas, porém, assim que nos afastamos da situação ameaçadora sentimos necessidade daquilo que temporariamente nos protegeu. O que precisamos fazer é sair da prisão do sofrimento não resolvido e encontrar amor, amor por nós mesmos. É isso que, por fim, nos dará poder pessoal.

* * *

Distúrbios de alimentação, como compulsão para comer, parecem que são tentativas inconscientes de nos sentir seguros e amados.

Tory, uma mulher de 42 anos de idade, desde a adolescência sempre tivera de 23 a trinta quilos de excesso de peso. O pai, pastor protestante, acreditava que críticas constantes eram a melhor maneira de educar a filha para que ela não se tornasse egoísta e fútil. A mãe, além de tímida, era fria, não demonstrava afeto. Tory aprendeu que comer era a única coisa que a fazia sentir-se bem.

Quando me procurou para fazer terapia, estava lutando com outro problema, ainda mais insidioso, que ameaçava destruir seu casamento: gastava dinheiro compulsivamente. Ultrapassava o limite de um cartão de crédito, comprando roupas, e imediatamente usava outro.

Quando Tory começou a avaliar o impacto das mensagens emitidas pelos pais, percebeu que acreditara em tudo o que eles diziam, inclusive que ela era uma pecadora vaidosa. Apesar de acreditar que roupas bonitas não esconderiam a pessoa feia que achava que fosse, continuava a comprá-las.

Na psicoterapia Tory explorou todos os aspectos e conseqüências de seu sofrimento por ter sido tratada como fora, na infância. Percebeu que transferira para o marido a raiva que sentira do pai, e que vê-lo angustiado por causa de seus gastos exagerados dava-lhe um secreto prazer. Quando examinou seu vício de comer, descobriu que isso nada tinha a ver com comida, mas com o fato de ela querer ser amada. Começou, então, a procurar novas maneiras de expressar amor por si mesma e pelos outros.

Além de gradualmente ir perdendo peso, Tory aprendeu a controlar seus impulsos de gastar dinheiro e tomou duas decisões que resultaram no fortalecimento de seu poder pessoal. Saiu do emprego, em que trabalhava sob as ordens de um chefe autoritário, e abriu sua própria firma de consultoria. Também requisitou hipnose para voltar a vidas passadas e ver se havia outras experiências traumáticas influenciando seu hábito de comer compulsivamente.

Sob hipnose, ela foi a uma vida anterior e viu-se como uma jovem de 21 anos, assustada e desorientada, numa longa fila de pessoas. Explicou que até aquela época tivera uma vida feliz mas que a haviam separado do resto de sua família, e ela não sabia o que estava acontecendo. Disse que seu nome era Magrite, que ali era a Alemanha, e que os homens que a haviam levado para aquela fila eram chamados de nazistas. Contou que mais tarde trabalhara como secretária em um grande prédio, durante o dia, e que à noite os homens a usavam sexualmente. Disse que não suportava ser usada daquela forma e que às vezes escapava. Muitos homens iam procurá-la, mas havia um, mais jovem do que os outros, que nunca a tocava. Ele apenas ficava sentado em um canto, e quando os companheiros iam embora, conversava com Magrite. Era gentil, mas nunca tentava impedir os outros de fazer o que faziam com ela.

Em dado momento, parando de falar, Tory cobriu o rosto com as mãos, chorando e dizendo que sentia muita vergonha, que não suportava mais levar aquela vida.

Quando os soluços cessaram, ela contou que ficara um esqueleto de tão magra, e que no segundo ano de seu cativeiro contraíra uma doença que a matara.

Mais tarde, enquanto analisava sua regressão, Tory parecia calma e controlada. Afirmou que a experiência a ajudara muito, não apenas porque o fato de ter passado fome explicava em parte sua compulsão de comer mas também porque ela passara a entender por que não conseguia relaxar no que dizia respeito a sexo, não se entregava, embora o marido, Peter, fosse um amante gentil e atencioso. "Acho que o jovem daquela vida agora é meu marido", comentou.

Quase no fim do tratamento, Tory anunciou que iria mudar de nome, porque sempre odiara o seu.

— Meus pais me chamaram de Torrance, que era um dos sobrenomes da família — explicou. — Além de ser um sobrenome, parece nome de homem. Meu nome será Theodora, em homenagem ao único avô que eu amei e que se chamava Theodore.

Tory criara um novo senso de si mesma. Disse-me que compreender o processo de sofrimento e crescimento dera-lhe esperança durante toda sua odisséia terapêutica. Desenvolveu grande respeito por seus próprios sentimentos e reações comportamentais. Ao reconhecer o sofrimento, ao aprender a aceitar os sentimentos e compreendendo seus padrões de vício, pôde assumir a responsabilidade de recriar sua vida.

Dependência de substâncias destrutivas ou de pessoas abusivas paralisa-nos, fazendo-nos viver as mentiras limitadoras que aprendemos quando crianças ou até em outras vidas. Descobrir a verdade muitas vezes requer o uso de vários recursos, como psicoterapia, terapia de grupo, tratamento do corpo, como massagem, hidroterapia, ou um estudo de assuntos espirituais em grupo. O uso de um desses recursos ou de vários deles fornece uma rede de segurança que nos tranqüiliza, enquanto processamos o sofrimento.

Obsessão e Divórcio

Eu não me sentia com nenhum poder pessoal quando me divorciei, depois de 34 anos de casamento. Sentia-me inválida, derrotada. Embora fosse eu quem tomasse a iniciativa do divórcio, nunca previ quais seriam meus sentimentos diante de uma perda tão grande. "A perda mediante o divórcio é enorme", escreveu Kay Goebel. "É a morte de um relacionamento, uma guerra com o passado, um confronto com os sonhos a respeito de como queríamos que fosse nossa vida." E quando há filhos, não importa que idade tenham, sentimos que nós, ou nosso parceiro, destruímos a família com um comportamento egocêntrico e insensível. As lamentações e recriminações são infinitas, a dor se apresenta como um vasto mar escuro esperando para nos engolir.

Escrevo sobre divórcio neste capítulo porque os intensos sentimentos de desapontamento, tristeza e depressão, que se alternam com raiva, culpa e mágoa, podem tornar-se uma interminável obsessão. O processo de separação do casal, legal e emocionalmente, pode colocar a sanidade de uma pessoa em risco.

— Nunca pensei em suicídio antes, nunca! — Nell me garantiu. — Agora, não só penso que gostaria de estar morta e livre de toda essa sujeira como tenho idéias assassinas a respeito de meu marido. Fico louca quando penso nessas coisas!

Ela estava presa na obsessão de ficar recordando sem parar detalhes de brigas, palavras contundentes, cenas de rejeição e seus repetidos fracassos nas tentativas de afirmar-se como pessoa dentro do casamento. Toda vez que não conseguia abrir-se com Jake, o marido, contar-lhe o que pensava, ou quando falhava em tomar uma atitude mais firme em relação aos filhos, caía em desânimo, achando que nunca seria capaz de sobreviver sozinha.

O primeiro passo no tratamento de Nell foi ajudá-la a ver os pensamentos como meros pensamentos, não como impulsos ou intenções. Ela me assegurou que nunca tivera comportamento autodestrutivo nem usara de violência contra outras pessoas, que jamais tentaria matar-se ou ferir alguém. O que não compreendia era por que tinha aqueles pensamentos.

É muito natural querermos nos afastar completamente de uma situação desagradável. A maioria das pessoas recorre a imagens escapistas quando enfrentam acontecimentos difíceis. Durante o meu divórcio, eu pensava muito em fugir para uma ilha, qualquer uma, para não ter de enfrentar o resto dos procedimentos legais. Nos momentos mais dolorosos, só conseguia pensar no título de uma peça de teatro a que assistira em Nova York, muitos anos antes: *Stop the World, I Want to Get Off* ("Parem o Mundo que Eu Quero Descer"). Fantasiar que se está morto ou desejar que o parceiro morra é apenas o desejo de não ter de lidar com a dificuldade de governar uma vida que parece ingovernável. Qualquer pensamento repetitivo que envolva um plano de cometer um ato de violência, porém, deve ser avaliado com a ajuda de um terapeuta, de modo que o autocontrole seja estabelecido e mantido.

O processo do meu divórcio levou um ano para terminar, e por cerca de metade desse tempo estive mergulhada em raiva. Pensamentos irados não me deixavam em paz. Uma noite, no auge da frustração, coloquei todos eles no papel, escrevendo um tipo de poesia perversa. Lembro-me de que me sentia como se fosse explodir, se não pudesse expressar minha raiva obsessiva por ter sido enganada. Encontrei alívio escrevendo, porém me enchi de vergonha. O que a "poesia" dizia a meu respeito me fez ver que, entregue a tanto ódio, eu adotara uma posição de vítima.

Eu estava afundada em sofrimento até a raiz dos cabelos e, embora soubesse que o antídoto era a aceitação, também sabia que estava longe de conseguir aceitar a situação. Foi assim que conheci meu lado escuro, em que se erguiam as muralhas de defesa da autoproteção. Dali eu podia projetar sobre meu marido toda a culpa por nosso casamento fracassado. Protegida por essa ilusão de segurança e inocência, não seria atingida por nenhuma punição, nenhuma retaliação, nenhuma outra perda.

Continuei escrevendo loucos poemas que lia para os meus amigos, para mim mesma, infinitas vezes e, claro, mandava para meu marido. De modo lento, eu estava me anestesiando, fugindo da dor da separação. Passara muitos meses tão deprimida que não tinha nem vontade de me mexer. Então, quando a raiva obsessiva emergiu, deu-me o impulso e a energia de que eu precisava para ir em frente com o processo de divórcio. Um de meus poemas que mais expressavam o que eu sentia tinha o título *Deixe-me Dizer de Quantos Modos*. Era uma longa lista dos motivos pelos quais eu odiava meu marido, mas o mais importante foi a maneira pela qual me referi aos efeitos do ódio sobre mim mesma:

O ódio, como um imenso, escuro e turbulento polvo,
toma posse do território de meu coração,
desalojando o amor que procurava ligação, conforto, repouso,
e pondo no lugar sua tinta negra.

A "tinta negra" do ódio não podia manchar meu coração para sempre. Um dia teria de desaparecer. Senti que o "polvo" tomava um espaço grande demais de minha vida interior, seus tentáculos criando uma escuridão que ameaçava impedir a entrada da própria luz do dia. De forma igual à lista de "se" de Jó, a minha, mostrando de quantas maneiras eu fora ferida, foi necessária para me dar uma temporária sensação de retidão, segurança e força interior, de modo que a minha ansiedade a respeito do futuro não me derrubasse.

A onda de obsessão aos poucos foi me lavando, mas esse processo de limpeza só começou quando percebi que eu tinha a responsabilidade de escolher a cura em vez de os ferimentos. Tive de me livrar do falso pensamento de que um de nós dois devia ser culpado e de meu sentimento de culpa, que me levava a acreditar que precisava sofrer para que a energia fluísse na direção certa, permitindo-me recriar a mim mesma. Meu furioso apego ao passado e o medo do futuro foram se desvanecendo à medida que eu passava mais tempo no presente. A tempestade emocional em meu coração começou a acalmar-se quando procurei silêncio e tranqüilidade na meditação. Então pude começar a buscar a aceitação de minha nova vida.

Michelangelo — Obsessão e Paixão

Paixão é o fogo que nos leva a expressar quem realmente somos.

— Neale Donald Walsch, em *Conversations With God* ("Conversas com Deus"), Livro 1

O que causava muitos problemas a Michelangelo era sua incapacidade de reconhecer que tinha uma determinada porção de tempo e energia.

— Kay Goebel, em *Creativity and Madness* ("Criatividade e loucura")

A distorção do tempo é um dos aspectos do estado de criatividade. O tempo desaparece quando nos encontramos nesse estado. Tudo o que não se relaciona com a imediata realização de nossas idéias fica em segundo plano. O resto do mundo some. Existem apenas o desejo e o objeto do desejo.

Michelangelo Buonarroti (1475-1564) mergulhou apaixonadamente na arte do Renascimento italiano. Suportou ser espancado quando, aos treze anos de idade, deixou a escola para ser aprendiz de pintor, e, em seus últimos anos de vida, suportou dor física, privações e o desfavor dos papas governantes. Apesar de achar que não tinha tempo suficiente para completar seus projetos, pois com freqüência precisava interromper seu trabalho favorito, esculpir, para trabalhar em uma nova tarefa, viveu quase até os noventa anos e recebeu o honroso título de Michelangelo, o Divino. Foi reconhecido por sua genialidade artística na escultura, na pintura e na arquitetura. Embora o contrato original para o trabalho na

Capela Sistina estipulasse doze figuras, ele pintou mais de trezentas. Tinha bastante tempo.

Nós também temos tempo suficiente e devemos dedicar um pouco dele ao desenvolvimento da nossa criatividade, nossa auto-expressão. Não adianta desejarmos desesperadamente nos tornar gênios criativos. As pessoas já nascem assim. Esse dom pode ser a inteligência aplicada à ciência, como no caso de Einstein, ou o talento artístico de Michelangelo. Não importa quanto nos empenhemos estudando, praticando, orando, meditando, provavelmente não cultivaremos um dom assim. Quando lemos sobre a vida de pessoas ilustres, no entanto, vemos que elas também tiveram de lutar para aceitar suas perdas reais ou imaginárias. A paixão que sentiam por seu trabalho expressava a necessidade de dominar uma situação sobre a qual anteriormente não tinham controle.

Michelangelo foi tirado da mãe no momento do nascimento e mandando para uma ama-de-leite perto de Carrara, região das melhores jazidas de mármore da Itália. Foi devolvido aos cuidados da mãe ao completar dois anos, mas ela, ainda jovem, morreu quando ele tinha seis. Poucos cuidados e atenção ele recebeu a partir daí. Seus biógrafos sugerem que essa profunda perda foi a razão de a figura da mãe prevalecer em sua obra, e que isso também explica o fato de, em suas representações de Jesus e Maria, esta, a mãe, não olha diretamente para o filho e tem um ar distante.

Michelangelo disse: "Nasci nas boas montanhas de Arezzo e mamei ouvindo o barulho dos cinzéis e martelos dos cortadores de mármore". É também possível que, com seu modo de expressar a forma masculina perfeita, ele estivesse procurando criar seu próprio eu masculino perfeito, uma pessoa que o negligente pai finalmente aprovaria. O grande artista também escrevia poesias. O tema principal, em seus mais de trezentos poemas, fala do amor como sendo tudo o que os humanos precisam para ascender até o plano divino.

Nos últimos trinta anos de sua vida, Michelangelo parecia estar lutando para resolver seu sofrimento e aceitar o fato de que sua vida era completa, com sucessos e fracassos. Estava com sessenta e poucos anos quando encontrou uma amiga e companheira em Vittoria Colonna, uma mulher mais jovem que se tornou sua guia espiritual. Por intermédio desse relacionamento, ele desenvolveu uma profunda fé em Jesus. Identificou-se com o que Cristo sofrera, acreditando em Seu poder redentor. Sua última escultura, a *Pietà Rondanini*, contém uma forte sugestão de fusão entre Maria e Jesus. Parece que eles mal estão podendo amparar-se e fortalecer-se mutuamente, e ambos olham para baixo, como que retornando ao mármore ou voltando para casa.

As lutas de Michelangelo, sua raiva por sentir-se controlado, a obsessão com que trabalhava em sua arte, o desespero causado pela negligência do pai, a tristeza por ter perdido a mãe, tudo isso representa os ciclos que ele completou, passando pela dor, crescendo e desenvolvendo a criatividade. Mesmo no sofrimento, ele estava sempre incubando novas idéias, planos e criações, que depois expressava. Sua obsessão pela arte, ou seja, sua paixão, transformou-se em poder pessoal.

O que é esse poder a que todos nós aspiramos? Não é, certamente, o que se chama de poder atribuído à influência e ao controle sobre os outros, que associamos a pessoas que ocupam certas posições na sociedade. O poder pessoal que desejamos e que procuramos cultivar é o poder intrínseco da segurança interior, da confiança e da força de expressão. Pensamentos obsessivos que nos mantêm concentrados em nossa auto-expressão, como os de Michelangelo, resultam em propósito apaixonado e poderosas possibilidades. A fim de passarmos pela dor, crescendo criativamente, é dentro desse contexto que devemos analisar as dúvidas sobre nós mesmos e preocupações obsessivas. Precisamos observar, digerir e integrar nossos sentimentos. É assim que vencemos o medo, que escolhemos os pensamentos que desejamos transformar em ação. É subindo acima de nossa obsessão que nos tornamos decididos, determinados e eficientes.

Krishna

Os hindus pregam que o ser passa por vidas sucessivas, da mesma maneira que uma única vida passa por momentos sucessivos.

— Huston Smith

Krishna, uma reverenciada divindade da Índia Oriental, atraiu um grande número de devotos seguidores que, ao longo dos séculos, têm produzido tesouros de poesia, música e pinturas religiosas. Adorado como a oitava encarnação do deus hindu Vishnu e também como deus supremo, Krishna representa uma tradição religiosa que, para os leigos ocidentais, pode parecer fragmentada e confusa. Como um sistema de crenças pode incluir centenas de deuses dançando, festejando, seduzindo e destruindo, para não falar dos deuses de muitos braços e muitas cabeças, enfeitados e usando cores berrantes? O que parece ser uma religião obcecada por múltiplos deuses é na verdade uma tradição rica em rituais que celebram todos os atos da vida, pródiga em simbolismos e mitologia, oferecendo muitos caminhos que levam ao mesmo Deus absoluto, único, Brahma.

Krishna ensina, no *Bhagavad-Gita*, o maior livro religioso do hinduísmo, que não há razão para temer a morte. A alma é eterna, e cada um deve desenvolver uma forte fé em um deus pessoal. A seguinte descrição de Deus poderia ter vindo de qualquer uma das religiões monoteístas do mundo:

Tu és o Imperecível, o supremo
Objetivo do conhecimento;
Tu és o definitivo lugar de descanso do Universo;

Tu és o guardião imortal da eterna justiça,
Tu és o Espírito que vive para sempre.

Sem começo, meio ou fim, com infinito poder,
Braços infinitos e olhos que são o sol e a lua,
Eu vejo a Ti, cujo rosto é fogo flamejante,
Queimando este Universo inteiro com Teu fulgor.

Krishna, o mito ou o homem, nasceu há três mil anos. A história diz que sua mãe era irmã de um rei perverso, Kamsa, que fora avisado, por meio de uma profecia, que seria assassinado pelo filho de uma irmã. O rei, então, matou todos os meninos da família. No entanto uma de suas irmãs estava grávida do oitavo filho, e ele acorrentou-a em uma masmorra juntamente com o marido, para garantir que o bebê fosse morto ao nascer. Mas quando a mãe estava prestes a dar à luz, o guarda adormeceu, as correntes que prendiam o casal partiram-se e o pai pôde apanhar a criança e tirá-la da masmorra. No momento em que o pai saiu com o bebê, todos os animais selvagens tornaram-se mansos, e a criancinha, Krishna, foi levada para o outro lado do rio Yamuna e entregue a um pastor e sua esposa, que o criaram.

Essa história lembra a do bebê Moisés, que escapou da ira do faraó, que ordenara que todos os meninos hebreus fossem mortos. A história de Krishna enfatiza que nenhuma perversidade, por maior que seja, pode impedir o nascimento de uma pessoa ou de uma idéia de imenso valor. Kamsa, o rei cruel, preso na obsessão de manter o poder que lhe fora atribuído, não pôde aniquilar Krishna, que possuía poder intrínseco, de energia divina. Krishna tinha de nascer e viver, de modo que tudo o que era preciso para isso aconteceu. É assim com todos nós. Enquanto respiramos, temos razões para viver, e não existe ninguém que possa nos impedir de realizar o propósito de nossa vida, de nos colocar do lado do amor.

Os hindus acreditam que Deus possui três aspectos, uma crença que os ajuda a aceitar a dor e o crescimento. Essa trindade consiste em Brahma, o Criador; Vishnu, o Sustentador; e Shiva, o Destruidor. Na Índia acredita-se que, quando é preciso, uma pessoa especial nasce para ajudar a combater o mal e pregar o bem. Para os hindus, Krishna, o amoroso Preservador, foi uma dessas pessoas. É conhecido como o Deus Azul da Índia. Foi ele quem fez do amor, em vez do dever, o principal elemento da religião hinduísta.

Os hindus reconhecem que todas as coisas estão sendo criadas, sustentadas ou destruídas, passando por infinitas formas de mudança criativa. Todas as fases e todos os aspectos da vida são considerados sagrados e significativos. Quando estive em Bali, ilha de cultura hindu, notei que todos os lugares bonitos ou estranhos da natureza eram tratados como santuários. Tanto homens como mulheres precisam usar sarongues para visitar esses sítios sagrados. Quando nosso guia turístico nos pediu para vestir sarongues para entrar em uma caverna de morcegos, fiquei incrédula. E lá estávamos nós, reverenciando centenas de milhares de morcegos pendurados de cabeça para baixo! Tentávamos não pisar nos montes de excremento acumulados no chão, e o mau cheiro era quase insuportável. De acordo com a crença hindu, porém, aquele lugar é tão importante no esquema das coisas quanto os lagos rodeados de bruma, com sua beleza de tirar o fôlego, ou as cintilantes praias de areia branca.

Em Bali, reverenciam os bebês, não permitindo que toquem o chão nos primeiros meses de vida, e as pessoas falam com eles em balinês de alto nível, pois, afinal, uma daquelas crianças pode ser a encarnação de um grande líder espiritual. Quando uma pessoa morre, constroem-se elaboradas arquibancadas para a cerimônia de cremação, e toda a comunidade comparece a fim de honrar o espírito que parte para outro plano de existência.

De acordo com o pensamento hindu, há quatro áreas de realização: prazer, sucesso, serviço e libertação. E o objetivo, em cada uma delas, é simplesmente existir. As três primeiras são relacionadas com o corpo e com o mundo material, mas a última, libertação, relaciona-se com a conexão com o infinito existir, a infinita percepção e a infinita felicidade. É a libertação de tudo o que nos distancia de Deus.

Assim como o nascimento de Krishna não pôde ser evitado, sua morte também foi inevitável. Ele estava chorando o falecimento de um irmão e de um filho no campo de batalha quando foi atingido por uma flecha no calcanhar e morreu. No Ocidente, associamos essa história de inevitável vulnerabilidade à mitologia grega, que apareceu centenas de anos mais tarde. De acordo com Homero, uma flecha cravou-se no calcanhar do grande herói da guerra de Tróia, Aquiles, e matou-o. A mãe de Aquiles tentara torná-lo invulnerável, mergulhando-o no rio Estige quando ele era um bebê, mas o segurara pelo calcanhar, de modo que essa parte de seu corpo, não banhada pela água, ficara desprotegida.

Como Krishna e Aquiles, não podemos ser protegidos do ciclo de nascimento, dor, sucesso e morte. Quanto mais formos capazes de simplesmente existir, quanto menos lutarmos e resistirmos à correnteza, mais facilmente nossa energia fluirá na direção da auto-expressão e da criatividade. A história de Krishna nos faz lembrar que não precisamos nos preocupar, porque nossa vida e nosso espírito transcendem todos os problemas terrenos. O hinduísmo nos inspira a preferir a paixão à dor obsessiva, paixão pela terra e sua intrincada teia de vida.

Obsessão é medo do futuro. Quando combatemos o medo, tentando manter o controle, ironicamente descobrimos que estamos descontrolados, que nossa vontade foi desalojada por um comportamento compulsivo ou um vício. O lado infantil de nossa personalidade está no leme, tentando dirigir o barco e sem saber como. Para nos livrar do terror íntimo, devemos permitir que nosso lado adulto e nosso Eu Superior ou Transcendente assuma o comando, com confiança.

Basta olharmos para a Tabela de Sofrimento e Crescimento, quando estivermos imersos em obsessão, para ver que estamos perto de chegar à *aceitação* de nossa vida como ela é agora, com grande possibilidade de alcançar paz interior. Se procurarmos, veremos que estamos incubando novos pensamentos e planos, que resultarão em grande senso de paixão, poder pessoal e amor.

Disciplina Criativa Diária

(Obsessão: a Energia da Paixão e do Poder Pessoal)

1. **Observe seus pensamentos** e descubra no que é que pensa mais. Seus pensamentos são agradáveis ou causam ansiedade, medo e tensão? Qual é o foco de preocupação e negatividade? Tome a decisão de **virar sua energia** na direção de um desejo maravilhoso. Sempre que notar que está tendo pensamentos obsessivos, canalize-os para o objetivo desejado. Discipline-se para pensar no que realmente deseja **manifestar** e usufruir.

2. **Analise seu comportamento** à luz de seus objetivos mais importantes. Seu comportamento vai ajudá-lo a alcançar esses objetivos? Se está adiando ou evitando o momento de começar a andar na direção de sua meta, escreva um comportamento que o tirará desse padrão e **adote-o**.

3. **Procure qualquer padrão de comportamento compulsivo** ou pensamento obsessivo que possa interferir em sua paz interior. Procure o que provocou essa reação de medo, pensando nas experiências que envolveram perda ou desapontamento, na infância ou na idade adulta. Permita-se sentir o impacto que essa perda ou desapontamento causou sobre sua criança interior. Faça uma pequena peça artística, ou procure um objeto, como uma bonita pedra lisa, para simbolizar a experiência que o feriu mas também ensinou-lhe alguma coisa. Coloque esse símbolo num lugar onde possa vê-lo diariamente e **reverenciar sua dor e seu crescimento.**

4. **Tome cuidado com o componente de culpa** da obsessão. Os "se" tendem a repetir-se quando nos sentimos angustiados e culpados. Se houve uma mudança drástica ou uma perda em sua vida, crie um documento descrevendo o que aconteceu, com todo os detalhes. Escreva uma lista de tudo o que você faria de modo diferente se pu-

desse fazer de novo. Agora, **crie uma afirmação** para repetir sempre, em vez de ficar atirando flechas de culpa em si mesmo. Recitar essa afirmação todos os dias aos poucos o ajudará a concentrar pensamentos e energia nas possibilidades de sua vida e a libertar-se das limitações.

5. **Pense em ganhar poder pessoal ilimitado.** Faça uma lista longa e detalhada de todas as exigências, grandes e pequenas, que existem em sua vida. Então, rasgue-a em pedacinhos minúsculos e jogue-os no ar, deixando que toda sua ansiedade vá com eles. **Pense em como deve ser flutuar em liberdade.** Veja aonde esses pensamentos o levam. Identifique quais são as atividades **capazes de apaixoná-lo.**

6. Usando um lápis de cor e papel branco, desenhe um pequeno padrão repetitivo que cubra o canto inferior esquerdo da folha. Agora comece a **estender e sobrepor** as linhas, até que toda a folha esteja coberta. Em outra folha, usando dois lápis de cor, **crie um novo padrão mais amplo**, depois preencha com outras cores. Qual é sua cor favorita? Como se sente olhando essa cor? Em que parte do corpo experimenta essa sensação? Na próxima vez em que se sentir tenso, física ou mentalmente, banhe-se nessa cor. (Não se esqueça de datar e guardar seus desenhos.)

7. Acenda uma vela. Medite a respeito daquela única chama e imagine-a queimando todas as dúvidas obsessivas que você teve a respeito de si mesmo no passado. Saiba que seu fogo interior arderá vivamente enquanto você estiver disponível para si mesmo. Quando achar que pode dar essa experiência por terminada, respire fundo e sopre a vela, apagando-a e extinguindo todo o medo.

6

Depressão: a Estrada Escura para a Descoberta

Falando estritamente, cada momento de nossa vida é uma morte: o eu daquele momento morre para nunca mais renascer.

— Huston Smith

Depressão e Perda

No entender dele, a morte, com seu ancestral peso de terror, é meramente o abandono de uma casca inútil, no momento em que o espírito se reintegra à energia unificada do cosmos.

— Isabel Allende

A depressão acontece quando o medo vence, e mesmo que essa vitória seja temporária, acreditamos que seja definitiva. Nós nos sentimos derrotados. Talvez tenhamos sido capazes de vencer a negação de uma nova realidade, de reconhecer uma mudança de vida; talvez tenhamos protestado e sentido raiva pela perda e pelos desapontamentos subseqüentes; talvez tenhamos pensado obsessivamente, procurando uma maneira de lidar com a situação; de modo consciente ou não, talvez tenhamos entrado e saído dos estágios de negação, raiva e obsessão repetidamente; no entanto parece que caímos em um imenso vazio. Não conseguimos funcionar direito.

A queda pode assumir a forma de um vazio, de letargia, sonolência ou agitação. Um pesado cobertor de tristeza e sentimento de perda nos envolve. Gostaríamos de apertar um botão e voltar à vida como ela era antes da crise, ou de ser transportados para um mundo diferente, mais benevolente. Ou, simplesmente, podemos desejar nunca ter existido. A verdade, porém, é que estamos sendo empurrados de volta para a vida. Esta vida. Como Steinbeck disse, "a primeira regra da vida é viver".

É útil lembrar que fazemos parte do mundo animal e que a mente e o corpo humanos têm um limite para as mudanças às quais podem se adaptar, e que chega um momento em que dizem "basta". Como um cavalo que trabalha demais e é malcuidado, se continuarmos sobrecarregados, adoecemos e morremos. Mas, como cavalos não são tão resolutos e autoprotetores como os muares, temos de aprender a imitar as mulas, que se recusam a carregar peso exagerado.

Lydia, de 81 anos de idade, recusava-se a ficar boa, depois de uma cirurgia cerebral. A filha, Brooke, telefonou-me, desesperada.

— Preciso voltar para Portland amanhã — informou. — Mas mamãe, que sempre foi uma lutadora, recusa-se a cooperar com o tratamento de reabilitação. O pessoal do hospital está praticamente expulsando-a. Ela está profundamente deprimida. Por favor, veja se pode hipnotizá-la e motivá-la a sarar.

Os argumentos me persuadiram.

Lydia mal podia manter os olhos abertos, e parecia que teria de fazer muito esforço para responder às minhas perguntas. Mas vi que havia esperança quando ela respondeu à primeira.

— Você tem algum apelido, Lydia?

Ela virou os olhos na minha direção e respondeu com voz arrastada:

— Tenho. É Teimosa.

Na hora que se seguiu, descobri por que ela estava perdida no estágio depressivo da dor: sua outra filha morrera em um acidente, seis meses passados, e se isso não bastasse, um mês antes da cirurgia seu adorado irmão mais novo falecera de repente. Lydia não tinha energia para participar do processo de sua reabilitação física. Durante a sessão de hipnose, enfatizei que era natural ela querer descansar e recusar-se a aceitar o tratamento de cura, mas que já estava na hora de honrar os laços de amor que a ligavam à filha e ao irmão mortos, processando o sofrimento a sua própria maneira. Quando ficou perfeitamente preparada, eu lhe disse que ela começaria a abandonar o luto para poder voltar a viver de verdade e compartilhar seu amor com Brooke, a filha que ainda estava entre nós.

Quando terminei e desliguei o gravador, Lydia parecia dormir tranqüilamente. Não dava para saber se ela assimilara alguma coisa do que eu lhe dissera. Brooke chorava, obviamente comovida ao pensar nas perdas que a mãe sofrera e em sua grande capacidade de amor e conexão.

Vários meses depois liguei para saber de Lydia, embora hesitante, pois temia que ela houvesse desistido e morrido, preferindo deslizar para o plano espiritual, na esperança de reunir-se à filha e ao irmão. Perguntei ao marido se ela estava bem.

— Nós a temos de volta! — exclamou, exuberante. — Lydia ainda precisa de mais tratamento de reabilitação física, mas a mente dela se recuperou. Suas amigas do salão de beleza vêm visitá-la, e ela está usando unhas postiças de novo. Isso é sinal de que voltou a ser o que era.

Somos capazes de sobreviver a grande estresse e enormes perdas. Contudo, quando a vida muda radicalmente, temos dificuldade em reconhecer a nós mesmos. Todos os marcos familiares desaparecem. Começamos a sentir que, se as coisas não tomarem outro rumo, não sobrará nada de nós. O amor que brilhava sobre nós, fazendo-nos florescer, escureceu, deixando-nos fenecer sozinhos.

Anos atrás eu me senti assim. Havia escrito meu primeiro livro, *Lessons in Evil, Lessons from the Light* ("Lições Sobre o Mal, Lições da Luz"), e estava empolgada porque uma grande editora mostrara interesse por ele. Fizeram-me voar para Nova York, onde me encontrei com editores e publicitários que me crivaram de perguntas para avaliar meu conhecimento de psicologia, traumas e abusos sádicos, assuntos que abordara no livro. Eu sabia que aquilo também era um teste para que vissem como eu me sairia em contato com a mídia, sobretudo em entrevistas na televisão. Parece que fui aprovada, porque publicaram o livro.

A emoção de ver minha obra não só publicada como escolhida pelo Clube do Livro do Mês, não me deixava dormir direito e me impedia de prosseguir calmamente com minha vida diária. Eu fora arrancada de minha zona de conforto. Tinha dois publicitários à minha disposição e precisava estar constantemente disponível para entrevistas à mídia. Fizeram-me viajar por todo o país e me apresentar em programas de rádio e televisão. Eu me sentia como tirada de minha vida e colocada numa de outra pessoa, acostumada a ter motoristas particulares e a ficar em apartamentos de hotel com banheiros de mármore. Minha vida tomou um aspecto irreal. Quando recebi uma carta do Brandeis University National Women's Committee, o maior grupo de apoio a bibliotecas de todo o mundo, dizendo que meu livro fora escolhido para receber o Major Book, o prêmio concedido pelo comitê, pensei que fosse brincadeira. Telefonei para meu editor, que disse que não era brincadeira, mas uma grande honra. Eu seria homenageada no Hotel Beverly Wilshire, juntamente com Marianne Williamson, Isabel Allende e vários outros autores.

Onde está o sofrimento nisso tudo? Essa mudança de vida podia, por acaso, ser ruim? Nessa mesma época, uma ex-cliente processou-me, alegando que eu a prejudicara, usando um exercício de liberação do espírito e falando sobre vidas passadas. Ela lera dois livros sobre esses assuntos e interessara-se, de modo que fiquei completamente chocada quando li suas alegações de que eu desrespeitara seus desejos no que dizia respeito à terapia e lhe causara danos, além de usar o método da regressão a vidas passadas para poder contar a experiência em outro livro e lucrar à custa dela. O advogado da mulher declarou que eu fora motivada pela ganância. Vi meu mundo profissional ruir. Nos dois anos seguintes, entre a irrealidade do sucesso de meu livro e a irrealidade de estar sendo processada, fiquei desestabilizada.

Um verão foi particularmente devastador. Eu respondera a extensos interrogatórios, e as perguntas intermináveis me pareciam pessoais e irrelevantes para o caso, mas que o advogado da mulher não se cansava de fazer, esperando provar que eu era de fato gananciosa. Fui intimada a apresentar todos os contratos que diziam respeito ao livro e também minhas declarações de renda. O advogado estava ansioso por saber se Barbara, a mulher cuja experiência eu relatara no livro, recebera ou não alguma parte dos lucros. O fato era que Barbara, que considero minha heroína, quisera que sua história fosse contada no livro e participara de todos os estágios de preparação do livro e também dos lucros, mas eu estava doente de preocupação. Não conseguia dormir e perdi o apetite. Um dia recebi um aviso da corretora de seguros, dizendo que meu seguro contra danos financeiros causados por terceiros fora cancelado. Naquele mesmo dia, quando cheguei a casa e fui alimentar nossos patos de estimação, encontrei-os mortos a pancadas. Minha dor, que já era profunda, tornou-se insuportável, e fiquei entorpecida.

Enquanto meu marido xingava e berrava, dizendo o que faria se pegasse quem matara os patos, e minha filha soluçava, eu me sentia morta, pregada no chão. Notei que minha mente trabalhava febrilmente. "O que vai acontecer agora?", eu pensava. "E se matarem uma de minhas filhas? Será que tentarão me matar?"

Eu fora avisada do que poderia acontecer por ter publicado informações sobre cultos satânicos e ficara horrorizada ao saber que outros psicoterapeutas de vítimas sobreviventes desses cultos haviam sofrido perseguição, encontrado seus animais mortos e sido alvo de processos legais fúteis mas contundentes. Meu livro fora furiosamente atacado por colegas que haviam se organizado para defender os acusados de pedofilia, incesto e abusos sádicos. Um representante do FBI fora ao programa de televisão *Larry King Live*, em que eu estava me apresentando, para negar a existência de sádicos cultos satânicos. Minha flagelação tornou-se a delícia da mídia. A verdade estava sendo obscurecida por certos grupos interessados em camuflá-la.

Meus amigos e parentes diziam que o processo contra mim era insignificante no esquema das coisas, mas eu não pensava assim. Quando meu advogado me disse que a mulher processara seu ginecologista, que eu simplesmente fora a próxima vítima da sua lista, isso não me consolou. Minha amiga Lynn disse que a acusadora não podia destruir minha integridade. Não acreditei.

Eu estava envergonhada por ter sido processada, e mais envergonhada ainda por estar deprimida e sofrendo tanto por causa de um processo, quando só uma tragédia na família justificaria um sofrimento tão profundo. Estaria pondo minha reputação profissional acima de meus entes queridos? Estava na hora de tomar uma decisão, e naquele momento ficou claro para mim que eu não deixaria ninguém ficar no caminho de meus valores e de minha felicidade pessoal.

— Vamos enterrar os patos — eu disse a meu marido. — Depois, vou fazer o jantar.

A depressão não desapareceu instantaneamente, mas aquele foi um momento decisivo. Eu tive a percepção clara de que nada, fora ou dentro de mim, podia me destruir, a menos que eu permitisse. Naquela noite tive um sonho que reforçou minha decisão. Olhava para peças de um quebra-cabeça em minha mão, e de repente senti que estava segura na mão de Deus, rodeada por uma sensação de imensa paz. Uma voz, que achei que fosse a voz de Deus, pediu que eu continuasse a olhar para a minha mão porque, então, compreenderia o quebra-cabeça. No mesmo instante, as peças formaram uma linda cruz ornamentada, com um cordeiro branco deitado na base. De súbito, o cordeiro transformou-se em um magnífico e obviamente poderoso leão.

Acordei surpresa com a mensagem tão direta. Eu vivera toda minha vida como um cordeirinho, presumindo que, se fosse humilde e inofensiva, tudo correria bem. Estava na hora de procurar meu poder e aprender a rugir. Esse foi o início da descoberta de que, desenvolvendo minha flexibilidade às mudanças, me tornaria capaz de redirecionar e criar minha vida de acordo com meus valores e com amor.

Olhando para o passado, vejo claramente que, quando aquela mudança de percepção ocorreu, todos os problemas começaram a ser resolvidos.

Meu momento de meditação e prece, todas as manhãs, tornou-se algo pelo que ansiava, em vez de continuar a ser apenas parte da rotina que eu executava porque me obrigava a sair da cama. Eu pedia orientação e entregava os detalhes dos problemas à Divina Inteligência. Comecei a notar que minhas preces eram atendidas: a corretora de seguros ligou para informar que manteriam meu contrato, e os advogados envolvidos no processo contra mim resolveram abandonar o caso. Embora os patos não existissem mais e eu sentisse sua falta, consegui ser grata a eles pela parte que desempenharam, ajudando-me a transformar a depressão na descoberta de que possuo dentro de mim todos os recursos para vencer o medo.

Quando a escritora Isabel Allende perdeu sua única filha, vitimada por um raro mal metabólico, e quando a filha de uma amiga minha, a escritora Lois Duncan, foi assassinada, os alicerces de sua vida ficaram abalados. Chorar a morte de um filho, seja qual for a causa, é o que minha mãe chamava de dor impossível de suportar. Anos depois de sua perda, aquelas duas mulheres manifestaram tensão interior e um sofrimento a que Isabel Allende se refere como evidência de extremo amor. Ela sente que esse tipo de amor nos põe em contato com um plano sagrado. A força de tal amor traz consigo uma dor excruciante, quase insuportável, quando o vínculo é rompido pela morte física. Em seguida, lentamente, vem a compreensão de que a capacidade de amar assim representa a maior afirmação da vida. A depressão, então, é um escuro cemitério do qual a alma emerge surpreendentemente intata e preparada para celebrar a vida. É por meio de tais experiências que descobrimos que a energia do amor é indestrutível.

— A pessoa pode morrer, mas o amor não morre — disse minha amiga e colega Adrianne quando me visitou recentemente. Collin, seu filho de dezesseis anos, morrera cinco meses antes, em um acidente esportivo. — Embora essa dor seja tão grande que às vezes tenho vontade de morrer também, muito devagar estou me enchendo de amor. Falo com Collin o tempo todo e pergunto o que tenho de aprender com o que aconteceu. Sei que existe um significado na sua morte, porque ele era uma pessoa especial. Uma semana antes de morrer, estava pensando alto, perguntando-se se existia vida após a morte. Acho que ele era uma alma antiga e que fez tudo o que precisava fazer nesta vida, de modo que foi descobrir o que acontece depois. No serviço fúnebre, seus colegas de classe foram me dizer quanto Collin era importante para todos eles. Uma garota disse que acreditava que meu filho salvara a vida dela com um sábio conselho. Fomos procurar um médium, que nos disse que Collin estava num lugar de aprendizado, feliz e ocupado em assimilar muitos tipos diferentes de conhecimento. No dia seguinte, durante a meditação, tornei a perguntar a Collin o que era que eu tinha de aprender com a sua morte. Fui para a cozinha e indaguei se era ali que eu precisava fazer alguma coisa. Percorri vários outros cômodos, sempre perguntando a mesma coisa. Foi no meu escritório que senti a presença de Collin. Eu soube, então, que o que tenho de fazer é estudar a morte ou ensinar o que sei a respeito.

Comentei com Adrianne que perder um filho é algo tão terrível que não nos permitimos sequer pensar nisso.

— Dizem que quando perdemos os pais, perdemos nosso passado; quando perdemos o cônjuge ou parceiro, perdemos o presente; mas que quando perdemos um filho, perdemos o futuro — ela disse. — Embora eu não ache que isso capte toda a extensão da angústia, concordo que sentimos que o nosso futuro foi aniquilado e, assim, que nós também fomos. Acredito também que, quando se trata de um filho, existe sempre uma certa dose de culpa envolvida, e pensamos que poderíamos ou deveríamos tê-lo protegido, que, talvez, outros pais sejam melhores do que fomos.

Adrianne parou de falar por um momento e enxugou os olhos cheios de lágrimas.

— Mas isso me lembra a história de uma mulher que achava que não suportaria a dor pela morte de seu filho — continuou. — Ela procurou um mestre espiritual e falou do seu sofrimento insuportável. Ele a mandou percorrer a cidade, pedindo uma semente de mostarda a cada família que nunca tivesse sofrido. Claro que ela não conseguiu nenhuma semente, mas descobriu que podia ajudar os outros e a si mesma compartilhando sua dor. Assim, formaram-se novos laços de amor ligando-a a outras pessoas. Talvez o alívio do sofrimento venha quando descobrimos que somos novamente capazes de dar e receber amor.

Seja o que for que cause sofrimento, a morte de um ente amado, uma doença, até mesmo a perda de um emprego, marcam a morte do nosso ser, o que conhecemos naquele momento. A morte é como o inverno. Diante dela, sentimos nossa energia tornar-se cinzenta, encoberta por uma camada de gelo. Achamos impossível acreditar que a primavera chegará, ou que uma nova vida está sendo incubada sob a crosta dura com que nos revestimos. A energia criativa aquece-nos lentamente, incentivando-nos a voltar a crescer, a notar o sol, a lua e todo o lado iluminado da vida.

Depressão e Suicídio

Embora o suicídio seja indesejável, tudo acabará bem, porque Deus não pune. Deus é infinito amor e infinita compreensão. Ninguém age sozinho. Ninguém age em um vácuo. Ninguém se mata sem deixar um legado de crescimento atrás de si.

— Emmanuel

Nossa luz é visível do alto em todos os momentos? Ou é só quando o vento da vida nos ameaça que brilhamos com toda a intensidade? O único objetivo é aumentar o brilho e mantê-lo.

— Jeff Winberg

Jeff Winberg não conseguiu manter seu brilho. Seis semanas após seu trigésimo aniversário, ele levou a caminhonete para a pequena garagem anexada à casa onde vivia com nossa filha Niki, ligou o motor, deitou-se na carroceria, sobre um colchão de acampamento, olhou fotos de Niki, escreveu uma última carta de amor para ela e morreu envenenado por monóxido de carbono em menos de uma hora.

No ano anterior, eu visitara um amigo médium, que me disse que eu aprenderia muito com Jeff. Fiquei contente. Já aprendera muito sobre a vida ao ar livre com aquele homem bonito, o grande amor de minha filha mais velha. Foi difícil, mas consolador, compreender que agora eu aprenderia com ele a respeito de morte e desespero.

Na aparência, Jeff, como meu amigo Robert, que se suicidara seis anos antes, tinha tudo pelo que viver. Era alto, loiro, tinha olhos azuis e era exímio em todos os esportes praticados ao ar livre. Por meio de seu trabalho na empresa Recreational Equipment Inc. (REI), ele ficou conhecido por sua perícia como guia em montanhas e instrutor de escalada. Como escalador e esquiador, era quase legendário, e nos últimos dois anos envolvera-se com produção de filmes. Sempre era chamado para servir de dublê em cenas perigosas, mas era tão bonito que os diretores achavam que ele tinha de ser o protagonista também. Parecia que Jeff sempre via todas as possibilidades, a solução para todos os problemas, os rumos certos. Sentia-se em casa em qualquer lugar ermo. Que vento o desviou da rota?

Em várias ocasiões Niki me disse que achava que ele estivesse deprimido. Que poderia ser uma reação ao fato de ele ter machucado o joelho e precisado de cirurgia, o que o fizera perder quase toda a temporada de esqui daquele ano e provavelmente o impediria de escalar montanhas por um bom tempo. Niki concordou, mas disse que ele estava bebendo muito, embora fosse só cerveja. Ela achava que ele estava se preocupando demais com a falta de dinheiro e as contas a pagar. O maior problema era que ele não falava sobre o que o preocupava.

Ofereci-me para ajudar, se fosse necessário, mas não acreditei que houvesse algum problema realmente sério com Jeff. Ele trabalhava longas horas nas filmagens e comportava-se muito bem socialmente. Niki, entretanto, notava sintomas de sofrimento íntimo.

Agora vejo que ele se encaixava perfeitamente nas quatro áreas de risco de suicídio descritas por estudiosos do assunto. A primeira área é a das expectativas de sucesso exageradamente altas. Nesse caso, a pessoa nunca realiza o suficiente, e assim se torna constantemente vulnerável a um sentimento de fracasso. A segunda área é aquela em que um relacionamento duradouro, que sirva de âncora na vida, não parece possível. Desse modo, a pessoa sente que não merece ser amada, por mais bem-sucedida que seja, e pensa que ser abandonada é só uma questão de tempo. Na terceira área, a morte parece a solução de todos os problemas, a única, na verdade. A pessoa que se encaixa na quarta área não consegue abrir-se e compartilhar seus pensamentos e sentimentos dolorosos. Sente-se fraca e envergonhada por sofrer por dentro, então permanece em silêncio, ou minimiza os assuntos da vida que parecem duros demais.

O suicídio de uma pessoa como Jeff, que nunca deu a impressão de ser capaz de tirar a própria vida, que nunca fez nada contra si mesmo, causa um tremendo choque nas pessoas à sua volta. É terrível compreender que essa pessoa não acreditou no amor que sentíamos por ela, que não foi capaz de interiorizá-lo. Aquela sensação de impotência, de não termos sido capazes de salvar um ente querido com o nosso amor causa profunda angústia na fase de depressão do ciclo de sofrimento. Nossa família e as centenas de pessoas que compareceram ao funeral de Jeff sentíamos o coração esmagado pela dor. Nos dias seguintes, eu acordava às cinco da manhã sentindo uma enorme pressão no peito, e Niki disse que se sentia como se houvesse um buraco negro em seu íntimo, e às vezes tinha a impressão de que ia ser engolida por ele.

Conversávamos freqüentemente sobre o que poderíamos ou deveríamos ter feito. Eu deveria ter conversado com Jeff sobre seu estado emocional e incentivado-o a fazer psicoterapia. Meu marido deveria ter falado com Jeff sobre seus problemas financeiros e ajudado-o a fazer um planejamento para o pagamento das dívidas. Todos nós concordávamos em que deveríamos ter organizado uma frente de ajuda e traçado um plano de ação, que incluiria o auxílio de um especialista no tratamento de dependência de álcool. Os amigos mais chegados de Jeff deveriam ter lhe telefonado ou o visitado com mais freqüência. Um de seus amigos de infância, Kevin, resumiu isso tudo quando disse:

— Precisamos aprender a amar melhor uns aos outros.

Fazia pouco tempo que Niki conhecera Jeff quando nossa família fez uma viagem a Israel. Niki, cheia de saudade o tempo todo, escrevia e telefonava para ele constantemente. No penúltimo dia de nossa estada, subimos ao topo de Massada, a fortaleza de arenito monolítico voltada para o mar Morto. Era um dia maravilhoso de dezembro, o frio esperado não chegara, e o sol brilhava. Uma jovem doutora em leis judaicas, Gaylia, conduziu um rápido serviço religioso, durante o qual leu o seguinte poema de Richard Allen:

Se você ama, dê tudo o que tem,
e quando achar que chegou ao seu limite, dê mais um pouco.
Esqueça a dor que isso causa.
Pois quando chegar a hora da morte,
será apenas o amor que deu e recebeu que contará.
Todo o resto, esforços, sucesso, lutas,
Será esquecido em sua reflexão.
E se amou bem,
terá valido a pena,
e a alegria do amor ficará com você até o fim.
Mas, se não, a morte sempre virá cedo demais,
E será horrível encará-la.

Temos de aprender a amar melhor uns aos outros. Também temos de aprender a perceber as várias manifestações da morte, a fim de que possamos nos sentir melhor a seu respeito. O estudioso da questão do suicídio Ronald Maris coloca isso muito bem: "A evidente verdade sobre nós é que nascemos, vivemos e morremos". Embora saibamos muito sobre o nascimento e a vida, sabemos muito pouco, e não queremos saber mais, sobre a morte.

O atestado de óbito de Jeff deixou-me intrigada. Eu nunca vira um. No espaço reservado à causa da morte, estava escrito que ele morrera por asfixia e envenenamento por monóxido de carbono. Enciclopédias e outros livros de consulta explicam que existem mais de cem causas de morte, mas apenas quatro modos de morrer: por acidente, por suicídio, por homicídio e natural. Parece simples, mas a escolha da categoria em que cada pessoa é colocada pode ser complicada por motivos psicológicos. Por exemplo, quantas mortes em rodovias não teriam sido causadas por suicídio, consciente ou inconsciente, em vez de por acidente?

Muitas doenças são causadas por fatores psíquicos. Agora sabemos que o sistema imunológico é extremamente sensível ao estresse. Pesquisas mostram que, quanto mais alto o nível de estresse psicológico, mais alto o índice de infecções e resfriados. Ken Pelletier, em seu livro *Sound Mind, Sound Body* ("Mente Sã, Corpo São"), oferece páginas e páginas de resultados de pesquisas que documentam a relação entre o modo como a mente percebe os acontecimentos da vida e o modo como o corpo responde a isso. E um capítulo inteiro fala sobre a importância da amizade, essa carinhosa ligação com pessoas que nos sustentam em tempos difíceis.

O médico Larry Dossey diz que o melhor meio de prever a probabilidade de sobrevivência de uma pessoa no prazo de uma década é descobrir o que ela *pensa* a respeito de sua saúde! Históricos familiares ou médicos e fatores de risco desempenham um papel muito menos importante. Fumantes, por exemplo, dobram o risco de morrer nos próximos dez anos, mas se pensam sobre sua saúde de modo negativo, esse risco aumenta sete vezes! Jeff achou que a cirurgia não lhe devolveria o perfeito funcionamento do joelho. Baseou-se em crenças falsas e acabou por cometer um ato extremo.

Há crianças e adultos que tendem a ver de maneira negativa todos os aspectos relacionados com a cura de um mal e pensam no futuro sem esperança. Essas pessoas não têm bastante flexibilidade para enfrentar mudanças. A mãe de um jovem que, aos 22 anos, realizou o intento de suicidar-se, depois de várias tentativas frustradas, contou que ele, desde a infância, nunca conseguira tolerar a menor mudança em sua vida. Quando menino, sofria de terrores noturnos, e os pais levaram-no às melhores clínicas psiquiátricas, mas muitos anos de terapia e hospitalizações não alteraram seu distúrbio neuropsicológico. No bilhete de suicídio, o jovem escreveu que estava cansado demais para continuar vivendo.

Soubemos que dois anos antes de sua morte Jeff dissera à mãe que iria se matar. Talvez por ter conhecido Niki e se apaixonado, ele encontrara forças para viver um pouco mais. Em um bilhete para ela, ele escreveu: "Estar com você é me cobrir até a cabeça com um acolchoado grande e macio". O "acolchoado" do amor pode prolongar a vida.

Um estudo entre mulheres com câncer de mama revelou que aquelas que faziam terapia com seus grupos de apoio aumentavam duas vezes a expectativa de vida. Amigas carinhosas e compreensivas sustentavam-nas em seu sofrimento. Também sabemos que pessoas casadas são mais saudáveis do que as solteiras, e que a taxa de mortalidade entre homens com fraco vínculo social é duas ou três vezes maior do que entre aqueles que mantêm um vínculo forte.

O amor prolonga e enriquece a vida. Mas não há nenhuma garantia de que nosso amor possa evitar a morte de uma pessoa querida. "Não tenho mais nenhuma energia", Jeff escreveu em seu bilhete de despedida. "Eu me perdi."

Mães de jovens que morreram em acidentes ou se suicidaram me têm dito que a única atividade que lhes trouxe benefício foi participar de grupos de apoio com outras pessoas que tiveram a mesma experiência. Minha amiga Adrianne me disse que o que mais a ajudou foi ver que existem outras mães que passaram pela mesma coisa e foram capazes de continuar vivendo, apesar do sofrimento.

Sabemos que o amor por nossos filhos, por nós mesmos e pelos outros é o antídoto certo para o isolamento e o desespero, porém minha filha Niki descobriu um outro aspecto que lhe deu muito conforto: um ponto de vista espiritual que responsabiliza Jeff por sua própria morte. Ela foi conversar com uma amiga que recebe uma entidade espiritual chamada Jared. Depois desse encontro, mostrou-se radiante pela primeira vez desde o suicídio de Jeff.

— Jared me explicou que todos nós pertencemos a um determinado grupo de almas — Niki nos contou. — Antes de encarnar, os membros do grupo decidem quais serão as lições que aprenderão na vida. Jared disse que Jeff cumpriu toda a sua parte do acordo, que conseguiu dar e receber mais amor do que seria de esperar, devido às circunstâncias. Disse também que a morte de Jeff está ensinando o valor do amor e da amizade às centenas de pessoas ligadas a ele, e que muitas delas, agora, se sentirão inspiradas a ajudar a promover as mudanças que devem ocorrer para que o planeta seja salvo da destruição.

Ouvimos em silêncio nossa filha explicar conceitos sobre os quais pouco sabíamos, analisando a idéia de que a vida e a morte de Jeff tinham sido dirigidas por ele próprio e tido mais significado do que havíamos pensado.

— Jared disse que Jeff está muito orgulhoso de mim — Niki prosseguiu com um sorriso suave. — Disse também que Jeff ainda está entre nós e que ficará aqui por mais algum tempo, porque é isso que acontece quando alguém parte deixando muita dor no coração daqueles a quem ama, mas que muito em breve irá para a luz.

Depressão e Trauma

Depressão prolongada é aquela encontrada com maior freqüência na maioria dos estudos clínicos de pessoas cronicamente traumatizadas.

— Judith Lewis Herman, médica

Não se pode oprimir uma pessoa quando ela está em contato com algo sagrado em seu íntimo. Não se pode oprimir-lhe a alma.

— Jean Shinoda Bolen, médico

Vários anos atrás, quebrei o ombro em cinco lugares, esquiando em Taos com Niki, que estava trabalhando na Patrulha de Esqui. Mas antes de mais nada quebrei uma regra da família que nos mandava parar de esquiar às três horas da tarde. Nevava pouco, e nós duas estávamos tendo um dia maravilhoso.

Niki me convenceu a descer mais uma vez a rampa do Castor, uma encosta muito íngreme, para peritos naquele esporte.

Eu descera uns três metros entre as árvores quando um de meus esquis bateu em alguma coisa. Dei uma cambalhota no ar e caí com todo o peso do corpo sobre o ombro. Senti uma dor incrível, mas ouvira dizer que um deslocamento de ombro dói muito, e achei que fora isso que acontecera. Niki já estava no fim da descida, e seria impossível para ela subir até onde eu me encontrava. Perguntou-me se estava bem, e quando não consegui responder, ela percebeu que eu me machucara. Estava pronta para chamar a Patrulha, mas a última coisa que eu queria era que me amarrassem em um trenó e me mandassem deslizando montanha abaixo.

Comecei a descer lentamente, segurando os dois bastões na mão direita, pois qualquer peso na mão esquerda provocava dor quase insuportável. Consegui esquiar até o prédio de atendimento médico, na base da montanha, gemendo alto o tempo todo. Eu estava obviamente em estado de choque, sentia-me quase eufórica e, enquanto esperava ser atendida, tagarelei sem parar com os outros esquiadores machucados. O médico que tirou a radiografia do meu ombro me mostrou os locais das fraturas, me deu um analgésico e me mandou procurar um ortopedista na manhã seguinte.

Enquanto Niki dirigia o carro de volta para casa, a neve aumentou, prejudicando muito a visibilidade. Chegamos finalmente a Santa Fé. Como ainda teríamos de viajar mais uma hora antes de chegarmos a casa, em Albuquerque, sugeri que parássemos para comer alguma coisa. Não tinha apetite, mas sabia que Niki devia estar morrendo de fome. Quando entramos no restaurante, senti uma vertigem, e assim que me sentei a uma mesa, desmaiei. Aquele foi o fim do primeiro episódio de negação.

Eu me sentira grata por ter quebrado um ombro, e não um joelho, porque pelo menos podia andar, e dentro de uma semana voltaria ao trabalho, pois, afinal, como psicoterapeuta, passo o dia sentada.

Mas aprendi que o ombro humano é incrivelmente complicado, com muitos grupos de músculos e tendões sobrepondo-se. Em meu salto acrobático, eu dera uma torção no pescoço e machucara os músculos superiores das costas, além de fraturar o ombro em cinco lugares.

Meu trauma não pode ser comparado ao daquelas pessoas de quem tenho tratado, que sofreram abusos sexuais, torturas, traumas de guerra ou acidentes e que saíram com uma parte do corpo esmagada. Só estou contando minha história para mostrar como aprendemos sobre o poder de curar que existe em nós, sobre nossa alma ou Eu Superior, e sua conexão com o reino espiritual.

Eu não podia dormir deitada. Durante semanas dormi sentada em uma poltrona, rodeada de almofadas e bolsas de gelo. Pedi a um colega que me gravasse uma fita própria para hipnose, com visualização e outras técnicas que me ajudassem a conciliar o sono e a suportar a dor. Apesar de estar tomando vários medicamentos, não conseguia dormir.

Uma noite, depois de tomar os remédios, arrumar as bolsas de gelo à minha volta e ouvir a fita, continuei completamente acordada, imaginando o que poderia fazer, quando pensei em pedir ajuda espiritual. Lembrei-me dos anjos da guarda sobre os quais lera e, desesperada pedi-lhes que me ajudassem. O pior que poderia acontecer, pensei, era não acontecer nada.

Depois de alguns minutos de firme concentração em meu pedido, vi, com os olhos da mente, uma linda mulher vestida de branco que parecia flutuar. E estava rindo de mim. Só um anjo poderia se atrever a rir de mim na situação em que me encontrava, refleti. Ela não disse uma palavra, mas se comunicou comigo psiquicamente. "Que bobagem, levar isso tão a sério", começou. "Você vai ficar boa. Venha comigo." No mesmo instante estávamos flutuando acima de enormes blocos de gelo, numa região que acho que era a Antártica. Um vento gelado soprava sobre mim, entorpecendo meu corpo. Senti-me tão bem com aquilo que adormeci.

Pela manhã imaginei quem seria aquela mulher. Mais tarde descobri que era uma pessoa que eu conhecera vários anos antes em um *workshop* dirigido pelo cirurgião Bernie Siegel, em Santa Fé. Bernie conduzira uma meditação cujo objetivo era nos colocar em contato com um espírito-guia. Ele nos pediu para imaginar um jardim muito bonito, cortado por um caminho sinuoso. Lá ao longe uma pessoa caminhava, vindo em nossa direção. Quando ele, ou ela, chegasse perto, deveríamos perguntar seu nome. Quem se aproximou de mim foi uma linda mulher morena, que usava um esvoaçante vestido branco e com um broche em forma de rosa vermelha no peito. Ela sorriu para mim e disse que seu nome era Aimée. Como adorei aquele encontro, perguntei a uma amiga que sabia francês o que significava aquele nome. Ela disse que significava "um amigo do coração", ou seja, um amigo querido. Depois esqueci tudo aquilo, e só voltei a lembrar três anos mais tarde quando fraturei o ombro.

Aimée ia me visitar todas as noites e me levava para flutuar no vento gelado que me fazia dormir. Isso aconteceu durante muitos meses, até que me recuperei. Aimée era sempre gentil, mas se divertia com o fato de eu levar minha dor tão a sério. Acredito que ela estivesse tentando me dizer que aquela era apenas uma experiência física, para me ensinar que no plano espiritual ninguém se machuca ou fica doente. O corpo pode ser danificado ou mutilado, mas o espírito, não. O corpo espiritual é sempre perfeito.

Outra lição que aprendi foi que temos dentro de nós todos os recursos para nos curar. Isso significa que podemos confiar em nossa intuição — Eu Superior, Deus, ou espírito — a fim de encontrar ajuda para o corpo. Submeti-me a fisioterapia e acupuntura. Usei a piscina de um vizinho para nadar todas as manhãs, por mais de um ano. Houve duas vezes, durante minha reabilitação, em que tive de confiar na intuição. A primeira foi quando meu ombro ficou paralisado e tive de decidir o que fazer. Optei por procurar um ortopedista na Califórnia, que trabalha com uma pessoa especializada em quiropraxia, uma mulher chamada Caren, que eu conhecera em um congresso na Flórida, quando ainda me recuperava, juntamente com o psiquiatra e escritor Brian Weiss e a dra. Elisabeth Kübler-Ross.

Caren só precisou olhar para mim para dizer que todos os músculos da parte superior de meu corpo estavam em estado de espasmo, como protegendo o ombro que eu quebrara. Ela prometeu que iria ao meu quarto de hotel para cuidar do problema. Não acreditei muito em sua promessa, mas à tarde ela ligou para dizer que estava indo me ver e levando Brian e Elisabeth. Fiquei incrédula. Por que aquelas duas pessoas famosas iam se dar aquele trabalho? Descobri por quê.

Como eu estava aterrorizada com a idéia de ter meu pescoço quebrado, Brian usou hipnose para me ajudar a relaxar. Caren, como meu anjo, riu da minha ansiedade e afirmou que nunca machucara ninguém. Depois de me posicionar cuidadosamente, ela virou meu pescoço com tanta força, provocando um estalo tão alto, que dei uma salto e me levantei da cama. Notei que a tensão no pescoço desaparecera. Então Caren me pediu para deitar no chão e colocou no lugar duas costelas na parte superior das costas, que eu deslocara ao cair. Depois de cuidar de mim, ela trabalhou em Brian e em seguida em Elisabeth, que estava se recuperando de um derrame.

Eu não tinha medicamentos, pois minha bagagem extraviara-se em algum ponto entre Albuquerque e Miami. Brian alarmou-se e rapidamente saiu para comprar outros. Elisabeth queria conversar comigo sobre meu livro *Lessons in Evil, Lessons from the Light*, porque em seus *workshops* estavam aparecendo pessoas que sofriam os efeitos de rituais abusivos. O tempo que nós quatro passamos juntos não foi longo, mas a alegria, os risos e o amor que compartilhamos foram infinitos. Foi uma verdadeira reunião de cura.

Assim, foi natural que, meses depois, eu optasse por ir a Los Angeles, para que o ortopedista colega de Caren injetasse lidocaína e esteróides em meu ombro, de modo que ela, depois, com seu trabalho, me devolvesse o total movimento da junta. Ela passou o dia todo comigo. De volta a Albuquerque, voltei à fisioterapia para fazer os exercícios necessários, Aimée me ensinara a usar o poder da mente para facilitar a cura, de modo que durante as sessões com o fisioterapeuta eu me concentrava totalmente em permitir que meu corpo executasse os movimentos requeridos. Muitas vezes o fisioterapeuta disse que estava assombrado com o meu progresso.

A segunda vez em que precisei confiar na intuição foi quando o fisioterapeuta e eu notamos que, estendendo o braço para o lado, eu não conseguia erguê-lo acima do ombro. Contei isso ao meu ortopedista, e ele me mostrou, na radiografia, o lugar onde a ponta do úmero colidia com a protuberância do acrômio da omoplata. Claro que ele recomendou cirurgia. Em sua opinião, tratava-se de uma cirurgia simples com o uso de um artroscópio, durante a qual ele limaria a ponta da omoplata, permitindo que o úmero deslizasse sem entraves.

Perguntei se havia outra opção, pois o meu fisioterapeuta dissera que uma cirurgia faria meu processo de reabilitação voltar quase à estaca zero. Penso que o ortopedista viu súplica em meu olhos, porque disse que havia uma massagista que fazia um bom trabalho no que se referia a músculos e me deu o nome dela. "Mas não conte aos meus colegas que fiz isso", pediu.

Laura era massagista e fisioterapeuta. Pediu-me para ficar em pé à sua frente e movimentar os braços de vários modos. Depois me pediu para deitar na mesa de massagens. Eu não via como uma massagem poderia ajudar meu ombro. Para minha surpresa, Laura não fez nada que pudesse ser chamado de massagem. Aninhou minha cabeça entre as mãos, e eu adormeci. Uma hora mais tarde, quando ela acabou o trabalho, acordei e fui embora. O mesmo procedimento repetiu-se sessão após sessão, durante dois meses, exceto que ela começou a segurar meu braço estendido para fora e massageá-lo gentilmente. Um dia perguntei-lhe o que ela fazia exatamente.

Laura explicou que o nome do método era terapia sacro-cranial, e que o que ela fazia tinha duas finalidades: comunicar aos músculos contraídos que agora era seguro relaxar, permitindo que o braço se estendesse, e comunicar aos nervos que eles também podiam relaxar. Decidi usar o que Aimée me ensinara, e no início da sessão, antes de adormecer, concentrava-me em mandar esta mensagem aos músculos e nervos: "Vocês estão em um ambiente seguro e cheio de amor, relaxem e curem-se".

Depois de vários meses, o problema da colisão do úmero com a omoplata estava sanado, e eu começara a fazer exercícios mais difíceis nas sessões de fisioterapia, certa de que não demoraria muito para poder fazer "polichinelos" em minhas aulas de aeróbica.

Precisamos aprender a facilitar a cura de nossos traumas, antigos e atuais. Podemos fazer isso emocionalmente, dando vazão ao sofrimento, e espiritualmente, buscando nossos recursos íntimos e ligando a alma ao Espírito.

Muitas vezes, logo depois do acidente, eu usava a negação para minimizar a dificuldade do processo de cura. Como agora aprecio esse mecanismo de defesa! Eu teria entrado em desespero se previsse que estaria completamente recuperada e livre da dor só depois de dois anos.

Estava zangada comigo mesma por não ter parado de esquiar às três horas da tarde, como sempre fizera. Também estava zangada com minha filha, por ela ter sugerido uma última corrida encosta abaixo. Ela devia ter tido mais consideração, mais respeito por minha... Minha, o quê? Fragilidade? Eu nunca fora frágil. Ela devia ter previsto... Previsto que eu iria cair? Minha raiva não fazia sentido, mas eu sabia que era uma parte natural do ciclo de sofrimento. Era uma energia saudável que eu usaria para me curar e para aprender a nunca mais desrespeitar minhas regras e nunca permitir que sentimentos e medo me dominassem.

Muitas vezes me encontrei no estágio obsessivo do sofrimento. Se eu não tivesse ido à montanha naquele dia, se eu parasse de esquiar às três horas, se eu tivesse feito exercícios de levantamento de pesos para fortalecer a parte superior de meu corpo, talvez não tivesse me machucado.

E quando a obsessão acabou em depressão, eu só tinha pensamentos de medo. Uma vez, algumas semanas depois do acidente, meu marido me encontrou em meu escritório à meia-noite, sentada no escuro, e me perguntou o que eu estava fazendo lá. Respondi que não conseguia dormir, mas que esse não era o maior problema. Eu achava que estava morrendo.

Bruce é um médico sensível, felizmente. Perguntou por que eu pensava assim, e expliquei que achava que estava com hemorragia interna e que os médicos não haviam percebido. Afinal, todo o lado esquerdo do meu corpo estava inchado e roxo devido ao sangramento dos músculos rompidos. Bruce me tranqüilizou, dizendo que, se houvesse hemorragia em órgãos internos, eu apresentaria alguns sintomas muito óbvios. Por exemplo, se fosse no abdome, eu teria dores fortes; se fosse nos pulmões, eu teria dificuldade para respirar. Senti-me mais calma, e ele me ajudou a voltar para a cama.

Algumas semanas mais tarde, apanhei um resfriado, e uma noite Bruce me encontrou de novo no escritório, sentindo-me totalmente infeliz. Tentando afastar o medo obsessivo, eu disse a ele que sabia que era uma pensamento absurdo, mas que achava que pegara aquele vírus que provoca resfriado e vai depressa para o coração da pessoa, matando-a.

Com bondade, ele observou que eu estava pensando na forma virulenta do estreptococo que causa parada cardíaca, mas que eu não o pegara, que aquilo era um simples resfriado, que logo eu ficaria boa.

Nenhum conhecimento supera a experiência. Muitos de meus pacientes que sofreram traumas físicos têm o mesmo tipo de medo obsessivo, que se torturam pensando em paralisia, amputação de membros ou morte. Observei minhas próprias reações de negação, raiva, obsessão e depressão, e isso me ajudará para sempre a ser melhor como psicoterapeuta e como professora. Também foi muito importante eu ter tido a percepção de que a minha cura estava em minhas próprias mãos. No mínimo, eu teria de ser parceira daqueles que me tratavam, trabalhando junto com eles. Sabia que minha mente, aliada à fé, tinha o poder de expulsar o medo e de curar meu corpo.

Acreditar que os nossos recursos íntimos podem nos curar talvez seja o primeiro passo para a solução da depressão que vem como reação ao sofrimento do trauma. Marvin, um veterano do Vietnã, procurou tratamento por hipnose quando o zumbido em seus ouvidos, que começara depois de uma explosão no tempo da guerra, piorou quando um avião supersônico passou sobre sua casa com um barulho ensurdecedor. Ele explicou que fazia anos que vinha tendo um problema atrás do outro, inclusive dor nos maxilares e outras partes do rosto. Queria ter algum controle sobre esse desconforto, e também sobre a irritação que normalmente sentia. Quando perguntei o que ele esperava obter naquela primeira sessão, ele respondeu que desejava ganhar um pouco de força. Durante a hipnose, pedi-lhe que procurasse dentro de si mesmo um símbolo de sua força interior. Marvin encontrou uma árvore da qual se esquecera, mas que fora seu refúgio na infância. Ele subia em sua árvore para sentir-se protegido, a salvo do padrasto que o maltratava.

Seria esse símbolo de conexão com a vida, do território sagrado do espírito, da força das árvores que suportam tempestades, que ajudaria Marvin a conhecer sua capacidade de lamentar o passado, deixá-lo ir e viver o presente. Ele teve de esforçar-se bastante para deixar para trás os assuntos não resolvidos de sua infância e as dolorosas experiências no Vietnã. À medida que lidava com o sofrimento, sua dor física ia diminuindo, e ele descobriu que, concentrando-se em algo agradável, podia controlar o zumbido nos ouvidos, das mesma forma que era capaz de baixar o volume da televisão, ou de diminuir a percepção dos ruídos à sua volta.

Marvin começou a meditar todos os dias, visualizando sua árvore. Durante vinte minutos ele se tornava aquela árvore, aprendendo a sentir-se profundamente conectado com a terra, forte o bastante para suportar o inverno gelado, amoroso o bastante para abrigar passarinhos em sua folhagem, alegre o bastante para oferecer a meninos e esquilos um espaço para brincadeiras, tranqüilo o bastante para perceber o sopro suave da brisa de verão.

Sugeri a Marvin que mantivesse um diário, no qual descreveria como estava se sentindo, o que estava pensando, e registraria lembranças da infância. Observei que ele tivera uma vida interessante e cheia de aventuras e que, mesmo que seu diário não se transformasse em um livro, seria uma comovente história para seus filhos e netos.

Precisamos nos orgulhar de ter sobrevivido a experiências difíceis, para que possamos liberar a tensão e o medo ligados a elas. Nossa criança interior talvez ainda esteja presa àqueles acontecimentos, acreditando que pode sofrer novamente os mesmos traumas, que tudo foi culpa sua, que perdoar a si mesma é impossível. Ouvir a voz dessa criança por meio da meditação, da auto-hipnose, da manutenção de um diário, ou de qualquer outro recurso terapêutico, permite-nos preparar o terreno para a tranqüilidade íntima e o senso de segurança necessários para que os sentimentos subam à superfície, sejam reconhecidos e respeitados.

Se sofremos traumas na infância, sobretudo se aqueles em quem confiávamos, de quem dependíamos, nos feriram, achamos impossível compreender sua traição. É preciso muito esforço para nos recusar a ficar presos aos aspectos ameaçadores da experiência, para diminuir a importância do comportamento ofensivo dos adultos, de modo que possamos continuar crescendo. Não conseguimos nos fortalecer porque a mente nos diz que, se aqueles responsáveis por nós nos trataram mal, foi porque merecemos.

Aprender a responsabilizar aqueles que nos feriram por seus atos permite-nos nos responsabilizar por nossa cura. Assumimos, então, a responsabilidade de aprender como reagir à dor e metabolizá-la. Os que sofreram abusos precisam descobrir a verdade: sua mente e corpo foram torturados, mas ninguém pôde destruir sua alma. Essa descoberta leva à cura.

Frida Kahlo

E você sabe que o amor é a única razão que temos para viver.

— Frida Kahlo

A vida de Frida Kahlo, a renomada pintora mexicana, esposa do famoso muralista Diego Rivera, é um verdadeiro monumento aos ciclos transformadores de crise e criatividade. O trabalho dela mostra como uma poderosa auto-expressão pode emergir de um trauma. Frida nasceu na Cidade do México, no verão de 1907, três anos antes da eclosão da revolução mexicana. Aos seis anos Frida contraiu poliomielite. A menina inteligente, travessa e expansiva teve de ficar isolada em seu quarto durante nove meses. Foi durante esse tempo que ela criou um amigo imaginário, um *alter ego* que continuou a brincar, dançar e rir. Foi essa outra pessoa que mais tarde permitiu a sobrevivência de Frida em um acidente de proporções monstruosas.

A energia vibrante de Frida tornou-a capaz de ajudá-la a suportar o fato de ter a perna direita deformada pela pólio, usando saias compridas, meias grossas, e xingando as crianças que zombavam dela.

Não foi tão fácil para ela lidar com o próximo trauma. Quando Frida estava com dezoito anos, um trem abalroou o ônibus de madeira no qual ela viajava. Embora estivesse entre os sobreviventes, ficou terrivelmente ferida, à beira da morte. Teve a clavícula e duas costelas quebradas, além de três fraturas na coluna vertebral, três nos quadris e onze na perna direita, cujo pé foi esmagado. O ombro esquerdo deslocou-se, um corrimão de aço perfurou seu corpo, atravessando-a do abdome até a vagina. "Perdi a virgindade", ela diria mais tarde.

Até a morte, à idade de 47 anos, Frida lutou para superar as constantes dores e a invalidez. Passou por mais de trinta cirurgias, uma delas para amputar a perna direita, que gangrenara. Durante a maior parte de sua vida, ficou presa à cama e dependeu de coletes especiais, que lhe permitiam levantar ou sentar. "A pintura fez parte da batalha de Frida pela vida", seu biógrafo escreveu. "Também fez parte de sua autocriação. A auto-apresentação teatral, tanto em sua arte como na vida, foi um meio que ela encontrou de controlar seu mundo. Enquanto se recuperava, recaía, tornava a recuperar-se, ela se reinventou. Criou uma pessoa que podia mover-se livremente e fazer travessuras usando a imaginação em vez de as pernas."

Note os termos "autocriação" e "se reinventou". Muitos de seus mais de duzentos quadros são auto-retratos, sendo que o primeiro ela pintou para o seu namorado, Alejandro, quando convalescia após o acidente. Depois de cada trauma, ela pintava um vívido retrato de si mesma, como para dizer: "Eu não morri, estou aqui, sou assim, e ninguém pode me impedir de me expressar".

A importância de colocarmos a depressão em termos de sofrimento nunca será bastante salientada. Ela nos oferece um ponto de partida para a compreensão de nossos sentimentos e ajuda-nos a concentrar nossa energia na cura.

Todos nós conhecemos a tristeza, todos nós tivemos desapontamentos, menores ou maiores. Frida, em sua experiência avassaladora, teve de lamentar não só a dor física e a invalidez como também sua incapacidade de ter filhos. Nunca pôde levar uma gravidez até o fim.

A depressão provoca a alteração de certas substâncias químicas do cérebro, mas não sabemos o que acontece primeiro, a alteração no nível de neurotransmissores ou a reação depressiva. Antidepressivos teriam ajudado Frida a suportar seu sofrimento? Nunca saberemos. O que sabemos é que ela se tornou dependente de álcool e de doses maciças de analgésicos. A lenta decadência de seu corpo, causada pela osteomielite e má circulação, pelas dores físicas e tormento emocional, culminou com sua morte no dia 13 de julho de 1954.

Embora o atestado de óbito declarasse que a morte fora causada por embolia pulmonar, as últimas palavras do diário de Frida sugerem um suicídio: "Espero que a saída seja alegre, e espero nunca mais voltar". Um de seus últimos comentários a um amigo deixa uma lembrança mais significativa e comovente da pessoa que ela foi: "E você sabe que o amor é a única razão que temos para viver". A doença tirara-lhe a energia, diminuíra tanto sua capacidade de dar e receber amor que ela não podia mais continuar vivendo na forma física.

Temos em Frida Kahlo um exemplo das profundas reações depressivas que podem ocorrer como parte do sofrimento por um trauma. Sua vida também nos ensina que a dor intensa pode alimentar a criatividade, e que a perda pode enfatizar a importância do amor. Devemos dedicar a nós mesmos a bondade e o respeito que dedicaríamos a Frida. Prestando atenção aos nossos sentimentos de tristeza, conectando-os a algum desapontamento ou trauma físico ou emocional, expressando-os de modo concreto e persistente, é que aprenderemos e descobriremos a nós mesmos.

Depressão e Vida Diária

A depressão é um grande problema de saúde que, de acordo com as estimativas, afeta mais de quarenta milhões de adultos nos Estados Unidos.

— The American Institute of Stress

Lágrimas sem motivo caem em meu coração triste.
O quê? Não houve traição? A dor não tem razão.
Isso é ainda mais triste, pois não sei por quê...

— Verlaine, *Romances sans Paroles (Romances sem Palavras)*

A vida é um mistério a ser vivido, não um problema a ser resolvido.

— W. B. Yeats

Faz mais de dois mil anos que a depressão, ou melancolia, foi reconhecida como grande fonte de sofrimento. Quatrocentos anos antes de Cristo, Hipócrates, o médico grego conhecido como Pai da Medicina, colocou a melancolia na lista das principais formas de doença mental. Robert Burton, um erudito padre inglês, publicou um livro em 1621, *The Anatomy of Melancholy* ("A Anatomia da Melancolia"), que permaneceu famoso durante centenas de anos por descrever a natureza de desordens depressivas. Por volta do século XIX, a depressão tornou-se uma grande preocupação da medicina e da psicologia ocidentais.

O que é esse distúrbio que chamamos de depressão? Seria o resultado do maneira pela qual nos adaptamos, ou deixamos de nos adaptar, física e emocionalmente às mudanças da vida? No manual de diagnósticos da Associação Americana de Psiquiatria há cinco categorias de condições depressivas: depressão profunda, distimia, distúrbio de ajuste com disposição depressiva, distúrbio de estresse pós-traumático e desolação por uma perda. A categoria da dor da perda apareceu na última edição do manual como "uma condição que pode requerer atenção clínica". Nas outras edições, era chamada de desolação simples, "uma condição não atribuída a distúrbio mental".

Há sintomas comuns a todas essas categorias, inclusive distúrbios do sono, baixo nível de energia, má concentração, perda da capacidade de divertir-se, excesso ou falta de alimentação, diminuição da capacidade de dar e receber amor. Quando examinamos cuidadosamente as manifestações de ansiedade no pânico ou as preocupações obsessivas/compulsivas, vemos superexcitação, em vez do retardamento nas reações do sistema nervoso que ocorre na depressão, mas com os mesmos resultados: incapacidade de dormir, trabalhar e amar bem. A pessoa sente que está faltando alguma coisa, que algo aconteceu, está prestes a acontecer ou acontecerá de novo e que ela não será capaz de suportar a mudança. A confiança enfraquece. A mente concentra-se mais no medo do que na alegria da vida.

Quando reconhece que a depressão é um sofrimento que precisa ser posto para fora, a pessoa invariavelmente diz: "Faz sentido, é maravilhoso saber que não estou enlouquecendo". Então pergunta-se o que deve fazer para dar vazão ao sofrimento. A resposta é manter constante percepção dessa descoberta e respeitar-se por estar sofrendo, entrando em um momento de transição. O passo seguinte é analisar toda a situação. Uma boa maneira de fazer isso é escrever uma clara descrição dos sonhos perdidos e profundos desapontamentos e refletir para descobrir o que é preciso acontecer para que a dor que isso causou seja processada.

Durante um mês, depois da morte de Jeff, minha filha reservou uma pequena mesa para expor fotografias dele, rodeadas de velas que ela deixava acesa 24 horas por dia. Fez um álbum, onde pôs fotos, poemas e cartas dos dois. Todas as manhãs escrevia os sonhos que tivera, notando que em alguns havia referências a Jeff, e em dois ele estava presente, demonstrando tristeza, mas também consolando-a.

Como vivemos em uma cultura que perdeu muito no que diz respeito a rituais e cerimônias para marcar nossa passagem para outra vida, devemos criar os nossos. Quando atravessamos uma crise emocional, precisamos estruturar nossa vida, criar um ambiente mais aconchegante para nos sentir seguros. Estabelecer rituais com horários fixados ajuda-nos a sentir que estamos no controle do tempo, num período em que precisamos nos sentir no controle de alguma coisa.

Vonda, uma mulher cujo marido morreu repentinamente, voltou a freqüentar as reuniões dos Alcoólicos Anônimos, não porque corria o risco de tornar a beber, mas porque precisava da estrutura e do apoio do grupo. Jack, um empresário atolado em processos judiciais, teve de entrar em uma academia de ginástica, não porque não estivesse em boa forma física, mas porque precisava daqueles momentos em que, levantando pesos ou fazendo os exercícios de aeróbica, concentrava-se totalmente em seus movimentos, sem pensar em mais nada. Lettie, uma adolescente cujo pai, divorciado da mãe, apenas fingia, e muito mal, importar-se com ela, precisou escrever um diário para expressar seus sentimentos e pensamentos a respeito daquele abandono, até que se sentiu preparada para conversar com ele e dizer-lhe o que seu comportamento lhe causava. Thomas, um homem idoso com câncer em fase terminal, teve de estabelecer encontros periódicos com um padre a fim de realizar o desejo que tivera a vida toda de manter discussões filosóficas sobre teologia. Os rituais que incluímos em nossa vida nos ajudam a processar a dor e representam nossa auto-expressão criativa em ação.

Depressão e Medicação

No meu entender, a psicoterapia continua a ser a única tecnologia útil no tratamento de depressão leve e ansiedade.

— Peter Kramer, médico

Não vemos o uso de medicamentos contra a depressão como algo criativo ou fortalecedor. Por causa da nossa cultura, que nos ensina a levantar do chão segurando-nos nos cadarços de nossos próprios sapatos, ainda parece falta de coragem colocar nossas emoções nas mãos de um médico. Quanto mais aflitos nos sentimos, porém, mais recursos devemos explorar, mais ajuda devemos pedir. Afinal, poucas pessoas se recusam a tomar antibióticos. Desde a descoberta da penicilina, da estreptomicina e de drogas similares, em meados da década de 1940, tornou-se rara a morte por tuberculose, pneumonia e outras doenças. Há medicamentos que podem ser igualmente eficazes no controle de certos distúrbios psicológicos.

A clorpromazina, introduzida em 1952, mudou completamente a natureza do tratamento mental por sua atividade sedativa e antialucinógena. No passado, pessoas psicóticas eram internadas permanentemente. Agora, com a manutenção do medicamento, essas pessoas podem viver em liberdade, com mais paz interior, capacidade de pensar racionalmente e de usar a psicoterapia convencional.

Na década de 1960, com a introdução da imipramina, apareceram eficientes medicamentos antidepressivos que melhoram notavelmente o ânimo, sem efeitos estimulantes. Pesquisas mostram que, em pacientes deprimidos, o medicamento agiu especificamente sobre a norepinefrina e a serotonina, substâncias químicas cerebrais relacionadas ao estado depressivo. Em pessoas não deprimidas, o medicamento não afetou o humor, só teve efeito sedativo.

Depois de trinta anos de pesquisas em busca de uma medicação que facilitasse o uso de serotonina pelo cérebro, foi descoberto o oxalato de fluoxetina (Prozac). De acordo com o psiquiatra Peter Kramer, "enquanto drogas como a imipramina são mais eficientes no tratamento da depressão grave, outras, como o Prozac, desempenham um papel especial no tratamento da depressão leve".

Minha conversa em busca de soluções, com clientes na fase depressiva do sofrimento, inclui a discussão de vários recursos e rituais criativos, assim como a possibilidade de tratamento antidepressivo. Cinco meses depois do início do uso do medicamento, às vezes mais tarde, pessoas que usam o medicamento saem da parte mais profunda do ciclo de sofrimento e sentem-se firmes para caminhar em direção à descoberta da força emocional, quando se sentirão, nas palavras de Kramer, "normais, inteiras e autênticas".

Há casos em que medicamentos contra a depressão e o distúrbio maníaco-depressivo salvam vidas. Elisabeth Kübler-Ross acredita que muitos suicídios poderiam ser evitados se houvesse um diagnóstico precoce de distúrbio maníaco-depressivo e os pacientes fossem tratados com lítio.

A dor é inerente a um ciclo de sofrimento e crescimento, sem colocar o corpo e o sistema imunológico em alto risco de colapso. Quando o neto de BJ morreu de Aids, ele ficou tão deprimido que não dormia, chorava muito e não tinha vontade de continuar vivendo. BJ me disse que a morte do neto fizera voltar toda a dor que ele sentira por ocasião da morte da esposa e da morte acidental de sua primeira filha, quarenta anos antes. Contou que a esposa lhe aparecera em sonho e dissera que estava preocupada com a sua saúde. No entanto ele se sentia incapaz de tomar qualquer decisão no que se referia à sua recuperação. Um medicamento antidepressivo o ajudou a dormir, e, mais descansado, ele pôde tolerar melhor seu sofrimento. Mais tarde BJ foi trabalhar como voluntário em uma clínica para aidéticos e começou a sentir que sua vida ainda tinha um propósito.

Foi um acidente na escola que levou a professora Lucy Madrid a cair em depressão, e ela achava que nunca mais sairia daquele estado. Uma pesada porta de metal prendera seu braço e esmagara-lhe os ossos. Depois de várias cirurgias, das quais voltava com pinos no braço, correndo o risco de nunca mais poder voltar a usá-lo com eficácia, ela se sentia completamente sem energia. O ressentimento, a raiva e por fim a depressão surgiram do fato de que a administração da escola punha obstáculos em seu caminho, em vez de facilitar seu retorno ao trabalho. Tomando medicamentos, recobrou a energia, venceu o medo e recuperou a confiança em si. A psicoterapia ajudou-a a descobrir uma importante metáfora relacionada ao acidente. Lucy achava que sua família quisera esmagar suas tentativas de abrir portas para o mundo e ir além dos limites da cultura hispânica. Era óbvio que chegara o momento de reconhecer sua capacidade de ser bem-sucedida em qualquer área que escolhesse, mesmo que seus sonhos estivessem fora da esfera de sua família.

O psiquiatra Peter Kramer sustenta que a psicoterapia é o método mais útil no tratamento de depressão leve e ansiedade. É importante salientar que uma pesquisa recente confirmou que a psicoterapia é tão eficiente quanto medicamentos no tratamento da depressão e que, mesmo quando são usados medicamentos, a psicoterapia deve ser empregada junto, para evitar uma porcentagem muito alta de recaídas: sessenta por cento, quando apenas medicamentos são utilizados.

Só a própria pessoa pode decidir quando a depressão deixa de ser leve para tornar-se uma aflição que a faz sentir-se perdida e sem energia para amar a si mesma ou aos outros. O primeiro recurso a considerar, então, é a psicoterapia. Depois, pode-se pensar em tentar um tratamento com medicamento antidepressivo ou um natural, com ervas. A erva-de-são-joão foi reconhecida como eficiente antidepressivo. Em um estudo com 3250 pacientes, oitenta por cento melhoraram ou deixaram de apresentar qualquer sintoma no prazo de um mês. A erva-de-são-joão continua a ser pesquisada.

Levando em conta a natureza complicada das interações medicamentosas, recomendo que você consulte um psiquiatra para a avaliação da droga psicotrópica adequada ao seu caso.

O cirurgião Bernie Siegel diz: "Se você perdeu a saúde, vá procurá-la". Procure redescobrir seu "eu", os sentimentos, atitudes e modos de se expressar que são únicos e formam seu jeito de ser e com o qual você se sente bem.

Depressão e Descoberta

A boneca Barbie, criada por Ruth Handler, ganhou 500 milhões de dólares para a empresa de sua criadora, a Mattel Inc., só nos oito primeiros anos no mercado. O sucesso financeiro veio por acaso, quando Ruth teve o desejo de fazer com que as meninas tivessem outros brinquedos, além de bonecas bebês. Ela e o marido, Elliot, trabalhavam juntos, criando móveis, depois começaram a fazer mobília para casas de bonecas, brinquedos e, por fim, a primeira boneca adolescente e seus acessórios. A boneca teve o nome da filha deles, Barbie, e o boneco, o nome do filho, Ken. A Barbie foi criada porque Ruth observou que as meninas gostavam de brincar encenando suas fantasias para o futuro, que envolviam mais do que a tarefa de cuidar de bebês. Naquele tempo, as únicas bonecas que representavam pessoas mais velhas eram as recortadas em papel. Mais tarde, outra observação de Ruth Handler resultou num acessório muito especial para mulheres portadoras de câncer.

Ruth Handler foi vice-presidente da Mattel de 1948 a 1967, e presidente de 1967 a 1973. Além de ter uma vida movimentada no mundo dos negócios, ela foi sócia-fundadora do Los Angeles Music Center, sócia do National Business Council for Consumer Affairs, diretora do Federal Reserve Bank de São Francisco, membro do Presidential Advisory Committee on the Economic Role of Women e professora-convidada da UCLA [*Universidade da Califórnia*] e da USC [*Universidade do Sul da Califórnia*].

No início da década de 1970, quando a Mattel passava por dificuldades financeiras, Ruth Handler enfrentou mais estresse ao descobrir que estava com câncer de mama. Após passar por mastectomia total do seio esquerdo, ela se sentia deprimida, desfigurada, achando que perdera a feminilidade. Ela, que revolucionara o mundo das bonecas, líder entre as mulheres executivas, estava sofrendo. O que a ajudou a emergir do ciclo de sofrimento foi a mesma intuição e sensibilidade que a haviam tornado vitoriosa na indústria de brinquedos, revelando seu propósito criativo.

Quando se recuperou da mastectomia, ela não conseguiu encontrar uma prótese de seio que fosse confortável e parecesse natural. Começou a trabalhar com um projetista de próteses e alguns técnicos aposentados da Matell e, por fim, ofereceu às sobreviventes de câncer de mama a linha Nearly Me, de seios substitutos e trajes de banho especiais. Da perda e da dor, Ruth Handler criou uma nova carreira, uma nova empresa, a Ruthton, Inc., uma contribuição que melhoraria a vida de muitas mulheres.

Depressão e Relacionamentos

Depressão e sofrimento tipicamente refletem algum aspecto de um relacionamento perdido ou que vai mal. Pode até ser o relacionamento com o nosso corpo, como em caso de doença, ou com a nossa auto-estima, quando nos vemos como fracassados. Em meus trinta anos de trabalho, nunca falei com uma pessoa que não visse um relacionamento, antigo ou atual, interno ou externo, como motivo de tristeza, raiva, desapontamento ou arrependimento. Com minha experiência, posso dizer que a razão mais comum pelo qual as pessoas consultam um psiquiatra é o infortúnio conjugal, o desafio do amor duradouro.

A ambivalência sobre a dependência de outras pessoas cria uma enorme variedade de comportamentos e emoções durante a nossa vida. Como é possível equilibrar nosso profundo desejo de amor e ligação com o nosso às vezes profundo medo da rejeição e do abandono? Como podemos buscar independência e poder pessoal e, ao mesmo tempo, investir nossa alma no amor pelos outros? Essas interligações complexas fazem parte do mistério que todos nós vivemos.

A fim de transformarmos a depressão em aceitação e paz interior, devemos sempre seguir a intuição e olhar mais profundamente para dentro de nós mesmos. Terri, de 39 anos, uma impetuosa advogada a caminho de uma carreira na política, jogou a pasta e o casaco no chão do meu consultório e suspirou pesadamente, largando-se no sofá. Anunciou, então, que tinha um problema e que eu precisava resolvê-lo, ou sua vida ficaria arruinada.

Ela fizera terapia comigo alguns anos antes, com o marido, John. Ambos trabalharam muito para corrigir padrões conjugais de comportamento prejudicial e descobriram que os haviam aprendido inconscientemente com os pais.

Terri avisou que não tinha tempo para dedicar à terapia tradicional, explicando que sentia uma atração intensa por um colega, e que achara que poderia controlar a situação, mas que não podia. Estava perdendo peso e sono. Reconhecia que estava caindo em depressão ansiosa e não queria afundar-se ainda mais. Contou que conhecia o homem havia muito tempo e que sempre sentira aquela atração, mas que tentara ignorá-la. Queria saber o que podia ser feito.

Primeiro, avaliamos o casamento dela, os filhos, o trabalho e relações sociais, procurando algo que oferecesse alguma ajuda na solução do problema. Não encontramos nada, então Terri quis usar regressão sob hipnose para ver se tivera alguma ligação com aquele homem em uma vida passada, o que explicaria a atração.

Ela voltou a uma vida anterior, na Idade Média, quando fora uma jovem extremamente pobre que vivia na região da Macedônia. Quando tinha oito anos, a mãe morrera, e ela não conhecera o pai, nem sabia onde ele poderia estar. O irmão mais velho cuidara dela o melhor que pudera, nos cinco anos seguintes. Ela o adorava, mas um dia ele fora para o mar e nunca mais retornara. Revivendo essa experiência sob hipnose, Terri torcia as mãos e chorava tanto que seus cabelos e o travesseiro ficaram molhados. Repetia sem cessar que o irmão não podia estar morto. Mas nunca mais o vira, e isso a fizera sofrer desesperadamente pelo resto de sua vida infeliz. O irmão, ela disse, era agora seu colega de profissão.

Se aquilo tudo acontecera ou não, não fazia diferença para Terri. O importante foi que a história projetou a intensidade de seu sofrimento de uma forma que ela reconhecia, deu uma explicação para a louca atração que sentia pelo colega. Ela queria apenas estar na companhia daquele homem, não necessariamente ter um caso com ele.

Perguntei-lhe se a informação fora útil, e ela respondeu que sim, que ficara extremamente aliviada.

— Como ele foi meu irmão, isso significa que agora posso amá-lo como irmão ou como amigo. Percebi que posso usar esse sentimento para melhorar a minha vida, não para arruiná-la — concluiu com um sorriso. — Acho que sou capaz de fazer disso.

E foi o que ela fez.

* * *

Atrações ilícitas são uma causa comum de depressão. A ambivalência a respeito da atração e o impulso sedutor de render-se a ela fazem com que a pessoa se volte para dentro de si mesma a fim de tentar compreender seus sentimentos. Sem essa reflexão íntima, Terri arriscaria a perder seu casamento, a família, a reputação, e ela intuitivamente sabia disso.

Anthony, um pesquisador internacionalmente conhecido, aproximou-se de mim em uma grande reunião de profissionais da saúde mental em São Francisco. Disse que me conhecera em um jantar, muitos anos antes, e fiquei surpresa por ele se lembrar de mim. Também me surpreendi com o fato de ele querer falar comigo em particular. Fomos para uma mesa de canto no restaurante do hotel e falamos sobre nossas famílias e nossos projetos literários. Então, houve alguns instantes de silêncio, enquanto Anthony parecia examinar com atenção os cantos de seu guardanapo. Por fim, ele ergueu os olhos e disse:

— Estou com um problema. Sinto uma poderosa atração por uma mulher, uma pesquisadora que trabalha em outra universidade. Não tenho intenção de deixar minha esposa, no entanto não consigo parar de pensar naquela outra mulher e de planejar maneiras de vê-la. Isso está me deixando deprimido e prejudicando a minha produtividade.

— Existem outros problemas sobre os quais você não me falou?

— Não há nada de errado na minha vida, nada que me leve a procurar um caso amoroso como distração. Na verdade, cheguei ao topo, na minha profissão. Posso continuar trabalhando por quanto tempo quiser, ou me aposentar, se preferir. Meu casamento é sólido, e existe companheirismo entre mim e minha mulher. — Anthony fez uma pausa, parecendo refletir. — Acho que me resta considerar a crise da meia-idade como causa do problema. Não posso dizer que a idéia de envelhecer me deixe satisfeito.

Olhei firmemente para ele.

— A qualquer pessoa com esse problema, eu recomendaria um bom psiquiatra ou psicólogo — disse. — É necessário, para todos nós, lamentar a perda da juventude.

Anthony fez uma careta, dando sinais de que não faria psicoterapia.

— Mas como é obvio que isso está fora de cogitação — continuei —, vou lhe dar uma idéia sobre a qual pensar. Toda vez que nos sentimos atraídos por alguém, como se uma força magnética estivesse nos puxando, acredito que precisamos examinar cuidadosamente as admiráveis qualidades que estamos projetando sobre aquela pessoa. Quando somos jovens, achamos que precisamos de um parceiro que tenha as qualidades que nos faltam, cuja inteligência, ou ousadia, nos ajude a fazer de nossa vida um sucesso, apesar de que tentar adquirir traços de personalidade por intermédio de outra pessoa leva ao desastre. Agora, na meia-idade, isso pode ser um sinal de que precisamos mudar algo a respeito de nós mesmos. O perigo é que normalmente comparamos essa nova pessoa com o nosso cônjuge e achamos que ao cônjuge faltam algumas qualidades. Na verdade, somos nós que não temos essas qualidades.

Anthony moveu a cabeça, concordando.

— Acho que eu sempre soube isso tudo.

— Faça-se algumas perguntas — sugeri. — Que qualidade essa mulher tem que você acha que falta em você? Ela é mais ousada, intelectual, instruída ou mais amorosa? Seja qual for a resposta que mexa com o seu coração, encontre uma maneira de desenvolver essa qualidade em si mesmo. Talvez esteja na hora de expandir um pouco sua vida.

— Eu sei o que é — Anthony declarou com um sorriso largo. — Ela adora atividades ao ar livre, e eu passo muito tempo fechado, trabalhando nas minhas pesquisas. Agora eu sei o que tenho de fazer.

Agradeceu-me com aquele seu jeito formal, plantando um beijo em minha mão, e saímos do restaurante.

Terri, da mesma forma que Anthony, beneficiou-se com a reflexão sobre as qualidades do colega que a atraía, mas não encontrou nada que não visse em si mesma. Para ela, foi a ligação com ele, em uma vida anterior, que solucionou o enigma. O desejo que sentia por ele era o desejo de amar uma alma afim. Ela confundira esse impulso com uma romântica atração física. Com isso esclarecido, ela não só pôde manter as pessoas amadas em sua vida como pôde passar-lhes mais alegria e energia. Anthony, por outro lado, precisou encontrar novos interesses e dar-se mais amor.

Para que possamos viver com mais amor, precisamos ter consciência da natureza sagrada de todos os relacionamentos e descobrir o verdadeiro motivo pelo qual travamos conhecimento com outro ser humano. Seja um amigo, seja o cônjuge, um filho, um parceiro romântico, podemos perguntar por que aquela pessoa participa de nossa vida.

Quando Gwen e eu nos conhecemos num curso noturno de espanhol, fomos imediatamente atraídas uma pela outra, e a razão ficou clara durante nossa primeira conversa depois da aula. Nós duas estávamos nos divorciando, depois de muitos anos de casamento. Nossos filhos estavam crescidos e nós duas precisávamos de apoio em nossa profunda dor, de companheirismo.

Essa a razão óbvia de termos nos conhecido. Faz vários anos que somos amigas, mas após alguns meses de amizade, eu já sabia que existia outra razão bastante significativa. Gwen foi criada em um orfanato na China, onde desenvolveu vários meios de esquecer a dor da perda, a rejeição e as privações por que passara.

Enquanto nós duas batalhávamos para criar uma nova identidade como mulheres sozinhas, Gwen tinha um sem-fim de idéias, sugerindo atividades e viagens que nos mantivessem animadas e contentes com a nossa independência. Seu sorriso largo fortalecia minha confiança no futuro. Sempre que eu dava uns mergulhos na depressão, a firmeza de Gwen me fazia reconhecer minha própria força interior.

Marilyn, uma colega minha que se casou recentemente, me contou algumas coisas que percebera na evolução de seu relacionamento. Sua história mostra como é importante que conservemos a percepção do poderoso crescimento a que o amor nos leva. A tentação de voltar às expectativas infantis a respeito de um parceiro é muito forte, quando estamos imersos na magia do começo do amor.

— Eu ficava arrasada quando Tom não fazia alguma coisa que eu queria, ou quando não telefonava com a freqüência que eu desejava — Marilyn me disse. — Sentia-me deprimida e achava que escolhera um homem que não gostava de intimidade.

— Isso mudou, pelo jeito — comentei. — O que teria acontecido?

— Comecei a lidar com isso em meditação. Orava, pedindo orientação para Tom, no modo de ele separar as coisas. Entregava-o a Deus, digamos assim. Depois, concentrava-me em mim mesma e analisava o medo que emergia toda vez que eu me aborrecia com Tom. Ficamos vulneráveis quando nos apaixonamos. Eu me sentia insegura se ficávamos separados por mais de alguns dias, da mesma maneira que me senti aos seis anos, na ocasião em que meu pai foi embora de casa. Ao perceber esse medo de abandono, do qual pensei que havia me livrado fazia muito tempo, fazendo terapia, consegui separar os fatos: aquilo aconteceu no passado, não está acontecendo agora. Tom não é meu pai. Consegui parar de projetar em Tom o receio de que ele fosse embora e compreendi que não podia esperar que ele cuidasse dos *meus* medos. Certa vez, em meditação, perguntei como deveria lidar com o meu relacionamento, e a resposta foi curta e simples: "Ame Tom, tenha fé nele e espere". Como a paciência nunca foi uma de minhas maiores virtudes, percebi a necessidade de ficar centrada no meu próprio coração, ancorada no meu amor.

— Quanto tempo levou? — indaguei. — Você compreendeu tudo isso em algumas sessões de meditação?

— Oh, não. Foram muitos meses. Acho que meditar é um trabalho contínuo de evolução. Eu andava para trás, sentia medo, me preocupava e esperava o pior. Nesses períodos, Tom captava meu medo e achava que simplesmente não conseguia me fazer feliz. Nós dois entramos num ciclo de insegurança e distanciamento um do outro. Eu me via nesse estado e, em meditação, lembrava-me da necessidade de permanecer centrada na minha força de adulta, não no medo da minha criança interior. Houve uma outra vez em que o Espírito me deu uma mensagem profunda. Foi durante um período em que eu estava nervosa, imaginando se Tom mudaria um determinado comportamento por mim. Não lembro o que era, mas sei que estava sendo julgadora e hipócrita. Então, apareceram estas palavras na minha mente: "Não adorarás falsos deuses". Compreendi que esperava que Tom acertasse as coisas para mim, que fosse Deus, portanto, perfeito. É claro que só a minha ligação com a verdadeira Fonte e com a minha própria essência pode me dar a capacidade de oferecer e receber amor. Só assim posso me sentir segura.

— E aquelas pessoas que não têm crenças espirituais e não praticam meditação? Como podem aprender a lidar com esses assuntos de relacionamentos? — indaguei.

— Os elementos mais importantes são motivação e intenção, que levam à reflexão sobre nós mesmos. Quando refletimos a respeito do nosso comportamento, vemos os padrões que causam a desconexão com a outra pessoa. Depois, devemos encontrar coragem e abrir o coração, falando desses padrões com a pessoa, e ouvir, realmente ouvir, quando ela disser o que sente a respeito. Acredito, como muita gente, que relacionamentos amorosos são a fronteira final. Todo mundo quer ter um, mas ninguém sabe de fato como fazê-lo funcionar. Estamos todos perdidos num deserto, procurando um guia. Há muitos livros que podem ser úteis, mas o verdadeiro guia é o Eu observador, o guia íntimo que nos ajuda a ter percepção de velhos padrões defensivos e lentamente eliminá-los. Acho que a nova psicologia relacional é importante porque reconhece a necessidade que todos temos de estar ligados a alguém. Enfatiza que a conexão com outras pessoas é essencial ao bem-estar psicológico.

— Concordo com você, Marilyn. Penso que a maioria das pessoas intuitivamente sabe que o que nos dá impulso e senso de valor são os laços de amor que criamos. Muitos acreditam que pessoas psicologicamente saudáveis se apaixonam e não encontram nenhum conflito, mas sabemos que não é bem assim. Acha que o modelo relacional prega que as desconexões são naturais?

— Acho. Como duas pessoas têm diferentes bagagens de experiência e percepção, um ciclo de desconexão, resolução de conflitos e, então nova conexão, é o meio que elas têm para se conhecer mais profundamente.

— Ufa, que alívio! — exclamei. — É muito confortador saber que cultivar um relacionamento é também cultivar nós mesmos, até sermos capazes de lidar com as nossas dúvidas, de remover as pedras do caminho e que nos impedem de nos expressar em um relacionamento. Compartilhar sentimentos com franqueza só pode reforçar o vínculo do amor. Talvez um relacionamento seja o campo mais propício para a descoberta da nossa criatividade em desenvolvimento.

Paul, inventor e engenheiro de computação, saiu de uma luta muito longa contra a depressão para a percepção de que precisava apreciar-se e amar-se mais. Ele me contou que fora a esposa que o encorajara a fazer regressão sob hipnose. Disse que nem se lembrava mais de quando começara a ficar deprimido, que fizera tratamento psicoterápico tradicional três vezes, em dois continentes. Medicação antidepressiva ajudara um pouco, mas ele não queria depender de remédios pelo resto da vida.

Ele crescera na África do Sul, em uma família de classe média. Filho único, era uma criança de inteligência brilhante. Embora não fossem ricos, o pai e o avô garantiram sua educação.

A história dele nada tinha de anormal. Paul nunca tivera problemas de saúde nem traumas físicos. Disseram-lhe que sua depressão era biológica, embora não houvesse nenhum caso de depressão ou doença mental em sua família. Quando criança, ele fora mais ligado à mãe, porque o pai, disciplinador, mantinha-se distante.

Com ele em transe hipnótico, pedi-lhe que procurasse em sua infância uma experiência significativa que pudesse lançar alguma luz sobre o problema da depressão, e ele se viu na cama, escondido sob as cobertas. Tinha nove anos. Tremia de medo e mal podia falar. Foi num murmúrio que disse que o pai logo chegaria a casa e que, se fingisse que estava dormindo, talvez ele não lhe batesse.

— E por que seu pai bateria em você? — perguntei.

— Desmontei o rádio dele e não tive tempo de montar de novo — Paul respondeu com voz de menino.

— Ele já bateu em você antes?

— Bateu, muitas vezes. Diz que sou irresponsável.

— Quando seu pai chegar, diga-me o que acontece.

Paul ficou em silêncio por alguns minutos, então disse baixinho:

— Ele entrou no meu quarto, pensou que eu estivesse dormindo e então saiu.

A respiração de Paul, antes agitada, começou a acalmar-se. Pedi-lhe que esquecesse aquelas imagens e relaxasse. Guiei-o mais para trás, sugerindo que ele escolhesse uma vida anterior que o ajudasse a compreender sua dificuldades na atual.

Ele voltou ao ano de 1600, aproximadamente, e encontrou-se em alto-mar, durante uma tempestade. Era um marinheiro norueguês; na verdade, o capitão do navio. Havia muito movimento a bordo, enquanto os homens tentavam garantir a segurança da embarcação. Na cena seguinte, Paul estava em terra, conversando com o líder da sua comunidade, um homem mais velho, de cabelos grisalhos, que era como um pai para ele. Todos acreditavam que Paul herdaria seu título. Embora o líder o estivesse elogiando por ter regressado com a carga e o navio intatos, Paul sentiu que o manto da liderança não iria ser colocado sobre seus ombros. Ficou profundamente confuso e triste.

— Não sentiu raiva? — perguntei.

— Não, só uma grande tristeza.

Voltando do transe, Paul esfregou os olhos, parecendo pensativo.

— Que experiência lhe pareceu mais real ou importante, a da vida passada ou a desta, quando você era menino? — perguntei.

— A do meu tempo de menino me impressionou muito. Eu não me lembrava de ter tanto medo de meu pai. Sabia que ele era severo, mas as surras... Eu não tinha percebido que as surras me afetaram tanto.

— O homem, o líder norueguês, poderia ser seu pai?

— Não sei. A experiência me pareceu real, senti que estava vivendo aquilo, mas posso ter criado uma história.

— É possível que você tenha usado essa história como usaria um sonho? — pressionei. — Como você a criou, o fato de ter escolhido uma história sobre um homem mais velho que o traiu pode significar que a sua mente inconsciente está tentando lhe mostrar que você tem um sofrimento não resolvido e que foi gerado pela aspereza e mágoa nos seus relacionamentos com figuras paternas.

Paul achou que desenterrara a razão de seus muitos anos de depressão. Esconder-se sob as cobertas, quando criança, era uma metáfora de seu padrão de esconder sentimentos e manter sua dor encoberta. Ele não tinha certeza se essa compreensão o ajudaria a mudar, mas sabia que lhe dera esperança.

Três dias depois a esposa de Paul me telefonou da casa deles, em outra cidade. Ela explicou que o marido viajava muito a negócios, de modo que ela não sabia quando ele fora ao meu consultório, mas que voltara de viagem uma noite e estava diferente, mais alegre e leve. A tensão que parecia pairar sobre Paul desaparecera. No dia seguinte ela perguntou-lhe o que acontecera, e ele falou da hipnose.

De acordo com a esposa, Paul estava a caminho de ser o homem que ela sempre soubera que de fato era, desde que se haviam apaixonado, muitos anos antes: tranqüilo, capaz de expressar-se e de ser ele mesmo.

Marlis, uma mulher com pouco mais de quarenta anos, é outro notável exemplo de alguém que usou a regressão sob hipnose para curar-se de uma depressão que a afligia havia muitos anos. Ela ficara tão seriamente deprimida que raramente saía de sua casa na zona rural. Seu médico prescrevera-lhe vários medicamentos antidepressivos, sem resultado, pois a depressão e o medo continuaram. Marlis também fizera psicoterapia quando morara perto de Denver e, embora houvesse aprendido bastante sobre a dinâmica de sua vida familiar na infância, agora o medo que a dominava transformara-se em prisão.

Fui ao encontro de Marlis na sala de espera e notei no mesmo instante que ela era reticente e tímida. Durante toda a primeira sessão, ela se balançou na cadeira, movimentou o pé direito e apertou as mãos, apalpando os dedos um por um. Eu não conseguia ver seus olhos.

Ela me contou que fora deprimida e ansiosa desde muito pequena e disse que esperava que uma regressão sob hipnose pudesse ajudá-la. Precisava viajar três horas de carro para chegar ao meu consultório, e o gasto era alto, mas afirmou que poderia vir a três ou quatro sessões.

Para a sessão de hipnose, Marlis levou um cobertor no qual pudesse se enrolar. Deitou-se no sofá, sempre mexendo-se nervosamente. Quando comecei a fazer a indução hipnótica, ela começou a chorar e disse que não podia fazer aquilo. Assegurei que podia e disse-lhe para não conter as lágrimas, se estivesse sentindo necessidade de chorar.

Ela chorou durante bastante tempo. Então, ainda soluçando, murmurou que podíamos tentar de novo.

Como parte da indução, sugeri que seguisse os sentimentos que a faziam chorar para ver aonde a levariam. Depois de alguns instantes ela se viu no corpo de uma menina de doze anos que morava em um asilo, no século XIX. Não foi capaz de se comunicar comigo, então pedi ao seu Eu Superior que me falasse a respeito dela. A menina nascera cegam, surda e muda e fora colocada em uma instituição pelos pais quando tinha cinco anos. Era arrastada, puxada, empurrada e maltratada de todas as formas. Morreu aos quinze anos de uma doença contagiosa. À medida que falava de sua horrível experiência, Marlis continuava a apalpar os dedos, obviamente querendo conhecer seu corpo e provar sua existência.

No fim da sessão, fiz-lhe algumas sugestões positivas. Aquela vida anterior fora um importante aprendizado, e tudo o que ela aprendera estava lá, em sua mente inconsciente. Acrescentei que era o momento de ela deixar para trás a tristeza, a depressão e qualquer sentimento de culpa que pudesse ter por causa da idéia falsa de que devia ter feito algo errado para sofrer daquela maneira. Marlis prometeu que ouviria a fita com a gravação da sessão, mas saiu do consultório com o mesmo jeito nervoso e tímido com que entrara.

Na semana seguinte, quando a cumprimentei, ela sorriu para mim. Olhou-me rapidamente várias vezes, parecendo estar tentando me fitar nos olhos. Eu disse que seus olhos azuis eram lindos, e o sorriso dela transformou-se em uma risadinha. Riu durante quase toda aquela sessão e nas outras também. Era como se houvesse se libertado de um feitiço. Ela concordou em que vivia como se ainda fosse aquela menina internada em uma instituição, sem saída e sem possibilidade de se expressar.

Assim que tomou consciência de que estivera vivendo desnecessariamente um trauma passado, Marlis acordou para a vida atual com grande energia. Começou a "atacar" o mato crescido à volta de sua casa, a aparar a grama, atualizou sua licença de massagista, uma profissão que aprendera mas que nunca exercera. Era fascinante, comentei, que ela agora pudesse usar as mãos para ajudar outras pessoas a se sentir bem.

No decorrer de uma das últimas sessões, Marlis perguntou timidamente, mas com um sorriso, se eu achava que um dia ela conseguiria fazer sexo e apreciá-lo. Notando seu receio, coloquei-a sob hipnose e induzi-a a gostar de seu corpo e a sentir-se contente com a idéia de que poderia escolher o lugar, o momento e com quem compartilhá-lo.

Tempos mais tarde, ela telefonou para dizer que tudo ia bem. Seus hábitos nervosos desapareceram, juntamente com a depressão, enquanto ela, livrando-se das mágoas do passado, passara a viver o presente com alegria.

As pessoas de quem falei deixaram a dor para trás e desenvolveram a autocompreensão, aprenderam a expressar-se, o que lhes permitiu levar uma vida criativa. Há outras que precisam andar na direção oposta, isto é, deixar uma vida criativa, na opinião dos outros, e passar para uma mais moderada, interativa ou comum.

Gabriela fora treinada para ser cantora lírica. Nunca questionara esse caminho, pois a mãe era professora de canto e reconhecera essa sua capacidade quando ela ainda era muito jovem. Na adolescência tivera aulas com um professor altamente respeitado. Mais tarde, assim como aceitara que a mãe escolhesse sua carreira, aceitou a proposta de casamento de um homem a quem admirava, um empresário bem-sucedido e que também gostava de cantar, embora só para se divertir. Com o passar dos anos, Gabriela foi ficando cansada da agenda sempre lotada de ensaios e concertos. Enquanto ela procurava uma maneira de escapar da vida artística, Baldwin, seu marido, ficava cada vez mais interessado em cantar e participar de musicais. O modo inconsciente que ela encontrou de chamar a atenção para o seu problema foi ter um caso amoroso.

Quando a notícia de que Gabriela tinha um amante espalhou-se rapidamente, ela se sentiu exposta e humilhada. No dia em que me procurou para fazer terapia, estava completamente deprimida. Achava que não poderia suportar a raiva de Baldwin ou a dedicação de seu amante.

No final de vários meses foi capaz de tomar algumas decisões. Optou por separar-se do marido, trabalhar meio período em um escritório e voltar para a escola. Decidiu que queria estudar psicologia. Quatro anos mais tarde ela terminou o curso de mestrado em psicologia e tinha um emprego que conseguiu em um hospital onde fizera estágio. Separara-se do amante e ficou totalmente surpresa ao descobrir que gostaria de viver com Baldwin de novo e que ele queria tê-la de volta.

Alguns anos depois Gabriela me disse que finalmente se sentia uma mulher verdadeiramente adulta. Era especialista no campo da violência doméstica e diretora de um abrigo para mulheres. Enquanto Baldwin continuava a cantar de vez em quando, ela expressava sua criatividade por meio do serviço social.

Ela comentou que, muito tempo antes, ouvira Joseph Campbell falar na televisão, aconselhando as pessoas a ir atrás de sua felicidade, e que na época pensara que era ir atrás de algo mágico e criativo, como cantar na ópera, mas que agora compreendia que significava simplesmente seguir o coração.

Muitas outras pessoas deixaram carreiras "criativas" por outras consideradas comuns. E foi a depressão, ou curto-circuito, como dizem algumas, que motivou essa mudança em sua vida.

Rosalie freqüentou academias de dança desde os nove anos. Na adolescência já dançava em companhias de Nova York durante a temporada de balé e ensaiava com outras companhias durante todo o verão. Aos vinte anos perdera toda sua energia, roubada por distúrbios alimentares e depressão. Seu interesse pela dança morrera. Ela matriculou-se na faculdade de sua cidade e formou-se professora do ensino fundamental, e essa decisão revitalizou sua vida.

Helen, uma escritora que trabalhava como editora, jornalista e instrutora de redação, trocou sua carreira por outra, escolhendo administração hospitalar. Foi aí, então, que descobriu que atingira o auge de sua criatividade.

Desde que vivamos bastante, e com saúde, podemos ter numerosas profissões, não apenas empregos, durante a vida. Mas existe apenas uma, a mais alta, que se aplica a todos os seres humanos, que é a de cultivar a auto-expressão para que ela seja a personificação de nossos valores.

Depressão e Divórcio

Sou uma prova viva de que não precisamos necessariamente percorrer os estágios de sofrimento na ordem em que são apresentados. Caí em depressão imediatamente, depois que meu marido e eu nos separamos e o processo de divórcio começou. Nossa filha mais velha acabara de se casar, e a mais nova trabalhava como jornalista na Guatemala. Nossa casa sempre fora o ponto de encontros de pessoas das duas gerações. Eram reuniões barulhentas, alegres, mas também cheias de discussões sérias e de formas descontraídas de autoexpressão. Agora a casa estava vazia e parecia refletir meu estado interior, um espaço cavernoso, onde eu não possuía nenhuma das conexões amorosas anteriores. Eu tinha a impressão de que a vida fora drenada de meu corpo, enquanto me movia pelo lugar, agora um mausoléu de lembranças.

Como meu tempo ao longo do dia era dedicado ao trabalho, eu podia me manter mentalmente centrada e funcionar razoavelmente bem. No entanto, quando o dia terminava, e eu pensava que precisava ir para casa, onde ficaria sozinha, sentia a ansiedade crescer no peito. Durante muitos meses, fiz planos de me encontrar com amigos após o trabalho, jantar com eles, ou participar de alguma atividade até que fosse bastante tarde para eu chegar a casa e ir direto para a cama. Comecei a fazer cursos noturnos de espanhol e dança. Participei de um grupo feminino de autoajuda, mas fui convidada a sair porque minha depressão era muito prejudicial para as outras mulheres. Achei tanta graça naquilo que até me animei um pouco, enquanto continuava a navegar pela escuridão de minhas emoções. Cursos de despertamento espiritual e autodomínio foram os que mais me ajudaram a processar minha dor e perceber que a coragem que eu tivera, promovendo aquela mudança em minha vida, resultaria em grande crescimento.

Fiz uma lista dos telefones de meus amigos e conhecidos, alguns dos quais eu não via fazia meses. Quando me desesperava, telefonava para todos da lista, até encontrar alguém que pudesse passar algum tempo comigo. Assim, comecei a ver que expandira e enriquecera a minha vida de várias maneiras. Duas de minhas maiores amigas surgiram desse período em que precisei abrir muitos caminhos na vida. Uma delas, Gwen, conheci em minha primeira aula de espanhol, e a outra, num curso de meditação.

A necessidade de estender as mãos e encontrar outras mãos e braços calorosos nasce dos muitos maus efeitos da depressão. Um dos sintomas mais danosos é a perda de auto-estima, que traz consigo sentimento de culpa e senso de desvalorização. Os outros sinais de depressão são perda de energia, fadiga, distúrbios do sono, aumento ou diminuição do apetite, incapacidade de concentração, falta de prazer na vida, agitação (depressão ansiosa) ou uma sensação de vagareza (retardamento psicomotor), além de pensamentos de morte ou suicídio.

Devido a isso tudo, é grande a tentação que a pessoa sente de isolar-se de familiares e amigos, pensando que seus sintomas a tornam indesejável, projetando sobre os outros as opiniões que tem de si mesma. Uma voz íntima lhe diz: "Ninguém quer você por perto, receiam ser arrastados para baixo". É a voz da depressão e do baixo senso de valor próprio. Os julgamentos mais duros invariavelmente são feitos pela pessoa que está sofrendo de depressão, não por seus amigos, colegas e familiares.

Um dia me peguei chorando como chorara quando era pequena, na época em que meus se divorciaram. Isso me surpreendeu, porque eu pensava que superara aquela perda muito tempo antes, depois de me submeter a psicanálise e muitos anos de psicoterapia. Percebi que todos os acontecimentos ruins, todas as crises, apresentam uma oportunidade de visitar os lados mais jovens da nossa personalidade a fim de ajudá-los a se fortalecer. Nossa tarefa é nos tornar ótimos pais para nós mesmos, reconhecendo que antigos traumas não são esquecidos e que um pouco de atenção é sempre útil, a mesma atenção que damos a um filho adulto que tenha sofrido um acidente: "A perna que você quebrou quando era adolescente sarou completamente, ou ainda incomoda quando você corre?".

Olhando para a minha pequena pessoa íntima, notei que ela estava com medo de que levaria muitos anos para sentir-se novamente salva e segura, para perder aquela sensação de estar isolada. Tranqüilizei-a, afirmando que eu agora estava crescida e muito mais forte, que ela não estava abandonada, que tinha a mim, e que, juntas, nos curaríamos e voltaríamos a ser felizes, dessa vez bem mais rapidamente.

No campo da psicologia, há uma nova área de estudo chamada teoria da ligação. Uma pesquisa baseada na observação das interações de bebês e crianças muito pequenas com a figura materna mostra que segurança e insegurança quanto aos cuidados básicos que recebem têm efeitos duradouros em termos de relacionamentos íntimos. Os bebês aparentemente possuem um radar emocional para adequar-se às necessidades da mãe, a fim de assegurar a sobrevivência. Sabem controlar a distância, aproximando-se ou afastando-se.

De acordo com esse estudo, aproximadamente sessenta por cento das pessoas têm a habilidade de manter uma ligação segura com outras, baseada nos cuidados que receberam de suas mães. Cerca de 25 por cento têm o que chamamos de padrão de ligação esquiva, pelo qual evitam contato com os outros, devido ao fato de terem tido mães frias ou negligentes, incapazes de compreender bebês que exigiam muita proximidade. Os restantes quinze por cento têm um padrão adquirido de ligação ambivalente/resistente, um estilo de relacionamento baseado no comportamento dos pais, que os rejeitaram ou maltrataram. Essas pessoas repetem o que aprenderam quando crianças, tornando-se altamente dramáticas em seus relacionamentos na vida adulta, tentando permanecer ligadas a outra pessoa por meio de constantes demonstrações de aflição.

Levando em consideração que o estudo do comportamento humano é imperfeito, a psicóloga Betsy C. Rubin, especialista em estilos de ligação, acredita que quase todos nós, mesmo aqueles na categoria dos seguros, temos o que ela chama de ligação frágil. É importante ter consciência disso em qualquer crise, mas sobretudo na perda de um cônjuge, porque é a explicação para o fato de sofrermos tanto e de cairmos em depressão, acreditando que nunca mais nos sentiremos seguros, que nunca mais outra pessoa irá nos querer e amar. À medida que nos recuperamos e ganhamos força, podemos começar a avaliar nossa contribuição à dissolução do casamento, com base em nossos problemas com apego e medo de intimidade.

Quero aqui dar especial atenção à depressão nos homens. Como as mulheres se tratam de depressão com uma freqüência duas vezes maior do que os homens, achamos que eles são poupados desse sofrimento. Na verdade, por causa da diferença na socialização, os homens aprendem a esconder sua depressão, até deles próprios, e expressá-la em comportamentos negativos, como explosões de raiva, alcoolismo, vício de jogo, controle sobre os outros, casos extraconjugais e trabalho exagerado. Para alguns, a representação anti-social de dor íntima resulta em prisão. Nos Estados Unidos, mais de noventa por cento dos presidiários são homens. Também sabemos que a incidência de suicídio entre homens é quatro vezes maior do que entre mulheres. Muitos homens aprenderam que a morte é preferível ao sentimento de fraqueza que vem com a depressão.

O psicólogo Terrence Real, em seu livro *I Don't Want to Talk About It: Overcoming the Secret Legacy of Male Depression* ("Não Quero Falar Sobre Isso: Vencendo o Legado Secreto da Depressão Masculina"), refere-se à depressão encoberta dos homens e ao modo como isso representa uma grande perda de conexão. Desde pequenos, os homens são ensinados a desligar-se de tudo o que for feminino, sobretudo de suas mães e de sentimentos perturbadores. A criação dada aos meninos é menos atenciosa e carinhosa do que aquela dada às meninas. "Estudos indicam que os pais falam menos com os meninos, desde o momento do nascimento, do que com as meninas, e são menos confortados e menos acarinhados." Os meninos aprendem que seu valor reside no desempenho, na competição, na realização, o que Real chama de estima baseada no desempenho.

Muitas vezes o divórcio descobre a depressão que o homem vinha escondendo. Ele não pode mais fingir que controla as reações da esposa a ele, que pode consertar o que vai mal no casamento, ou corrigir qualquer erro do passado. E se o homem foi criado por pais emocionalmente desequilibrados, devido a violência ou alcoolismo, seu passado torna-se um ataque poderoso ao seu mundo cuidadosamente construído.

Martin me confessou que tinha medo de tornar-se igual ao pai, embora não fosse alcoólatra como ele. Por isso, a idéia de divórcio fazia com que sentisse que estava abandonando os filhos, como seu pai fizera. Alto e bonito, bem-sucedido gerente em uma grande empresa, Martin mordia o lábio nervosamente e mantinha-se rígido na poltrona à minha frente. Contou-me que no dia anterior começara a chorar no escritório e tivera de ir embora porque não conseguia parar. Disse que nunca se sentira tão deprimido em toda sua vida.

Colocar a depressão no contexto de sofrimento ajudou-o a compreender e aceitar sua profunda tristeza como perfeitamente natural, assim como também a inevitabilidade de ter de lamentar e superar a perda do pai quando era menino.

Durante os meses de sua terapia, Martin concluiu que quando ele e June se casaram, haviam feito um pacto inconsciente de permanecer dentro de padrões que não permitiam mudanças e crescimento. Ela era dependente dele, tanto financeiramente como para tomar decisões, e ele confiava a ela a tarefa de cuidar da vida emocional da família. O acordo rompeu-se quando June desenvolveu uma doença crônica que provocava reações emocionais e exigia que certas decisões fossem tomadas em conjunto.

Martin precisou chegar à percepção de que sempre evitara seus sentimentos desagradáveis, reflexivamente, fazendo comentários irados ou condescendentes, em vez de permitir-se sentir a aguilhoada da rejeição, o medo primitivo do abandono e a dor da dissolução do amor. Ele precisou de coragem para confrontar-se com a maneira que aprendera de cobrir sua depressão: com farpas verbais e frieza.

Ao reconhecer seu sofrimento profundo, ele começou a ter mais empatia e compreensão, tanto por si mesmo como para June. Aprendeu a mergulhar em si próprio mediante a reflexão, algo que com o tempo o tornaria mais integrado, maduro e capaz de permitir-se sentir tristeza. Como Terrence Real colocou: "A depressão paralisa, mas a tristeza flui, e o sofrimento é a cura da depressão".

Acostume-se a ver a depressão como sofrimento não resolvido, um mecanismo de defesa que, se for tolerado por muito tempo, pode nos transformar em suas vítimas. Veja os sentimentos de depressão como sinais de que está na hora de deixar as mentiras limitadoras em seu devido lugar: no passado. Não escolha simplesmente sobreviver, mas também crescer.

Depressão e Estresse Pós-Traumático

Desde os trágicos acontecimentos de 11 de setembro de 2001, em Nova York e Washington D.C., o estresse pós-traumático, um distúrbio que afeta pessoas envolvidas em situações que puseram sua vida em risco ou sofreram perdas traumáticas, é largamente conhecido nos Estados Unidos.

No passado, só os especialistas em saúde mental compreendiam as sérias conseqüências para pessoas expostas a crises de proporções maiores do que a maioria delas. Mesmo pessoas saudáveis e equilibradas desenvolvem sintomas em reação a um trauma, comportamentos que as fazem se sentir deficientes. O *Village Voice*, um jornal de Nova York, tratou desse assunto em uma matéria intitulada *When Crazy Is Normal* ("Quando a Loucura É Normal"). Depois de sofrer um abalo, a pessoa parece ter de se esforçar muito para cuidar de afazeres comuns, do dia-a-dia.

A principal causa de estresse pós-traumático é a experiência de um acontecimento traumático que envolva medo intenso, desamparo ou horror. Os sintomas podem ocorrer em três diferentes áreas: física, cognitiva e emocional. A reação física inclui distúrbios do sono, fadiga, pesadelos, alteração do apetite, dores de cabeça, irritação intestinal, sustos em resposta ao barulho. As cognitivas podem ser: dificuldade de concentração, de raciocínio, desatenção e pensamentos negativos a respeito do futuro. Medo, desespero, choro, mudanças de humor, ansiedade e depressão são geralmente as reações emocionais.

Nem sempre aparecem todos esses sintomas, mas após uma experiência traumática, muitas pessoas apresentam alguns deles. Cerca de um mês depois da tragédia do World Trade Center, uma pesquisa mostrou que cerca de setenta por cento dos norte-americanos estavam tendo dificuldade para dormir. Houve também um aumento de ansiedade e depressão.

A depressão pós-traumática pode ser sutil, o que dificulta sua identificação, sobretudo se a pessoa não foi vítima de trauma físico nem perdeu um ente querido. O que opera aí é a culpa de sobrevivente, a reação natural quando alguém compara sua experiência com a de outras pessoas cujo sofrimento é muito maior, assim diminuindo a importância de suas reações pessoais. O fato, porém, é que todos os desastres despertam os medos mais primitivos. Somos assaltados pela percepção de nossa vulnerabilidade. Sabemos que a morte pode levar qualquer um de nós, a qualquer momento, e isso nos deixa atônitos. A reação imediata, de negação e incredulidade, pode rapidamente dar lugar ao desespero e aos referidos sintomas de estresse.

Minha jovem amiga Sarah Barlow estava dando uma aula em uma escola em Manhattan quando o World Trade Center foi atacado. Ela ficou, como tantas outras pessoas, olhando incrédula e chocada para o rombo em um dos edifícios e viu o segundo avião chocar-se contra o outro. Então, ao voltar para a sala de aula, tentou acalmar seus alunos de oitava série. Mais tarde tornou a sair e viu apenas um edifício em pé. Perguntou às pessoas em volta o que acontecera, pois não conseguia compreender como a torre pudera desaparecer. Foi só então que lhe ocorreu que havia gente naqueles prédios. Ela se dobrou para a frente como se houvesse levado um soco no estômago.

No fim daquele dia triste, Sarah encontrava-se no meio de milhares de pessoas exaustas que lotavam as ruas, tendo perdido a inocente convicção de que um dia viria após outro, sempre seguindo um padrão previsível. Sarah foi para casa a pé, no Brooklyn, levando uma criança cujos pais não podiam ir buscá-la na escola, e vários outros professores, todos sempre juntos, com medo de perder-se na multidão.

— Muitas pessoas choravam, mas eu estava entorpecida, totalmente arrasada — ela conta. — Vi mulheres descalças, pois haviam perdido os sapatos na pressa de sair dos prédios onde se encontravam, nas redondezas. Outras levavam os sapatos nas mãos, porque haviam andado tanto que estavam com bolhas nos pés. Ninguém tinha idéia do que poderia acontecer em seguida, se outros edifícios iriam ser atacados. A ponte Brooklyn, onde normalmente atravessávamos o rio East, tinha sido fechada, talvez porque, sendo tão antiga e famosa, poderia ser outro alvo, e todos nós concordamos em que não chegaríamos perto da ponte, mesmo que estivesse aberta. O tempo parecia suspenso, então não sei quantas horas levamos para chegar à ponte Manhattan, atravessá-la e ir para casa. Na ponte havia de cinqüenta a setenta ônibus cheios de pessoas das forças de resgate, e precisamos esperar que passassem. Não havia trânsito normal, só ambulâncias, carros do corpo de bombeiros e da polícia. E pedestres. Quando passamos pela ponte, parecia que havia dez mil pessoas conosco, e todo mundo andava em silêncio. Era um silêncio inquietante.

Quando Sarah me telefonou, na manhã seguinte à tragédia, estava em pânico. A cidade parara, e ela literalmente não sabia o que fazer consigo mesma. Não conseguia parar de chorar. Da janela da sala de seu apartamento podia ver os escombros do World Trade Center, no outro lado do rio, e ouvia as sirenes uivando sem cessar. Sarah censurava-se por estar tão abalada, quando não fora ferida nem perdera parentes ou amigos. Mas se sentia doente e disse que o cérebro não funcionava direito. Incentivei-a a chorar quanto fosse necessário para que desse vazão ao terror e à tristeza. Montamos um esquema para o dia, de acordo com o qual ela procuraria uma igreja e participasse de um dos muitos serviços religiosos que estavam sendo oficiados em intenção daqueles que continuavam desaparecidos. Instruí-a a não faltar à aula de ioga daquela tarde, que ela achava que não seria cancelada.

A culpa de sobrevivente de Sarah foi intensificada por "amigos" que criticaram aqueles que continuaram com sua rotina normal. Ela marcara hora em um salão de beleza para o fim daquela semana e perguntava-se se não seria muito egoísmo manter o compromisso. Uma de suas amigas em particular a criticaria se ela se preocupasse em pintar os cabelos, em vez de estar tentando aliviar o sofrimento de outras pessoas. Eu a aconselhei a ir ao salão e a cuidar-se da melhor maneira possível. Sua criança interior precisava de uma estrutura de apoio, de uma mensagem que garantisse que a vida estava continuando. Sarah, em todas as suas facetas, precisava sentir-se segura e amada.

Desastres provocados por humanos são os mais difíceis de aceitar. Por definição, não são naturais, e, assim, não só o mundo se torna inseguro como nossa confiança nos outros fica temporariamente abalada. Pessoas que se envolvem em acidentes provocados por elas mesmas sofrem menos e por tempo menor do que aquelas que são feridas pelas mãos de outras, cuja dor é agravada pela incredulidade e a injustiça da situação. Como alguém pode cometer tal ato? Como pode o ódio ser tão profundo? Como o mal pode estar em nosso meio? E como podemos lidar com essas perguntas e com o fato de não sabermos se um dia voltaremos a ser as pessoas que éramos?

Nunca voltaremos a ser os mesmos, claro. Estaremos mais fortes, pois nos unimos e nos amparamos mutuamente com amor e compreensão. Não estávamos preparados, porém, para o longo tempo que se passará até alcançarmos a cura e para o esforço que isso exigirá. Sarah disse que a sensação de que estava amortecida e a incapacidade de dormir e comer começaram a desaparecer depois que ela assistiu aos cultos de todas as religiões representadas na Brooklyn Promenade, cuja cerca de ferro as pessoas haviam decorado com flores e fotos de seus amados perdidos.

— Havia velas por todos os lados, e milhares de pessoas apertavam-se para ouvir os oficiantes dos cultos, porque o sistema de som não estava bom — ela descreveu. — Ouviam-se orações em várias línguas, os pregadores nos diziam que o espírito humano é maior do que qualquer tragédia e pediam tolerância, porque pessoas de pele mais escura estavam sendo atacadas por toda a cidade.

Na semana seguinte, Sarah colou, na parede do quartel de bombeiros perto de seu prédio, um cartaz com a frase: "Nós nunca esqueceremos vocês". Os alunos de sua escola venderam bolos e arrecadaram mil dólares, que doaram à unidade do corpo de bombeiros no outro lado da rua. Aquela unidade perdera quinze homens. Há muitos árabes no Brooklyn, e Sarah notou que as mulheres não saíam de casa e que as meninas não estavam indo à escola. Colou cartazes nas paredes das classes, proclamando: "Nós amamos nossos amigos árabe-americanos".

Vários meses após a tragédia, Sarah contou que os cartazes continuavam nas paredes, e que as pessoas admiravam aquela demonstração de amizade e preocupação. Comentou que todos haviam ficado mais sensíveis, que as pessoas abraçavam estranhos na rua, quando percebiam que estavam angustiados. Todo mundo estava entrando em contato com amigos e conhecidos que havia muitos anos não viam, para saber como estavam e restabelecer a conexão com eles.

— Reatei muitas amizades antigas — ela contou. — As pessoas estão se recuperando do choque por meio de uma inundação de amor.

Sarah foi apenas um espectadora do desastre, mas agora, meses depois, ainda sente seus efeitos. Ficou extremamente alerta ao som de sirenes, algo que sempre foi normal na cidade de Nova York. Uma noite o estrondo de um trovão arrancou-a da cama de um salto, e ela ficou parada, como pregada ao chão. Um dia, no metrô, parado em um túnel para uma rotineira investigação policial, ela imaginou horríveis possibilidades, Antraz? Uma bomba?

Sua memória a curto prazo foi afetada, ela se tornou desorganizada e está sempre perdendo coisas. Preocupa-se com os alunos que perderam seus lares e com uma colega que perdeu o marido. Sente-se culpada o tempo todo e considera suas tarefas inúteis e insignificantes, perguntando-se que direito tem de se preocupar com ninharias, quando vê nos jornais fotos de crianças segurando os capacetes de seus pais, bombeiros mortos.

Os efeitos do estresse pós-traumático são reconhecidos pela Associação Americana de Psiquiatria. Além das reações agudas, há também as crônicas e as retardadas. Nas crônicas, os sintomas perduram por mais de três meses. Nas retardadas, os efeitos podem começar a aparecer seis meses ou mais depois do acontecimento traumático. O fato é que o estresse pós-traumático (EPT) pode afetar uma pessoa durante anos. E também pode ser fatal.

Num treinamento da Cruz Vermelha para psicólogos que prestam serviço voluntário em áreas de desastre, fique sabendo que, anos após a explosão na cidade de Oklahoma, em 1995, o número de suicídios entre o pessoal de resgate era maior do que entre a população em geral. Bombeiros, policiais, paramédicos, pessoas que consideramos fortes o bastante para enfrentar qualquer crise, não foram capazes de suportar a terrível destruição.

"O mundo fica cinzento e continua assim", foi o que Harry Dieter me disse a respeito do que sentiu após sofrer um trauma sério. Expansivo e esportivo, esse homem de meia-idade foi baleado a caminho de casa, depois do trabalho, por um atirador desconhecido. As balas atravessaram a porta do carro, e uma delas agora está alojada permanentemente em seu joelho, causando danos neurológicos e dor constante.

David Chavez estava consertando um trator quando outro operário ligou o motor e um pistão arrancou os dedos médio e indicador de sua mão direita. David ainda pode trabalhar, mas nunca mais será capaz de tocar guitarra na banda que formou, e a música é sua verdadeira paixão. Isso lhe causa muito sofrimento.

Angela Dodd foi brutalmente estuprada e quase assassinada. Anos depois os sintomas de estresse pós-traumático a impediam de sair de casa à noite, de se sentar em qualquer platéia, porque um homem podia sentar-se atrás dela, de fazer compras sozinha e de fazer amizade com um estranho. As atividades familiares limitam-se quase exclusivamente à sua casa.

Em todos esses casos, o mundo fica cinzento porque ninguém parece compreender a dor emocional que obstrui a luz da alma, quando a vida é tão profundamente alterada. As pessoas acabam perdendo a paciência e dizem ao sofredor que ele precisa levar a vida em frente, que deve esquecer o que lhe aconteceu e dar graças a Deus por ainda estar vivo. Essas exortações parecem insensíveis a alguém que se sente transportado para outro planeta, sem nada que o oriente no lugar estranho. Além disso, muitas vezes as pessoas que mais deveriam tentar devolver o brilho aos olhos confusos e assustados daquele que sofre distanciam-se, como se choque e depressão fossem contagiosos. Esse distanciamento sempre acarreta mais trauma emocional. Oito meses depois de David perder os dedos, a esposa dele pediu o divórcio, alegando que estava cansada da sua depressão e furiosa por ele não ter aberto um processo para receber indenização pelo acidente.

Os que sofrem de EPT constantemente reclamam que ninguém os compreende. E o que eles mais precisam é de compreensão, de ser vistos como convalescentes de uma doença grave. Compreendê-los é como lançar-lhe uma bóia salva-vidas, é como dizer-lhes que sua inexplicável sentença de morte foi suspensa. Vejo a reação de alívio de meus pacientes que sofrem de EPT sempre que descrevo seus sintomas e digo que sua depressão é uma reação natural ao sofrimento.

Perguntam-me se de fato vão superar aquilo, visivelmente muito menos tensos. E, assim, com a força que vem da compreensão, eles entram em processo de cura e de auto-aceitação.

Devemos sempre ter em mente e lembrar aos outros que a depressão é conseqüência e/ou causa de um desequilíbrio nas substâncias químicas cerebrais que controlam o humor e a nossa capacidade de nos sentir bem. Aconselho os depressivos a dizer a amigos e familiares que a depressão é uma doença bioquímica e que, portanto, eles precisarão de tempo e de tratamento apropriado para compreender e aceitar a perda que a causou.

Assim como o paciente deve fazer todo o esforço para curar-se, recebendo cuidados médicos, psicológicos e espirituais, aqueles que o amam devem fazer todo o esforço para compreender as conseqüências de seu trauma. Precisam saber que as reações de estresse e de sofrimento são cavernas escuras, dentro das quais a pessoa começa a crescer e voltar à integridade. Devem deixar claro seu amor e manter a fé no fato de que todos os acontecimentos acabam trazendo renascimento, uma recriação do ser. E todos nós devemos ser gratos pelos muitos métodos terapêuticos agora disponíveis para a cura de pessoas cujas vidas foram temporariamente devastadas.

Durante uma meditação, experimentei mentalmente o terror das milhares de vítimas da destruição do World Trade Center, do ataque ao Pentágono e da queda do avião na Pensilvânia. Então, estava orando pelos mortos e suas famílias quando uma luz interior atravessou minha tristeza. A mensagem dizia que todas aquelas pessoas eram anjos que haviam se comprometido a sacrificar a vida atual a fim de reunir a comunidade mundial no trabalho de iluminar uma parte do mundo que está em trevas. Mandei minhas bênçãos a todos os envolvidos e, em troca, me senti abençoada.

> *É humano chorar a perda de entes amados, mas quando compreendemos verdadeiramente que a alma individual é imortal, que a vida continua, não há mais desespero em nossa dor.*
>
> — Ernest Holmes

Pense nas experiências passadas que lhe causaram depressão. Sinta a dor e deixe-a ir. Talvez você precise fazer isso muitas vezes, sofrendo, expressando a dor, então soltando-a, até desenvolver a percepção de metas e sonhos futuros que estão sendo incubados o tempo todo. Está na hora de descobrir algo novo em sua vida, de aceitar o presente e as mudanças, de desligar sua energia ligada ao passado e se transformar. Oliver Wendell Holmes uma vez disse: "O que existe atrás de nós e o que existe à nossa frente são ninharias perto do que existe dentro de nós". E Joan Anglund lembra-nos que "todo o poder reside em nossa escolha, porque a idéia a que nos apegamos torna-se nosso centro e cria um novo mundo à nossa volta".

Escolha a vida.

Disciplina Criativa Diária

(Depressão: a Estrada Escura para a Descoberta)

1. Coloque o conceito de depressão em um lindo quadro de moldura dourada, juntamente com as palavras "Sofrimento, Crescimento e **Capacidade de Amar**". Veja-se nesse quadro em companhia de alguém a quem você ama.

2. Assimile a definição de depressão como "a maneira pela qual nos adaptamos física e emocionalmente quando nos adaptamos a uma mudança de vida". Decida-se a ver que está chegando o momento em que você se sentirá **preparado para aceitar uma nova realidade**, o que lhe dará a paz.

3. **Assuma o comando de sua vida**, programando cada hora de seu dia. Se está gravemente deprimido, programe cada minuto. Comece dando especial atenção à parte da manhã e à da noite, pois esses são os momentos de transição entre a escuridão e a luz. Organize cuidadosamente esses momentos, por escrito, começando pela hora em que você acorda. Não deixe de incluir alguma forma de **exercício** físico, mesmo que esteja preso ao leito.

4. Como a fase de depressão no ciclo de sofrimento nos prende em nosso porão emocional, procure força nos aspectos mentais e espirituais de sua personalidade. **Assuma o comando de sua mente**, captando cada pensamento negativo e transformando-o na mensagem positiva de que você está seguro. O que pensamos afeta nossas emoções, então **fortaleça-se com abundantes pensamentos animadores.** Pensamentos positivos o ajudarão a **descobrir seu Eu Transcendente.** Medite e ore todos os dias.

5. **Peça ajuda.** Não espere livrar-se da depressão sozinho. O isolamento agravará sua sensação de estar doente, a idéia de que não é amado. Use esse tempo para **fortale-**

cer as pontes que o ligam aos outros. Sua confiança aumentará quando você descobrir que **os outros querem ajudar.** Sua auto-estima crescerá quando você perder o medo de abrir-se e expressar-se. **E, aos poucos, você descobrirá sua própria criatividade.**

6. Faça como Frida Kahlo e desenhe seu auto-retrato, uma audaciosa representação de seu rosto. Usando lápis de cor e papel branco, faça um desenho abstrato ou surrealista; se quiser, pondo nele qualquer cor, imagem ou símbolo que lhe ocorrer. Você ficará **surpreso** com o significado expresso em sua obra. Escreva a data e guarde o desenho em sua pasta.

7. Imagine que sua casa se incendiou. Durante pelo menos vinte minutos por dia, entregue-se à tarefa de projetar uma nova estrutura para a sua vida. Em que tipo de lugar deseja morar? No campo, na cidade, nas montanhas, no deserto, perto do mar? Preste atenção no tamanho e na finalidade de cada cômodo. Que tipo de arquitetura mais o atrai? O que fará para que seu espaço seja um refúgio? Haverá uma área para um trabalho mediante o qual você possa expressar-se? Crie um lar que reflita todos os desejos de seu coração.

7

Aceitação: Abraçando o Sucesso

Existem apenas o amor e a compreensão da aceitação instantânea...

— John Steinbeck

A maior criação é a criação de si mesmo no mundo.

— Brian Grodner

Aceitação é o ponto que alcançamos quando finalmente vencemos o medo e transformamos a dor em percepção e auto-expressão. Aceitar e vencer o medo das mudanças da vida requerem confiança, o tipo de confiança que recuperávamos rapidamente quando éramos crianças. Kelly, uma garotinha de cinco anos, foi levada para falar comigo logo depois que sua família anunciara que se mudariam de novo. Ela afundou-se no sofá, com os braços cruzados e os lábios formando um biquinho de amuo. Incentivei-a a pôr os sentimentos em palavras, e ela começou a falar de sua raiva e desapontamento. Sugeri, então, que chorasse e gritasse, se tivesse vontade, e o foi o que ela fez. Seus gritos ecoavam nas paredes do consultório, e as lágrimas lavaram-lhe o rostinho. Por fim, acalmou-se. Então, levantou-se da poltrona e abriu um enorme sorriso. Disse que se sentia bem por dentro, que seu coração estava sorrindo. Admitiu que talvez gostasse de morar em Montana, porque o pai dissera que lá eles poderiam ter cavalos.

Após expressar seu medo e dor, Kelly conseguiu posicionar-se novamente no mundo, com um sorriso no coração e confiança no futuro. Colocou-se do lado do amor, pensando com alegria nas possibilidades da vida, em vez de viver com o medo da perda. "Poder ter cavalos" pode servir como metáfora para nos lembrarmos de ver as mudanças da vida como oportunidades de alegria, bem-sucedida adaptação e amor à vida.

O estágio da aceitação representa a celebração da vida no final de uma exaustiva prova íntima de resistência. Emergimos da escuridão, em paz e renovados. Abraçamos o presente. Talvez, ao mesmo tempo, abracemos o presente, perdoemos o passado e confiemos no futuro. É o sucesso, porque conseguimos voltar a amar a vida, amar a nós mesmos, os outros e até circunstâncias desafiadoras. Paz interior é o prêmio por termos chegado ao último estágio do sofrimento por meio da aceitação de uma nova realidade. Nossas preces são atendidas, e nossos sonhos mais queridos realizam-se.

Paz interior é a prova de que ganhamos a energia do amor, que crescemos por intermédio do sofrimento. Esse sofrimento pode ter sido gerado por uma grave perda, uma moderada mudança de vida ou comportamentos defensivos que nos mantiveram paralisados e presos a mentiras limitadoras. Com a aceitação vem a manifestação dos sonhos, a sensação de que fomos levamos para um mundo mais bondoso, no qual respiramos mais facilmente e nos movemos com menos esforço.

Aceitar os ciclos de crescimento como sendo tão inevitáveis quanto a mudança de estações permite-nos estar onde precisamos estar e sentir o que precisamos sentir, por quanto tempo for necessário, para que possamos dar o próximo passo no caminho da auto-expressão.

A artista Constance DeJong reconhece a influência dos ciclos de crescimento nas expressões do eu interior. Ela chama a arte de "prova tangível de uma vida interior". Depois de passar por longos períodos de estagnação, durante os quais não produziu nada, e de falta de interesse, ela agora aceita esse processo e usa a mente meditativa para observar o lugar onde se encontra, no caminho do crescimento. Diz que passou por coisas suficientes para saber que está constantemente incubando uma nova obra e que sempre será guiada para lidar com o que vier a seguir. "Tudo o que preciso fazer é ficar quieta e deixar que a direção me seja indicada."

Existe um paradoxo aqui. Aceitação da realidade não quer dizer passividade. É uma atitude e uma prática mental que permitem a observação tranqüila dos altos e baixos da vida. É essa capacidade de observar sem medo que dá à mente um campo neutro onde tomar decisões eficientes. "Ficar quietos e deixar que a direção nos seja indicada" é um método que nos ajuda a flutuar ao longo dos ciclos de sofrimento e crescimento e a *aceitar* o processo. E quando essa direção nos é mostrada, nossa energia vital nos leva ao sucesso.

"Para uma boa saúde física e mental, a reação de lutar ou fugir deve ser psicologicamente *equilibrada* pelo relaxamento, por um tempo que se toma para abrandar o ritmo do coração, da respiração, e para eliminar os hormônios de estresse", afirma o médico Herbert Benson, que vem pesquisando a reação do relaxamento há trinta anos, ensinando uma verdade muito simples. "Quando damos esse equilíbrio à nossa vida, estamos dando ao corpo e à mente o profundo repouso de que eles precisam para renovar-se e expressar-se melhor."

O que acontece, às vezes, quando estamos sendo criativos e nos expressamos de maneira tão natural e soberba que até ficamos surpresos com os resultados? Acontecem cinco fenômenos.

1. Estamos em estado de relaxamento ou de relaxamento alerta. Quando o corpo relaxa profundamente, a mente se concentra. Estamos, ao mesmo tempo, relaxados e intensamente concentrados, como durante o sono e o sonho. Alguns artistas referem-se a isso com o termo "empolgação".

2. O tempo desaparece. A distorção do tempo acontece quando estamos profundamente concentrados em captar ou organizar uma idéia criativa. A concentração focalizada, inclusive o devaneio, funciona como o sono. Quando "acordamos", nos surpreendemos com o fato de ter passado tão pouco tempo ou tanto tempo. Quando as pessoas voltam do transe hipnótico, invariavelmente assustam-se ao descobrir quanto tempo passou. Duas horas parecem dez minutos para alguém totalmente concentrado em explorar seu mundo interior.

3. A imaginação se acentua quando estamos relaxados e fora do tempo. Até cientistas e engenheiros que não se consideram criativos visualizam respostas, fazem descobertas ou desenvolvem projetos mentalmente.

4. A seguir vem a suspensão do pensamento crítico. Quando estamos relaxados e podemos ser, pensar e sentir o que quisermos, abrimo-nos para a espontaneidade. Podemos até nos tornar ousados, excêntricos. Nossa mente está livre para ir aonde quiser, explorar o espaço e comparar relacionamentos. Podemos chamar de brincadeira cerebral o que acontece quando temporariamente deixamos de nos julgar e soltamos todos os nossos pensamentos e emoções.

5. Agora acontece o fluxo associativo, e recebemos nossos pensamentos, seja qual for o modo com que eles aparecem, Pensamentos e imagens fluem porque não há resistência física, pressão do tempo ou crítica íntima. Esse é o nosso estado criativo.

Quando conseguimos passar suavemente pelos reveses da vida, somos capazes de nos manter concentrados nas possibilidades que ela apresenta. "Podemos ter cavalos" porque aceitamos a realidade, superamos nossos medos e conhecemos os cinco aspectos da criatividade. Encontramos paz, propósito e amor.

Adultos Flexíveis

A alegria não vem de fora, porque tudo o que nos acontece está dentro de nós. A luz não vem de fora. A luz está em nós, mesmo que não tenhamos olhos.

— Jacques Lusseyran

Jacques Lusseyran (1924-1971) não via o mundo exterior, pois ficara completamente cego à idade de sete anos. No entanto sempre viu luz, cores, objetos, a natureza, movimentos e pessoas. Atribuía sua flexibilidade aos pais amorosos e ao seu relacionamento com a luz. Desde pequeno, sempre tivera paixão por luz e cores. Até no escuro distinguia diferenças de luminosidade e via cores distintamente, de modo que, mesmo depois de perder a visão, insistia em dizer que nada entrava em sua mente sem estar banhado em uma certa quantidade de luz. "Em poucos meses meu mundo se transformara em um ateliê de pintor."

Também era notável sua habilidade de mover-se evitando obstáculos. Ele dizia que a única coisa que o deixara cego fora o medo, e isso acontecera quando havia sido interrogado pela Gestapo[1]. Por um breve instante, ficou totalmente cego. Outro de seus misteriosos poderes era a respeito de sons. "Parecia que eu ouvia as pessoas falando, antes de elas

1 Uma das duas seções da polícia de segurança do *Reich* nazista. (N. do E.)

começarem a falar. Os sons, para mim, tinham a mesma individualidade da luz. Em meu íntimo, cada som, cada cheiro, cada forma estava sempre se transformando em luz, e a luz, mudando de cor para fazer de minha cegueira um caleidoscópio."

Lusseyran descobriu que sua capacidade de aprender e memorizar era ilimitada. Ele visualizava uma tela em sua mente na qual registrava a história de muitos países, línguas estrangeiras e milhares de nomes, endereços e números de telefone.

Também via a verdade. Quero dizer com isso que ele era claro a respeito dos preeminentes valores da paz, do propósito e do amor. De fato, devotou sua vida à luta pela defesa desses valores.

Como pode um cego lutar? Lusseyran tinha quinze anos quando os nazistas ocuparam a França. Em sua casa, em Paris, um caso de sarampo "acarretou uma carga de medos e desejos, intenções e irritações". Depois de livrar-se desses venenos, ele foi invadido por uma "torrente de energia" que chamou de resolução. A partir daí, organizou um movimento de resistência contra os nazistas. Quando fez a convocação para a primeira reunião, esperava que dez rapazes aparecessem, no máximo. No entanto 52 moços amontoaramse em sua sala. Ele era um líder nato, admirado por todos. Dentro de um ano o grupo Voluntários da Liberdade contava com mais de seiscentos jovens que trabalhavam arduamente, imprimindo notícias da guerra para distribuir entre os cidadãos franceses, porque os nazistas haviam interditado todas as fontes de informação, e o moral dos franceses estava em jogo.

Lusseyran foi incentivado a liderar o grupo, não apenas por sua coragem e inteligência mas também por causa de sua habilidade na escolha dos homens certos. Ele percebia intuitivamente se uma pessoa tinha caráter e era confiável ou não. Podia "ler" um homem pelo tom de sua voz.

Dois anos mais tarde, em 1943, os Voluntários da Liberdade juntaram-se com outro grupo de resistência, o Defesa da França, que imprimia e distribuía dez mil exemplares de seu jornal por mês. Esses jornais davam notícias da guerra e esperança de libertação, um meio de difundir a idéia da resistência passiva e divulgar as atrocidades que estavam sendo cometidas nos campos de extermínio. Em dois meses o número de pessoas encarregadas da circulação do jornal aumentou para cinco mil. Antes de Lusseyran ser preso pela Gestapo, 250 mil exemplares haviam sido impressos. Mas "um país em desastre fervilha de traidores". Depois de passar seis semanas em uma prisão em Paris, onde às vezes era interrogado por doze horas seguidas, ele foi mandado para Buchenwald.

Dos dois mil homens enviados para lá, apenas trinta, inclusive Jacques Lusseyran, sobreviveram. Como um jovem cego conseguiu sobreviver a tanto horror? Ele afirmava que seu amor pela vida o salvara. De fato, sua definição de Deus era "vida". "Tenho mantido esse amor pela vida em todas as situações", dizia.

A atitude de Lusseyran é um exemplo do poder da aceitação. Aceitando uma realidade, em vez de negá-la e continuar sofrendo, ganhamos coragem suficiente para participar da história e ser atuantes em nossa comunidade. O amor de Lusseyran por seus compatriotas deu-lhe a aguda percepção do que estava acontecendo na Europa, mesmo antes da ocupação alemã. Sua Voz Interior ou Eu Superior ou Transcendente disse-lhe para preparar-se e aprender alemão porque estava destinado a fazer grandes coisas. Foi natural para ele aceitar uma realidade cruel, pois acreditava na unidade do mundo. A respeito dessa realidade, ele disse: "Não tenha medo de perder sua alma, pois Deus está nela".

Lusseyran quase morreu no campo de extermínio. Teve febre e disenteria e foi transportado para o "hospital", onde os prisioneiros eram abandonados para morrer. Ele se observou durante a doença toda, até se recuperar. "A Vida invadiu minha gaiola, veio para mim como uma onda cintilante, uma carícia de luz. Eu a via atrás dos olhos, da testa e acima da cabeça. Ela me tocou e me encheu até eu transbordar. Deixei-me flutuar, pois não iria deixar aquele rio celestial, a Vida que sustentou a vida em mim."

Jacques Lusseyran transformou sua cegueira em uma bênção. Não só a aceitou mas a abraçou como se abraçasse outro mundo, um mundo mais próximo dele. Sua personalidade exibe as características de flexibilidade listadas pelo psiquiatra Frederic Flach:

1. *auto-estima* forte
2. *independência* de pensamento e ação
3. grande círculo de *amigos*
4. *disciplina* e *responsabilidade*
5. capacidade de reconhecer e *desenvolver dons e talentos*
6. *mente aberta*
7. disposição para *sonhar*
8. amplo leque de *interesses*
9. aguçado *senso de humor*
10. *percepção* dos *sentimentos* seus e dos outros e *capacidade de expressá-los*
11. alta *tolerância à angústia*
12. concentração e *compromisso com a vida*, além de uma filosofia de *ver sentido* e *ter esperança* mesmo nas piores circunstâncias.

Por meio de seu trabalho, o dr. Flach descobriu que pessoas flexíveis adaptam-se bem aos desafios das mudanças. Ele vê criatividade no modo como as pessoas se adaptam a situações estressantes. A criatividade é parte essencial da flexibilidade.

A flexibilidade física, mental, emocional e espiritual de Jacques Lusseyran foi facilitada pelos pais amorosos, mas muitos dos adultos e crianças estudados por sua flexibilidade foram traídos por aqueles que deveriam cuidar deles. Anos atrás, nós nos referíamos às crianças que superavam negligência e maus-tratos como "invulneráveis". Estudos mostraram que de seis a doze por cento delas tornaram-se adultos notáveis em termos de confiança, capacidade de lidar com situações difíceis e criatividade. De acordo com minha experiência, os sobreviventes de vários tipos de abuso aceitam o passado como um fato da vida, aceitam o presente como uma dádiva que lhes permite crescer, e vêem o futuro como transbordante de possibilidades.

A psicóloga Gina O'Connell Higgins estudou quarenta adultos gravemente traumatizados na infância, mas que se haviam tornado indivíduos bem-sucedidos em termos de trabalho e de capacidade de amar. Identificou importantes características que esses *sobreviventes flexíveis* compartilham. Eles acreditam que podem *escolher* seu próprio caminho, escolher como *ver as coisas*, como *ser* e como *não ser*. Sobreviventes flexíveis acreditam na importância dos relacionamentos humanos, esse vínculo que dá esperança para o futuro no que se refere a traumas e crises da vida. Têm fé em sua capacidade de superar problemas por meio de uma visão transcendente. Sua fé permite que eles extraiam sentido do sofrimento e vejam padrão, ordem e significado no todo da vida. Sobreviventes bem-sucedidos sentem a responsabilidade moral de ajudar os outros.

Escolha, vínculos fortes, fé e um claro senso de responsabilidade estão todos incluídos nas características descritas pelo dr. Flach e pela dra. Higgins. Se você parar para pensar, é bem possível que descubra que alguém que você admira como modelo de pessoa bem-sucedida apresenta essas características.

Nunca deixo de ficar impressionada com sobreviventes que *escolhem* ser bem-sucedidos. Anya, uma das pessoas estudadas pela dra. Higgins, me faz pensar em Bárbara, a mulher que inspirou meu livro *Lessons in Evil, Lessons from the Light*. Ambas foram criadas por famílias que praticavam abusos satânicos/sádicos. Ambas tinham fortes valores que as sustentaram em sua determinação de superar a crueldade. Escolheram ser diferentes de seus familiares. Estabeleceram um vínculo com alguém que lhes deu *esperança*. No caso de Anya, esse alguém foi um gentil pedófilo que fazia parte da seita. Foi a única pessoa que a tratou com bondade na infância. Por causa de suas tentativas de ajudá-la, em vez de abusar dela, aquele homem foi assassinado.

O vínculo de Bárbara, como o de Jacques Lusseyran, foi com a luz. Bárbara lembra-se de quando era bebê, e uma luz a rodeava, consolando-a na doença e nos momentos de solidão, banhando-a com seu conforto, quando ela estava sendo fisicamente molestada ou atacada. Às vezes ela achava que a luz era Jesus, e outras chamava-a de Mãe Espiritual. A luz lhe dava a esperança de um dia se afastar da seita. Ela me disse que a luz nunca a abandonou, que foi sua força e sua orientadora.

Outro vínculo que Bárbara descobriu durante a terapia foi aquele que tinha com sua própria alma. Talvez a luz representasse isso, sua ligação com a própria alma.

O ponto culminante na terapia de Bárbara foi uma regressão sob hipnose, durante a qual era explorou uma vida anterior e viu-se no momento da morte. Ficou surpresa ao descobrir que sua alma deixou o corpo ao ser chamada pela Mãe Espiritual, que a convidava a partir daquela vida. Ela acreditara que o clã se apossara de sua alma e a matara, mas descobrira que a alma é imortal. "Agora sei que nunca estive sozinha, que minha alma está ligada a todas as outras."

Acredito que quanto maior é o nosso sofrimento, maior a possibilidade de haver uma intervenção espiritual para nos impedir de voltar as costas para a vida e desistir da esperança.

Confúcio

Faça aos outros o que seu coração o inspira a fazer. Não faça aos outros o que não quer que lhe façam.

— Confúcio (551-479 a.C.)

A natureza miraculosa da vida é muitas vezes ignorada. Vemos o milagre quando observamos a vida de pessoas notáveis como Confúcio, que superou circunstâncias difíceis e também mudou a História. Vemos que uma pessoa só, forte o bastante para sofrer e crescer, aceitar as realidades difíceis, usar a auto-expressão e a criatividade, pode mudar o mundo para sempre.

Confúcio nasceu na China, num tempo de caos social. Confúcio, o homem, o mestre, o erudito, o filósofo, o reformador, levou sua ética pessoal à cultura chinesa e ao mundo. Há quem se refira a ele como o homem de maior influência de todos os tempos. Ele, porém, parece ter sido bem pouco influente durante a vida, e sua missão de ser o primeiro consultor político, de ensinar melhores métodos de governo, aparentemente falhou. Sua flexibilidade e criatividade residiam em sua capacidade de superar a dor de crises pessoais e nacionais. Confúcio observou e aceitou duras realidades, mas, mantendo-se fiel a seus valores, com amor e responsabilidade por si mesmo, usou sua energia para garantir a vida.

No época de seu nascimento, a anarquia imperava. O sistema ético-político, de rituais originados durante a dinastia Chou, quinhentos anos antes, deteriorou-se entre o oitavo e o terceiro séculos anteriores à era cristã. A idade de ouro de paz e harmonia transformou-se em um tempo de combate entre nobres rivais, rotulado de Período dos Estados em Guerra. Aconteciam execuções em massa, e vilas inteiras tiveram seus habitantes mutilados e decapitados, inclusive velhos, mulheres e crianças.

O pai de Confúcio morreu quando ele tinha três anos, deixando-o para ser criado pela mãe pobre. Depois da morte da mãe, Confúcio sonhou com uma figura importante da dinastia Chou, o duque de Chou, o primeiro governante a ser chamado de Filho do Céu. Talvez tenha sido esse sonho que levou Confúcio à percepção de que "quem não pode governar homens deve ensiná-los a olhar para o passado a fim de compreender o futuro".

Ele trabalhou até o fim da vida pela volta das tradições e da consciência de grupo do passado para restabelecer a ordem social no presente. Estava convencido do poder da tradição para civilizar, estruturar um comportamento social que seria vantajoso para todos. Como o símbolo chinês para a palavra "mente" também significa "coração", muitos dos ensinamentos de Confúcio eram sobre o fato de que o reconhecimento das emoções e das atitudes aprendidas afetam o modo como pensamos e nos relacionamos com os outros. Ele pregou uma ética social que se tornou a base da educação dos jovens asiáticos por mais de dois mil anos. O que o colocou entre os grandes revolucionários provavelmente foi a ênfase que ele deu à responsabilidade que os homens, de qualquer classe, têm de focalizar sua integridade pessoal na prestação de serviço.

"Os seres humanos são bons por natureza." Esta era a primeira frase que todas as crianças chinesas aprendiam a ler, durante quase dois mil anos. Essa declaração engloba os cinco ideais ou temas do pensamento de Confúcio.

1. Primeiro ideal: todos os homens são irmãos. O conceito chinês de *jen* descreve relacionamentos ideais como sendo aqueles baseados na empatia e na bondade humana, na capacidade de avaliar os sentimentos dos outros pelos próprios.

2. O segundo ideal, *chen tzu*, descreve o indivíduo maduro ou sábio como uma pessoa equilibrada e competente em

todas as situações. A pessoa tem tanto respeito por si mesma que o respeito pelos outros vem naturalmente. Para a pessoa "superior", respeitar os outros não é apenas socialmente apropriado, mas também gratificante. De acordo com Confúcio, é essa natureza amorosa, respeitadora, que pode criar civilizações pacíficas. "Se houver justiça no coração, haverá beleza no caráter. Se houver beleza no caráter, haverá harmonia no lar. Se houver harmonia no lar, haverá ordem na nação. Se houver ordem na nação, haverá paz no mundo."

3. O terceiro ideal trata da conduta e do comportamento corretos. Com histórias e máximas, Confúcio procurou ensinar o povo a comportar-se no mundo e compartilhá-lo com os outros tranqüilamente. O conceito chinês de *li* descreve a conduta correta e os rituais que alimentam o espírito e informam à alma que nosso movimento no mundo está criando harmonia, não discórdia. As principais doutrinas dessa categoria são: Relacionamentos Constantes, o compromisso de honrar todos os relacionamentos em curso; Retificação de Nomes, a criação de expectativas de comportamento em cada papel social, como de pai, amigo, governante, professor; e, finalmente, a doutrina do Meio-Termo, nada em excesso. Esta última é a mais conhecida pelos ocidentais, talvez porque tenha sida enfatizada por Aristóteles, vários séculos mais tarde.

A importância do equilíbrio na vida foi ensinada mediante uma forte metáfora. Confúcio observou uma vasilha pendurada e mostrou-a a seus discípulos, dizendo que, vazia, a vasilha ficaria inclinada para um lado; cheia até em cima, viraria de boca para baixo; mas que, pela metade, ficaria pendurada em linha reta. Uma clara ilustração de um fato da vida de que o excesso não gera paz, que tudo tem limite. Isso nos faz lembrar que, quando acreditamos na mentira de que nunca temos dinheiro, sucesso ou amor suficientes, entramos em desequilíbrio. Devemos aceitar o fato de que crescemos positivamente mantendo-nos no meio-termo, não pela passividade (muito pouco de nós mesmos) nem pela agressividade (demais de nós mesmos).

4. O quarto ideal, *te*, significa "poder". Confúcio estava tentando trazer ordem para o seu mundo. Havia naquele tempo duas principais escolas de pensamento quanto ao governo: a dos Realistas, que pregava a força bruta, e a dos *Mo Ti*, que pregava o amor. Confúcio equilibrou as duas, trazendo de volta tradições que proporcionavam estrutura social e um caráter coletivo. Pregando o poder intrínseco, um poder de cooperação para o bem comum, ele estava curando a ferida, a separação da comunidade. Confúcio acreditava na força do exemplo. "Aquele que governa pelo *te* é como a estrela do norte: ela permanece em seu lugar, e as outras estrelas voltam-se em sua direção."
5. *Wen*, ou as artes da paz, é o quinto ideal. Confúcio acreditava que as artes enobrecem o espírito e afetam o sucesso político internacional de um povo. Dizia que as nações mais bem-sucedidas eram também as mais cultas. Entre as artes reconhecidas na China antiga estavam a condução de carruagens, o manuseio de arco e flecha, história, cálculo, música, ritualismo e poesia. Confúcio amava a música e tocava oito instrumentos: sinos, pedras, cítara, tambor, caixas de madeira, flautas de bambu, tamborim e gaita. A música era tão importante no ensino que ele ministrava que um de seus alunos, que mais tarde ocupou um posto de chefia, fez da música seu primeiro princípio de trabalho!

Durante o pouco tempo em que teve um cargo público, Confúcio introduziu um sistema unificado de pesos e medidas e tabelou os preços das mercadorias. Promovido a ministro da Criminalidade, declarou que a educação moral era o meio mais eficaz de combater o crime. "A melhor coisa a fazer é tornar os litígios desnecessários", observou. Dizem que a criminalidade acabou na área dirigida por ele.

Entre suas valiosas sugestões há esta: "Quando você encontrar uma pessoa admirável, tente imitá-la, mas quando encontrar alguém que não merece sua admiração, olhe para dentro de si mesmo e examine-se". Ele viveu de acordo com o princípio de que "é no próprio coração, não no mundo exterior, que devemos procurar a felicidade".

Lembre-se sempre de que, no processo de sofrimento e crescimento, a aceitação leva ao sucesso e à paz interior. Confúcio aceitou a desordem social e os percalços de sua vida pessoal como fatos da vida. Aceitar novas realidades, por mais duras que sejam, permite-nos ficar acima do caos comunitário e seguir o caminho indicado por nosso coração. E, fazendo isso, descobrimos que estamos contribuindo para uma mudança social positiva.

Stephen Mitchell, especialista em assuntos bíblicos, esclarece, de um modo muito bonito, o paradoxal ensinamento de que devemos estar separados do mundo, mas vivendo no mundo: "*Shalom*, a palavra hebraica para "paz", vem de outra que significa "inteireza", explica. "Quando temos paz no coração, damos paz ao mundo todo." Quando aceitamos os problemas da vida, adquirimos o poder de optar pela paz interior. Tendo paz interior, promovemos paz exterior.

Jesus

Faça aos outros o que deseja que os outros lhe façam. Se você ama apenas aqueles que o amam, qual é seu mérito?

— Jesus de Nazaré (Lucas: 6:31-32)

Grandes mestres ao longo de toda a história são exemplos de vida transcendental e de colaboração nas mudanças sociais. Buda, Maomé, Krishna, Confúcio e Jesus apareceram em momentos de crise com o propósito de unir as pessoas na paz. Foram capazes de transcender o medo e transformar a energia da resistência e da defesa na irrestrita vitalidade de uma liderança criativa que ainda nos inspira.

Jesus de Nazaré foi tão inspirador que suas palavras criaram uma nova religião. O Jesus histórico veio ao mundo em uma época de desespero, como a maioria dos grandes mestres. Os judeus, seu povo, haviam sido escravizados pelos romanos quase um século antes e sofriam sob o peso de impostos absurdos. Aquele era um mundo de opressão, violência e intrigas. Os judeus coletores de impostos, que eram traidores de sua gente, pois colaboravam com Roma, tinham licença para usar qualquer meio que fosse necessário a fim de tirar dinheiro de lavradores e comerciantes.

Terroristas políticos, conhecidos como zelotes, empenhavam-se em lutas contra os romanos, e muitos deles eram galileus. O historiador Flávio Josefo registrou a existência de outro grupo de patriotas revolucionários que eram realmente assassinos. Os *sicarii* (sicários) apunhalavam os adversários durante festivais em Jerusalém, acobertados pela multidão. Os galileus eram uma turma de brutos, descritos como "lutadores desde o berço".

A partir do ano 6 da era cristã, houve freqüentes levantes contra Roma, até que uma grande revolta, que se estendeu do ano 66 até 70, culminou com a total destruição de Jerusalém. Eram constantes as lutas de classes, as contendas entre ricos e pobres, moradores da cidade e do campo.

A sociedade judaica tinha opinião dividida a respeito de como lidar com a ocupação inimiga, assim como sobre aqueles compatriotas que, com seu comportamento desafiador, causavam retaliações sangrentas contra o povo. A classe alta, conservadora, formada pelos saduceus, desejava aceitar a influência helenizante dos romanos. O grego era o idioma de grande parte do Império Romano, e durante o tempo de César, conhecer a literatura e a filosofia gregas era sinal de apurada educação e sofisticação. Por outro lado, em termos e ensinamentos judaicos, os saduceus afirmavam categoricamente que apenas a lei escritas do Torah, contida nos cinco primeiros livros do Velho Testamento, devia ser usada para conduzir a vida religiosa e a social. Queriam interpretá-la ao pé da letra e fazê-la vigorar de forma concreta. Por exemplo, Flávio Josefo registrou um incidente no qual os saduceus queriam que um homem fosse condenado à morte por ele ter falado mal do sumo sacerdote, baseando-se em sua interpretação do Levítico 24:15, que diz: "Aquele que blasfemar contra o Senhor deve ser morto". Os saduceus, por seu pequeno número, por seu radicalismo no que dizia respeito às escrituras, sua grande riqueza e sua crença de que Deus tinha pouca consideração pelo indivíduo e permitia que a alma perecesse junto com o corpo, eram discriminados pelas massas.

Os fariseus eram líderes cultos e populares. Não apenas conheciam a lei escrita do Torah como a oral, dos profetas. Viviam em conflito declarado com os saduceus, considerando-os injustos. Eram os heróis dos desfavorecidos e não tinham medo de defendê-los. Eram mestres da justiça, admirados por sua vida simples. O respeito que recebiam era natural, devido ao fato de serem descendentes dos macabeus, que libertaram os judeus do jugo sírio por volta de 160 a.C. Os fariseus acreditavam que Deus cuidava de cada indivíduo em particular, que a alma é imortal e que as pessoas eram punidas ou recompensadas na vida após a morte, de acordo com seus atos no mundo.

Um terceiro grupo da população judaica era o dos essênios, místicos que acreditavam que Deus destruiria os romanos ainda durante aquela geração. Retirados do mundo, viviam em comunidades e observavam rigorosamente o calendário judaico de festas e jejuns. Obedeciam ao mandamento escrito em Isaías 40:3, que ordena: "Preparai o caminho do Senhor, endireitai no ermo a vereda para nosso Deus". Acreditavam que a purificação e o arrependimento eram necessários para quem quisesse ser membro do verdadeiro Israel. Acredita-se que João Batista, que batizou Jesus, veio dessa comunidade de místicos, que chamavam a si mesmos de "filhos da luz".

Foi no meio de todo esse tumulto político, religioso e econômico que Jesus apareceu. Ele era um entre muitos homens santos que os judeus estavam acostumados a ver, e o chamavam de Joshua, que em hebraico significa "Salvador". Traduzido para o grego, "Joshua" tornou-se "Jesus".

O que havia de diferente nesse mestre, por que seus ensinamentos tocaram tanto os corações de seus compatriotas e inspiraram seus discípulos a levá-los para além dos limites de sua terra? Para que se compreenda o impacto desses ensinamentos, eles devem ser colocados no contexto da tradição espiritual de Jesus, que começou no tempo de Moisés. A Regra de Ouro, que nos manda fazer aos outros o que desejamos que os outros nos façam, no Ocidente é associada a Jesus. No entanto quinhentos anos antes de Jesus, Confúcio pregava o mesmo princípio, e centenas de anos antes de Confúcio, Moisés entregou ao povo, no monte Sinai, os Dez Mandamentos. Esses princípios éticos reuniriam o povo, ajudando-o a conter impulsos de agir de uma forma que seria perigosa para a coletividade. "O judaísmo construiu o alicerce da consciência que tem sido o selo de qualidade da civilização ocidental."

Por sua tradição judaica, Jesus era monoteísta, com fé inabalável em Jeová. Esse Deus se diferenciava por diversas razões. Enquanto outros deuses eram amorais e não se preocupavam com os humanos, Jeová ordenava a obediência a um código de moral e afirmava que sua criação era boa. Tornou-se um Deus pessoal que dava sentido ao sofrimento por meio da justiça social.

Jesus reuniu um grupo de doze discípulos, representando as doze tribos de Israel estabelecidas por Moisés: Simão, que depois recebeu o nome de Pedro; André, irmão de Simão; Tiago e João, filhos de Zebedeu, pescador galileu; Felipe, Bartolomeu, Mateus Tomé, Tiago, Tadeu, Simão, o zelote, e Judas Iscariotes.

A presença desses dois últimos indicaram aos compatriotas de Jesus, e depois às autoridades romanas, que ele estava envolvido com lutadores da resistência, porque Simão, sendo zelote, era ligado à luta armada contra Roma, e porque diziam que Judas era um dos sicários, ou assassinos políticos. Por que Jesus se associaria com homens perigosos, traidores, mulheres de má reputação e loucos? Quando lhe perguntaram isso, ele respondeu: "Não são os saudáveis que precisam de médico, mas os doentes". Sua fama de curador milagroso e orador envolvente alastrou-se. Suas palavras acrescentavam compaixão às leis de Moisés, ensinando o povo a curar seus males físicos e emocionais por meio da tradicional fé no poder de Deus. "Não vim destruir a lei, mas cumpri-la", ele disse. "Não vim abolir a lei e os ensinos dos profetas, mas completá-los."

Quando Jesus disse que se as pessoas não se tornassem melhores do que os escribas, ou advogados, e os fariseus, nunca entrariam no reino do céu, acredito que se referiu às autoridades de qualquer época ou cultura que, tentando interpretar os códigos civis e apegando-se ao seu poder, podem aplicar as leis de modo parcial e injusto. Como Jesus foi criativo quando sugeriu a pessoas comuns que elas podiam ter mais valor aos olhos de Deus do que aqueles homens cultos e estimados que governavam a vida diária de todos!

Jesus tem sido considerado um essênio, provavelmente porque João Batista era seu primo e poderia tê-lo influenciado com as idéias daqueles místicos. Como é óbvio que ele não se isolava do resto do povo, mas que trabalhava e vivia no mundo, podemos acreditar que ele não era membro daquela seita formada por ascetas, e é mais provável que fosse um fariseu.

Contudo, no Novo Testamento, há muitos relatos que falam de Jesus entrando em conflito com os fariseus, porém existem duas razões para não nos chocarmos com a idéia de ele ter sido um deles. Primeira, as discussões intelectuais acaloradas, na cultura judaica, refletem uma apaixonada dedicação ao conhecimento e sua aplicação na vida social. Calorosos debates são exercícios de rotina na vida judaica, tanto secular como religiosa. Se Jesus era um fariseu, devia envolver-se em freqüentes discussões sobre as duas leis, a escrita e a oral. A segunda razão é que os relatos a respeito do ministério de Jesus, encontrados nos livros do Novo Testamento que não fazem parte dos quatro evangelhos, foram escritos por homens que não eram judeus. Paulo, um judeu, mas helenizado, que viera de Tarso, também alegava ser fariseu. Os textos bíblicos informam que ele tomou conhecimento dos ensinamentos de Jesus em conversas com outras pessoas, depois da crucificação. Ele estava ansioso para separar Jesus do mundo judaico a fim de atrair romanos a quem pudesse converter. O meio para esse fim era colocar Jesus em completa oposição à sua própria cultura. Isso levou ao anti-semitismo, que permanece até os dias de hoje.

Gosto de pensar que Jesus, como Confúcio, percorreu o caminho do meio entre o conservadorismo e o liberalismo de seu tempo, esperando que isso resultasse na implantação do reino do céu na Terra e na unificação de seu povo no amor de Deus. As muitas parábolas e metáforas que Jesus usou nos dizem que ele estava induzindo o povo a pensar abstratamente e a assumir a responsabilidade por seus atos. Encorajava os desanimados judeus a obedecer à lei de Deus e a acreditar em Seu amor como força central de sua vida. E falava ao povo sem menosprezar sua capacidade de compreensão. Em termos de estados de ego, ele não só falava à criança interior, ao pai internalizado ou mesmo ao adulto, mas ao Eu Superior ou Transcendente, a alma. E as pessoas ficavam assombradas.

Como Confúcio exortava os chineses a voltar a uma anterior época de paz, ordem e criatividade, Jesus exortava os judeus a trazer os ensinamentos de Moisés e dos profetas de volta para suas vidas. No bem conhecido Sermão da Montanha, Jesus se refere às leis mosaicas expandindo-as, de modo a fazer com que seus ouvintes compreendessem mais profundamente os conceitos de compaixão e perdão.

Diz a seus companheiros judeus que eles não deviam matar, acrescentando que não deviam sequer odiar. Diz-lhes para não cometerem adultério, e também para não se entregarem à luxúria. Lembra-os que o conceito de olho por olho fora interpretado literalmente e pede-lhes para não recorrerem à vingança, mas para oferecerem a outra face, permitindo que o mal acabe. Faz a "ultrajante" declaração de que todos deviam amar não apenas o próximo mas também os inimigos. "Sejam misericordiosos como é misericordioso nosso Pai", ensina. "Sua bondade não deve ter limites, assim como não tem limites a bondade de nosso Pai celestial."

Numa época tão cheia de desespero que muitos acreditavam que o fim do mundo se aproximava, Jesus pregava um pacifismo total. Falava da necessidade de as pessoas serem justas, preparando-se para a outra vida, quando suas almas retornassem a Deus. O especialista em assuntos bíblicos Stephen Mitchell diz a respeito de Jesus: "Por homem justo, ele quer dizer uma pessoa que tem todos os aspectos de seu ser iluminados pela luz de Deus, de modo que age naturalmente com justiça e compaixão".

Os ensinamentos de Jesus sobre a iluminação são mais claros nos evangelhos gnósticos — as escrituras dos primeiros cristãos — que a professora da Universidade de Harvard Elaine Pagels acredita serem anteriores aos evangelhos do

Novo Testamento. Nos evangelhos gnósticos, Jesus mostra-se como o mais sábio dos psicólogos. E como a palavra "psique" refere-se à alma, podemos crer que ele estava instruindo seus seguidores sobre como cuidar de suas almas. No evangelho segundo Tomé, por exemplo, Jesus diz: "Se trouxerem para fora o que está dentro de vocês, o que vier para fora os salvará, mas se não trouxerem para fora o que está dentro de vocês, o que não vier para fora os destruirá".

Para aqueles primeiros cristãos, assim como para os seguidores de Buda, a ignorância era um pecado, porque era vista como destrutiva para o ignorante. Jesus pregou o autoconhecimento de muitas maneiras, dizendo que o ignorante a respeito de si mesmo é semelhante a um cavalo solto, sem cavaleiro que o conduza. Também disse: "O reino de Deus está dentro de cada um".

Jesus parecia compreender como o processo de dor, crescimento, criatividade e auto-renovação é difícil, pois disse: "Que aquele que procura continue procurando até encontrar, pois quando encontrar, ficará perturbado, e quando ficar perturbado, ficará maravilhado e governará todas as coisas". Creio que com essa frase, "governará todas as coisas", Jesus se referia às defesas disfuncionais que se erguem do nosso medo.

A compaixão que Jesus demonstra nas bem-aventuranças me faz crer que ele conhecia todos os nossos sofrimentos. "Bem-aventurados os pobres de espírito... Bem-aventurados os que sofrem... Bem-aventurados os mansos... Bem-aventurados os que têm fome e sede de justiça... Bem-aventurados os puros de coração... Bem-aventurados os misericordiosos... Bem-aventurados os pacificadores... Bem-aventurados os que são perseguidos..." E ele conclui: "porque deles é o reino do céu".

A história da humanidade, da cultura e da religião é um relato de crises e sofrimentos. A tradição na qual Jesus foi criado pregava o amor de Deus alcançado mediante a oração, as ações corretas e a resolução de conflitos. São duas as grandes contribuições do povo judeu: um exemplo de sobrevivência pela fé e a iluminação do Único, aquele que habita nosso íntimo, o Deus internalizado.

Uma terceira contribuição do judaísmo é a ênfase dada à educação. Grande valor é dado ao estudo, porque o conhecimento é visto como uma das três formas de prece. As outras duas formas são as boas ações e a enunciação de esperanças e aspirações.

Neste novo milênio, devemos encontrar maneiras de conhecer várias antigas tradições de paz. O pacifismo dos primeiros cristãos foi logo esquecido. "Quando o cristianismo se tornou a religião oficial do Império Romano, no século IV, a doutrina do absoluto pacifismo, já enfraquecida, foi totalmente esquecida", escreveu Abba Hillel Silver, em *Where Judaism Differed* ("Em que o Judaísmo Era Diferente"). Não podemos esquecer a natureza essencial dos ensinamentos de Jesus: que em tempos de mudança, devemos olhar para o Deus internalizado, íntimo, a Luz que nos guia através da dor, até a aceitação e a paz.

Essa Luz interior é vista como Deus pelas culturas judaica, cristã e islâmica, e como a mente pelos budistas. Jesus a via como Deus e a mente, de acordo com os evangelhos gnósticos. No Diálogo do Salvador, Jesus diz: "A lâmpada do corpo é a mente, e quem conhecer a si mesmo tem a luz pura". No evangelho de Mateus Jesus manda que deixemos nossa luz brilhar. No de Tomé, nos evangelhos gnósticos, declara: "Há luz em um homem de luz, e ela ilumina o mundo todo, mas, se ele não brilhar, é homem de escuridão". Assim, podemos escolher a luz de Deus e a vida, ou as trevas da ignorância e a morte. Não estou me referindo à morte literalmente, mas à morte da alma na existência atual.

Thich Nhat Hanh, o monge vietnamita indicado para o Prêmio Nobel da Paz por Martin Luther King, escreveu 25 livros. Em *Living Buddha, Living Christ* ("Buda Vivo, Cristo Vivo"), ele encontra um ponto comum em todas as tradições espirituais: o conceito do Espírito Santo. "Todos temos a semente do Espírito Santo em nós, a capacidade de curar, transformar e amar." Ele nos lembra que a palavra "espírito" significa "fôlego", e respirar significa viver.

Já nos foi dito que o Espírito de Deus sempre foi feminino. Sofia, o nome da sabedoria e do lado feminino de Deus, citado no Velho Testamento e no livro apócrifo *Sabedoria de Salomão*, foi reconhecido por Carl Jung na monografia que escreveu em 1958, *Resposta a Jó*. Ali, Sofia descreve a si mesma da seguinte maneira:

Eu saí da boca do Altíssimo,
e cobri a Terra como uma nuvem.
Vivi nas alturas,
E meu trono é uma coluna de nuvens.
Sozinha, percorri o circuito do céu
E andei nas profundezas.
Tenho poder sobre as ondas do mar,
sobre toda a Terra
e sobre todos os povos e nações.

Sofia (Sabedoria) é considerada o fôlego do poder de Deus e o brilho da eterna luz. Acredito que todos nós estamos sendo convidados a reconhecer nossa sagrada luz interior.

O Escultor Michael Naranjo

Chore e viva.

— Michael Naranjo

Como é possível um homem cego ser um artista que usa instrumentos cortantes e ferramentas elétricas, entre outras coisas, para entalhar madeira e pedra e criar moldes para estátuas de bronze? O índio de Santa Clara Pueblo, Michael Naranjo, desafiou o impossível. Foi levado por uma luz interior a dar forma e manter a beleza e o espírito do mundo gentil que conheceu antes da Guerra do Vietnã.

Em 1968 Michael estava no delta do Mekong com seu pelotão de infantaria. No dia de Natal, o antigo forte francês onde os soldados estavam abrigados foi atingido por morteiros. Uma semana depois, houve novo ataque. O pelotão de Michael foi designado para saltar de helicópteros em busca de morteiros inimigos para destruí-los.

— Estávamos em uma plantação de arroz quando os vietcongues abriram fogo contra nós, e seis companheiros morreram na hora — ele contou. — Eram apenas garotos, quase crianças. Vários de nós tinham corrido para a mata de onde vinham alguns tiros. Um médico acabara de ser ferido enquanto tentava chegar a dois de nossos rapazes. Eu rastejava, porque cada vez que um de nós se levantava, era baleado. Fui o mais longe que pude, então tirei duas granadas da mochila e joguei uma. Ergui os olhos e vi, a poucos metros de distância, um soldado vietcongue em uma trincheira. Atirei algumas vezes, mas pus o fuzil de lado para pegar a outra granada. Ouvi meu sargento gritar alguma coisa, porém não entendi o que dizia. Ele vira outro vietcongue jogar uma granada, que rolara para junto da minha mão direita. Então, também vi e fiz menção de atirá-la de volta, mas ela explodiu. Depois, fiquei suspenso no espaço e no tempo. Não sabia se estava morto ou não. Se ainda continuava vivo, se iria morrer logo. Eu só conseguia pedir a Deus que não deixasse meus pais sofrerem demais. Não via nada além de uma roda vermelha com uma linha fina em volta movimentando-se no sentido horário. Ouvi um companheiro perguntar se eu estava bem, e soube que estava vivo e que queria continuar vivendo. Pedi-lhe que me ajudasse a me levantar, mas caí de costas, na lama. Eu devia estar horrível, sangrando, a mão e o braço direitos lacerados, todo sujo de lama. Meu companheiro me fez rolar para cima de um poncho aberto no chão e me arrastou para uma clareira, onde helicópteros com equipes médicas estavam chegando para resgatar os homens. As aeronaves tiveram de fazer várias manobras antes de poder descer, mas só podiam ficar alguns minutos e um pouco acima do chão. Quatro homens me içaram para bordo. Fiquei conversando com a equipe médica, fazendo perguntas, porque achava que, se parasse de falar, perderia a consciência e morreria. Então, alguém me aplicou uma injeção, dizendo que eu ia "apagar". Fiquei "apagado" durante dois dias. Fui levado para um hospital no Japão. Havia fileiras e fileiras de camas num espaço amplo como um ginásio. Na cama em um dos lados da minha estava um homem que perdera as orelhas e ficara surdo, e na do outro lado, um homem que não falava nada, só balbuciava. Sofrera danos cerebrais e perdera a memória. Eu não perdera a memória e tinha uma das mãos intata, de modo que me achei em ótima forma. Comecei a apreciar o que tinha, em vez de lamentar o que não tinha.

Michael Naranjo valoriza profundamente o processo de cura e o fato de ter adquirido, embora lentamente, a capacidade de aceitar os assustadores reveses da vida. No princípio, parecia que ele estava aceitando plenamente sua terrível perda física. Mas não foi bem assim.

— A negação de uma situação terrível é imperativa, porque, se tivéssemos de lidar com emoções extremas naquele momento, não sobreviveríamos — Michael comentou.

A raiva veio em forma de frustração, quando ele teve de aprender novas maneiras de fazer tudo, pois ficara totalmente cego.

— Eu achava injusto, quando pensava que a mosca que zumbia à minha volta podia ver, e eu não. Coelhos e outros animais podem ver, refletia, mas eu não posso. Chorei muito.

A obsessão apareceu como sonhos repetitivos em que ele se via correndo na mata e sendo baleado, levantando-se e sendo atingido outra vez.

A depressão mudava de formas como as nuvens. Num dia, lágrimas e autopiedade, no outro, ódio contra si mesmo por certos atos que cometera na guerra. Atos para os quais fora treinado.

A energia dos sentimentos amargos de Michael deu-lhe energia para suportar a internação no hospital japonês, depois em outro em Denver, e por fim na escola para veteranos cegos, em Palo Alto, Califórnia. No Japão, sentindo-se entediado e nervoso, pedira a um voluntário que lhe arranjasse um pouco de argila e começara a modelar pequenas figuras com a mão esquerda. Em Denver, ficava tão entretido com suas criações que um dia se recusou a sair do quarto para ir à sessão de fisioterapia. O médico teve de ir ao seu quarto e mandá-lo sair.

Ele decidiu voltar a esculpir, que era o que fazia antes da guerra, quando estava em Palo Alto, e disseram-lhe que aquela era uma pretensão absurda.

— Mandaram-me para um lugar que chamavam de oficina, mas que, para mim, era o porão, para que eu aprendesse um ofício. Sentei-me, e deram-me instruções sobre como fazer uma carteira de couro. Passei os cordões de couro pelos orifícios, cobrindo uma extensão de cerca de oito centímetros, então disse ao instrutor que não ia fazer carteiras. Expliquei que queria trabalhar com madeira, e o homem disse que isso era impossível, mas eu insisti, e ele foi falar com o supervisor. Quando voltou, disse que eu devia ir para outra oficina. Eu fui, levaram-me até um tear e entregaram-me tiras de pano, dizendo que eu podia tecer um tapete de uma cor só ou com uma listra de cor diferente. Recusei-me a fazer isso, mais uma vez explicando que queria trabalhar com madeira. O instrutor foi falar com o supervisor, voltou e me mandou para a carpintaria. Conduziram-me pelo salão, para que eu aprendesse a me movimentar por ali, e deram-me dois pedaços de madeira, dizendo que a primeira coisa que eu faria seria um banco. Eu disse que não queria fazer um banco. Apalpando o tampo da mesa, encontrei uma espécie de tigela de madeira, que percebi ser nogueira, lisa, agradável ao tato. Pedi um pedaço daquela madeira e fui atendido. Comecei a esculpir um urso. Não fui muito longe, mas já era um começo. Sempre fui escultor. Minha mãe era ceramista, e eu cresci modelando figuras humanas e objetos de argila, enquanto ela trabalhava. Meu pai era pastor da igreja batista e carpinteiro habilidoso. Era ele quem construía a primeira igreja protestante em qualquer povoado. Fui criado ouvindo que iria para a universidade. Quase todos meus nove irmãos fizeram curso superior, mas eu não suportava aquele esquema. Freqüentei a Universidade Highlands por algum tempo, e também o Instituto de Arte Indígena em Santa Fé, aprendendo desenho e escultura. Mas não consegui ficar em nenhum dos dois. Voltei para casa, onde podia viver ao ar livre.

Michael me falou de sua infância, de seu amor pelas montanhas Taos, por florestas e pescarias. Falou também de seu melhor amigo, Tito, seu ídolo e modelo de amor incondicional. Diz que os dois nunca brigaram, que Tito simplesmente o aceita.

É por intermédio de sua arte, de seu amor pela família, pela esposa, Laurie, e pelas filhas, que ele honra a vida. Sua casa, ao norte de Santa Fé, é um lugar de paz. E estar com Michael deu-me a sensação de estar com um homem santo, que reverencia e aceita todos os aspectos da vida. Suas esculturas de bronze brilhante ou de alabastro parecem mover-se: uma águia alçando vôo; um estátua que ele chamou de *Jovem Espírito*, uma moça dançando graciosamente, segurando penas nas mãos; o índio Raposa Cinzenta, de Taos Pueblo, saltando na Dança do Arco; um nu feminino, intitulado *Joy*, erguendo as mãos para o céu como para saudar o sol da manhã. O arranjo dos terrenos na frente e atrás da casa foram projetados por Michael e Laurie, e ali vêem-se lindas fontes com grandes figuras femininas de bronze. A Mãe Espírito, por exemplo, representa uma mulher com seu ancinho de juntar ervas medicinais e uma bacia de cerâmica, de onde jorra água. Outra mostra uma mãe derramando água sobre a cabeça do filho pequeno sentado a seus pés, num lago.

— A invalidez deixa de existir quando a pessoa faz alguma coisa que ama, que a entusiasma — Michael comentou. — Eu esqueço que sou cego até bater em uma parede. É claro que tudo isso é um desafio, mas a vida é um desafio, um jogo. Se, porém, a aceitarmos, ela se torna uma dádiva e uma inspiração, e assim seus sonhos se tornam realidade. Uma noite eu sonhei, e meus sonhos são sempre coloridos, onde eu via e tocava as esculturas de Michelangelo. Não muito tempo depois, fui convidado a ir a Roma para uma audiência com o papa. Depois da audiência, levaram-me a uma igreja e me permitiram apalpar a escultura *Moisés* para examiná-la. Fiquei correndo as mãos sobre ela por quase meia hora, e dias depois ainda podia sentir a maciez daquela carne. Dois anos mais tarde, voltei à Itália e me deixaram examinar *Davi*. No alto do andaime, apalpei os olhos, percebi sua beleza e senti sob os dedos os canais lacrimais e as pupilas. Chorei. Meu sonho tornara-se realidade. Apalpei os lábios, as veias do pescoço, as mãos tensas. Era espantoso, mas eu estava sentindo a carne e os sentimentos de um homem de cinco metros de altura. Depois disso, vi a pedra de modo diferente. Eu sabia que havia vida e calor nos blocos. Eu tinha uma vida nova nas mãos. Podia "ver" duas vezes mais.

Cada um de nós sabe o caminho para a aceitação da vida, qual é o certo e qual não é. "O agora é o que fazemos dele", Michael costuma dizer. "O que colocamos lá é o que recebemos de volta. Mas há vezes em que não conseguimos entender a razão de nosso sofrimento." Falando da vida usando a escultura como comparação, ele diz: "Só precisamos ir desbastando a pedra e apalpando para descobrir o que há lá dentro. O amor faz toda a diferença. O que você ama, melhora. E é criando que nós melhoramos cada vez mais".

As obras de Michael são encontradas em muitas coleções, inclusive no Vaticano e na Casa Branca.

— Minha cegueira é uma dádiva — ele afirma. — Deu-me uma nova maneira de olhar a vida.

Aceitando Milagres

O mundo do espírito não é fechado, nossa consciência é fechada.

— Goethe

A obra de Michael Naranjo, um escultor cego, pode ser considerada um milagre. No mínimo, prova que a criatividade pode brotar da pior das crises. Quando confirmamos a vida por meio da transformação, nossa fé pode manifestar-se em milagres, mesmo que não tenhamos consciência deles.

Uma vez, um homem disse a seu pastor que não acreditava em milagres porque, quando se perdera no Ártico, pedira a Deus que o salvasse, mas Ele não aparecera. O pastor, então, perguntou-lhe como ele ainda estava vivo para contar aquilo, e o homem explicou que um esquimó o encontrara e o levara de volta para a vila.

Sem percepção consciente, não notaremos os milagres que acontecem em nossa vida.

Minha irmã, Judy, tem quatro filhas e seis netos, todos meninos. Um dia ela me telefonou em estado de choque para contar que Lucas, seu netinho de cinco anos, fora atropelado por um caminhão, e que as rodas haviam passado por cima dele. Fui para o hospital infantil imediatamente. O primeiro milagre foi Lucas estar vivo. Ele tinha cinco costelas quebradas, os pulmões não funcionavam, o coração fora pressionado, e o fígado, lacerado. Estava na unidade de terapia intensiva, e os médicos não se mostravam nada otimistas.

Assim que chegara, Lucas fora posto em coma induzido para que não se mexesse. Ficou assim, ligado a aparelhos, durante seis dias. Vários grupos de oração faziam preces por ele e, a menos que alguém do hospital pedisse para a família sair, sempre havia alguém à beira de sua cama. Minha irmã casara-se com um italiano que vinha de uma grande família, e a mãe de Lucas casara-se com um homem de uma grande família francesa, de modo que a sala de espera daquele andar do hospital parecia um acampamento de ciganos, onde havia comida e conversas barulhentas, mesmo se alguém estivesse chorando. Um dia, quando todos falavam demais, lamentando o terrível acontecimento, minha sobrinha Gayle gritou:

— Calem-se! Fiquem quietos! Lucas está bem. Em coma, mas muito bem.

Olhei-a e, no silêncio que se fizera, perguntei:

— Sabe alguma coisa que nós não sabemos?

— Sei.

Dez anos antes, Gayle tivera um acidente que a deixara em coma por várias semanas. Ela também nunca fora deixada sozinha no hospital, e as pessoas da família revezavam-se para massagear-lhe as mãos e os pés.

— Você nunca me falou de quando esteve em coma — comentei.

— Nunca falei disso com ninguém. Mas todos vocês precisam saber que Lucas está tendo uma importante experiência. Quando estive em coma, saí do corpo algumas vezes, e de vez em quando fazia viagens realmente assombrosas. Vi Deus e vi Satanás.

— O que está dizendo? Como foi isso? — indaguei, falando em nome de todos na sala.

— Como todos dizem, Deus era Luz, e Satanás era escuridão. De alguma forma, eu sabia que estava sendo exposta aos dois lados da minha natureza, de modo que pudesse fazer uma escolha. Não me senti bem com a escuridão, então escolhi a luz.

— Escolheu voltar e permanecer em seu corpo?

— Escolhi, mas não queria de fato voltar. Sentia uma paz maravilhosa. Porém sabia que a minha família não se conformaria em me deixar partir, e também que ainda tinha mais trabalho para fazer nesta vida.

— Pode nos dizer que trabalho é esse?

— Antes do acidente, fazia meses que eu pedia a Deus para mudar minha vida. Não sei se vocês se lembram do meu namorado na época, mas ele estava envolvido com drogas, e isso me deixava muito assustada. No entanto eu não conseguia romper com ele, por isso odiava minha vida.

— Bem, acho que Deus respondeu às suas preces, dando-lhe um bom tapa na cabeça — brinquei.

Todos nós rimos, aliviando a tensão.

— Tem razão — Gayle concordou, rindo. — O acidente foi mesmo uma resposta, porque mudou minha vida completamente. E a experiência espiritual foi maravilhosa. Acreditem no que estou dizendo. Lucas está bem. Está sendo cuidado e em segurança.

A rápida recuperação de Lucas foi o segundo milagre. Várias semanas após ele ter recobrado a consciência, os médicos descobriram que ele fora ferido internamente na cabeça, o que afetara o nervo óptico. Durante meses o menino teve visão apenas parcial. Agora está curado disso também.

No ano seguinte tive o prazer de me sentar perto de Lucas no casamento de sua tia Gayle. Enquanto esperávamos o cortejo nupcial começar, perguntei a ele se gostava da escola católica que estava freqüentando. Lucas respondeu que sim, mas que ficava aborrecido quando lhe diziam de que forma devia pensar em Deus. Indaguei como era que ele pensava em Deus, e a resposta foi:

— Não, não consigo pôr isso em palavras.

— E quanto aos anjos? Acredita que eles existam?

— Eu sei que eles existem! — Lucas afirmou. — E estão em todos os lugares.

Hoje compartilho a crença de que os anjos estão em todos os lugares. Também acredito que Deus é nosso espelho: o que damos, recebemos, se julgamos, somos julgados, quando perdoamos, somos perdoados.

Em uma noite de inverno, parei em um posto para abastecer o carro. Chovia torrencialmente e ventava muito. Eram cerca de dez e meia, e eu estava exausta. Fora um longo dia de trabalho, seguido por uma reunião. Quando eu voltava para o carro, depois de pagar o atendente, um jovem me parou e perguntou se eu tinha cabos de ligação para fazer seu carro pegar. Explicou que o seu emprego era noturno e que chegaria atrasado se eu não pudesse ajudá-lo.

Eu tinha cabos de ligação, mas quase disse que não. Estava usando um casaco leve, e fazia frio. Entrei no carro e levei-o para perto do dele. Mesmo sabendo que me molharia, tirei os cabos do porta-malas e ajudei o rapaz a usá-los. Estávamos ensopados quando acabamos. Fiz o resto do caminho para casa tremendo e me achando uma idiota: "Nunca vai aprender a dizer 'não', não é?", repreendi-me. "Sabia que pode pegar uma pneumonia?"

Na manhã seguinte minha filha ligou para o meu escritório e contou que tivera um pneu furado a caminho da escola, às 6:45 da manhã, e que, como estava chovendo muito, ela não poderia trocá-lo e chegaria atrasada para a primeira aula. Então, um jovem aparecera, ela não sabia de onde, e se oferecera para ajudá-la. Trocara o pneu tão depressa que ela chegou à escola na hora certa. Minha filha disse que nem podia acreditar que aquilo acontecera.

Eu podia. Como diz a Bíblia, "Ela (a Sabedoria) derrama sua força de uma extremidade da Terra à outra, dispondo todas as coisas em boa ordem" (Sabedoria de Salomão 8:1).

Aceitando a Responsabilidade

Liberdade é a decisão de sermos responsáveis por nós mesmos.

— Nietzsche

Acredito que milagres acontecem para que tenhamos maior percepção de nossa inteireza, de nossa conexão com todas as partes de nós mesmos e do mundo. É quando aprendemos a sofrer e a cultivar a capacidade de aceitar cada acontecimento da vida, que nos tornamos mais compreensivos, responsáveis e sábios. Pode parecer paradoxal, mas quando estamos mais ligados aos outros, somos realmente mais livres. Livres do medo.

Roger Fisher, professor da Escola de Direito de Harvard, em uma de suas palestras contou uma história que reforça a idéia de que somos todos interdependentes e, assim, responsáveis por nossa vida, pelos outros.

Em uma missão de reconhecimento de clima, durante a Segunda Guerra Mundial, o piloto de um B-17 começou a testar um dos novos motores que acabara de ser instalado. Estava a uma altitude de cinco mil metros quando desligou dois motores, depois mais um, deixando apenas o novo funcionando. Em seu entusiasmo, desligou esse também. Por alguns segundos o avião planou, enquanto o resto da tripulação prendia o fôlego. O piloto, então, apertou o botão para religar o motor, e nada aconteceu. Apertou freneticamente uma porção de botões, mas ficou logo evidente que não havia jeito de ligar nenhum dos motores. Quando os tripulantes começaram a afivelar os pára-quedas, o co-piloto riu e disse ao piloto: "Rapaz, você está em apuros!".

A história mostra como é inútil culpar as pessoas, até nós mesmos, numa crise. É fácil recorrer às nossas defesas de negação, raiva, obsessão e depressão, mas a reação criativa a todas as situações é aquela que assegura a vida. A expressão criativa do piloto foi ele aceitar a realidade do momento e dispor-se a se livrar da situação, saltando do avião com seus companheiros. Aceitar a responsabilidade por nossa cota de problemas, tanto pessoais como coletivos, pode nos dar a capacidade de acender a lâmpada do mundo.

Jó teve de acender a luz da compreensão para chegar ao estágio final de sua dor, a aceitação, e ser abençoado com paz interior. Primeiro, ele teve de aceitar a mudança em sua vida, por mais dolorosa que fosse. Segundo, precisou aceitar a responsabilidade pela criação de uma nova vida. Aceitar significa reconhecer que os acontecimentos da vida nos fazem crescer. Também significa perdoar a nós mesmos por não termos sido capazes de controlar os acontecimentos. Por fim, significa agradecer por nossa reação à mudança, porque é assim que encontramos nossa verdadeira criatividade.

Jó resistiu tanto, antes de aceitar a natureza das mudanças em sua vida, que provocou o maior discurso de Deus em toda a Bíblia! A resposta de Deus a Jó foi uma proclamação de poder, beleza, elegância e, acima de tudo, do caos e da selvageria como componentes do todo que dá equilíbrio à criação. Deus falou sobre como criou a terra, os mares, o céu e os animais, a neutralidade da vida e da morte, dos limites e do equilíbrio do mundo. Jó, então, abriu-se para maravilhosas possibilidades e perdeu o medo.

Ao perder o medo, Jó aceitou a si mesmo no presente, neste mundo, fazendo parte da ordem natural das coisas. Sua antiga visão do mundo envolvia o controle da natureza, medo de acontecimentos naturais, apego a paradigmas morais e legais, que o levava a culpar-se, culpar os outros e até Deus, diante de uma espantosa mudança em sua vida.

A poderosa poesia de Deus fez com que Jó visse a si mesmo de uma nova maneira, dando-lhe a compreensão da grandiosidade da vida. O "tônico selvagem", como disse Thoreau, faz com que compreendamos que nada na natureza precisa ser controlado, arrumado ou mudado. Precisamos apenas tomar consciência de que todos os aspectos da vida são sagrados, que selvageria, natureza, caos e paz fazem parte da ordem do mundo.

Depois do discurso da criação, de dentro de um redemoinho de vento, Deus zangou-se com os amigos de Jó porque não haviam falado a Seu respeito como deviam, lembrando-o de que aquilo tipo de compreensão não é suficiente para transformar uma pessoa. É preciso pôr pensamentos corretos em ação. Jó teve de pôr de lado seus comportamentos de defesa, obsessões furiosas e racionalizações depressivas, os "velhos amigos" que limitavam sua vida. Precisou demonstrar maturidade, intercedendo por outras pessoas, ensinando a maravilhosa lição que acabara de aprender. Foi só depois de retribuir dessa maneira que ele recuperou tudo o que perdera.

O falecido filósofo Joseph Campbell falava do poder transformador da jornada do herói mitológico. Acredito que todos somos heróis numa jornada em busca da autodescoberta, da auto-aceitação e da auto-expressão. Em algum ponto do caminho da vida, uma crise nos arranca de nossa zona de conforto e nos atira em uma outra estrada de aventura. Muitas vezes recebemos um convite para a aventura, mas o ignoramos porque sabemos que seremos forçados a entrar em um mundo novo, uma esfera desconhecida que destruirá nossos planos seguros para o futuro. Resistimos, até que a vida não nos dá mais escolha. Nosso refúgio desaparece. Na estrada em que fomos atirados, enfrentamos situações nunca antes enfrentadas, monstros perigosos, batalhas e conflitos aos quais achamos que não vamos sobreviver. Ficamos frente a frente com nossos piores medos e temos de enfrentá-los e vencê-los.

Campbell afirmou que sempre recebemos ajuda sobrenatural ao longo do caminho em forma de uma voz que ouvimos em nosso íntimo, de uma pessoa sábia, de uma visão ou de um sonho que nos orientam. No fim da jornada, podemos estar meio mortos, mas alcançamos nosso objetivo. O prêmio é a recriação, o nascimento de um novo ser, um ser adulto, que entra em mundo melhor, de consciência transformada.

Os benefícios da jornada heróica são muitos e esplêndidos. O maior é a transformação da consciência, pela qual a compreensão do mundo e de nosso poder pessoal se expande. Matamos o ego infantil, que nos puxava para trás e nos fazia manipular os outros para que cuidassem de nós. Com coragem, demos à luz um ser totalmente desenvolvido, forte, que não pode ser transformado em vítima facilmente.

Os dragões da defesa — negação, projeções, racionalizações, medo e confusão — estão mortos. Não podem mais nos impedir de desenvolver todo o nosso potencial de ter uma vida transbordante de possibilidades.

Como resultado de nossas gloriosas lutas, aprendemos a integrar os aspectos masculino e feminino de nossa personalidade. Aprendemos a pensar abstratamente, a nos sujeitarmos mais à limitação da nossa percepção do bom e do mau, do certo e do errado, da fraqueza e da força. Ganhamos mais sabedoria e capacidade de sentir compaixão.

A compaixão, esse benefício de nossa jornada como heróis, aparece quando reconhecemos que estamos dispostos a servir, a fazer sacrifícios por alguém ou por uma causa. Esse marco de maturidade nos faz reconhecer que, como verdadeiros adultos, nos afirmamos mediante os cuidados que dispensamos a nós mesmos e aos outros, mediante o desejo de melhorar o mundo para a próxima geração. Dessa forma, vivemos integrados com nossos valores e temos compaixão por nós próprios e por todos os que nos rodeiam.

Essa palavra "aceitação" pode dar idéia de passividade, mas, na verdade, descreve um poderoso processo de demolição de defesas e de liberação do ego. A respeito desse processo, diz o físico Fred Alan Wolf: "Depois de romper a barreira das ilusões que aprisiona nossas almas, percebemos uma aura brilhante de divindade em todos os lugares e em tudo o que fazemos".

Quando Jó viu a luz, reconheceu o Deus dentro dele, a sabedoria e a integridade que lhe permitiram criar uma moralidade mais alta e aceitar maior abundância em sua vida. Quando abrimos o coração às mudanças da vida, aceitamos e agradecemos nossa integridade, nossa criatividade e nosso sucesso. Ganhamos, como Jó, paz interior.

> *Estar no aqui e no agora significa aceitar o lento processo da evolução humana, conformando-nos com as nossas limitações. Ter paciência é declarar que temos fé no plano divino.*
>
> — Barbara Ann Brenan

> *A Terra é um planeta de manifestação. Fazer nossa luz brilhar significa dar expressão à nossa criatividade.*
>
> — Sandra Ingerman, em *A Fall to Grace*

Disciplina Criativa Diária
(Aceitação: Abraçando o Sucesso)

1. Pergunte-se: **Qual é minha crise? Selecione** pelo menos uma coisa que esteja aprendendo no confronto com essa mudança. Aceite que o que está acontecendo agora é para o seu bem e para favorecer seu crescimento.

2. Pergunte: **Que resposta criativa** estou dando a essa mudança em minha vida? **Sei sofrer? Em que ponto de meu sofrimento costumo ficar preso?** Pense em maneiras de melhorar sua auto-expressão. Faça uma lista de sete modos criativos de reagir a uma mudança.

3. Desenvolva muitas maneiras de **alcançar a aceitação**, de chegar ao "sim" diante de crise e mudanças. Todos os dias, faça duas coisas que o ajudem a **flutuar acima do tumulto**, como vapor flutuando acima da água em ebulição. Confúcio meditava, Jesus orava, adultos flexíveis demonstram fé e agem de modo positivo.

4. Escolha viver com completa percepção e entregar-se à orientação divina. **Confirme sua fé** em que você está no mundo para realizar algo muito importante. Você tem um propósito na vida: criar filhos saudáveis e bem ajustados, trabalhar para o bem da comunidade, dar amor a alguém que atravessa uma crise, ganhar sabedoria. **Aceite os milagres** que acontecem em seu caminho.

5. **Viva com amor.** Pratique as três formas de orar: comunicação com Deus, estudo e procedimento correto. Faça uma boa ação por dia e note como se sente orgulhoso e contente, cheio de amor por si mesmo. Lembre-se de que, se chegou ao estágio da aceitação, foi porque sobreviveu e continuará a sobreviver a todos os altos e baixos da vida, e que chegou a hora de **florescer!** Agora você vive e ama de modo bem-sucedido.

6. Michael Naranjo sugere este exercício de criatividade: Usando argila, modele a representação de **algo que você gosta.** Trabalhe na peça até ficar satisfeito. "Fui eu que fiz", diga a si mesmo. "Gosto dessa minha criação. **É perfeita e me dá felicidade.**" Só isso.

7. Concentre-se e visualize uma linda fonte. Veja como a água sobe do tanque na parte de baixo até o ponto mais alto, de onde jorra suavemente, sem parar. Pense em cada experiência adversa como uma oportunidade de **aceitar o crescimento e maior abundância** em sua vida. Enquanto você **pratica aceitação e gratidão**, essa energia positiva vai gerando mais e mais alegria. Você se tornará uma fonte de amor.

8

Transcendência: Criando Paz, Propósito e Amor

O único poder que pode promover as transformações que descrevemos é o do amor.

— Huston Smith

Criando paz

Sempre amei o mar. Ser menina em San Diego, nos anos 1940, era como ser Eva antes da queda. Havia guerra, mas estava tão distante que nem mesmo os cinejornais, carnês de racionamento e cortinas pretas nas janelas conseguiam fazer com que ela se tornasse real para mim. A mim e a minha irmã, a guerra trouxe a novidade da margarina, uma pasta que parecia manteiga e tinha quase o mesmo sabor. A guerra significava que precisávamos alimentar bem as galinhas para termos ovos, e tratar da pequena horta que nos dava legumes e verdura. Também significava mais liberdade para as crianças, porque nossas mães iam trabalhar nas fábricas de aviões, embora ficássemos encarregadas de preparar as refeições e limpar a casa. Sobrava-nos muito tempo para brincar, sobretudo no verão. Íamos todos juntos à praia, de bicicleta ou ônibus, e isso nos dava um senso de comunidade. Brincar, ler, conversar ou simplesmente ficar olhando para o oceano eram nossas formas de meditar.

Eu sabia que havia coisas interessantes abaixo da superfície do mar, e gostosas também. O irmão mais velho de minha melhor amiga ia para La Jolla e voltava com moluscos que arrancávamos das conchas, batíamos com o martelo de carne, passávamos em farinha de rosca e fritávamos para o jantar.

Foi só muitos anos depois, quando comecei a praticar mergulho, que descobri como são lindas muitas das criaturas marinhas. Esse esporte tornou-se uma de minha paixões, tão forte que criei a necessidade de visitar Grand Cayman, Baamas, Taiti, Bora Bora e Bali. Os animais que mais me fascinaram por sua rara beleza são os nudibrânquios, a respeito dos quais eu lera na *National Geographic*, antes de vê-los com meus próprios olhos no recife Great Barrier, em 1995.

Os nudibrânquios são classificados como moluscos, e eu não entendia por quê, até saber que eram lesmas que abandonavam a concha, daí serem chamados também de lesmas-do-mar. Exibem formas exóticas e cores vivas, o que justifica o fato de receberem nomes como: bailarinos-espanhóis, os que mostram ondulantes mantos vermelhos e cor-de-rosa, ou dragões-azuis, que apresentam filamentos em todos os tons de azul serpenteando ao redor do corpo azul e dourado. Outros são brancos orlados de dourado, e outros, ainda, têm cor amarela translúcida e pintas pretas.

Alimentam-se de plantas unicelulares, como algas, que por meio da fotossíntese criam nutrientes para eles. Para proteger-se, ingerem organismos que possuem células picantes, cobrindo-os com muco para não se envenenar. Essas células acabam em suas frondes crespas, tornando-se armas que os protegem contra predadores.

Nós também podemos deixar para trás a concha que nos prende. As defesas psicológicas que nos protegem enquanto somos crianças, na idade adulta restringem nossa liberdade e beleza. A negação da dor, a raiva projetada pela mágoa, a obsessão que usa o medo para nos controlar e a depressão que nos prende ao passado devem ser abandonadas para que possamos crescer em liberdade. Podemos aprender a superar as crises e flutuar acima delas, internalizar esse conhecimento e transformar a energia da decepção e do medo em atividades criativas que confirmam a vida.

Assim como a guerra me deu independência e propósito na infância, a crise pela qual passei na idade adulta, ao ser processada, preparou-me para ajudar muitos outros a sair da dor profunda gerada por situações adversas. Meu envolvimento com pessoas que sofreram traumas me ensinou muito a respeito da flexibilidade do ser humano. Minhas experiências com a morte tornaram-me capaz de ajudar melhor aqueles que enfrentam perdas profundamente dolorosas. E aprender a aceitar a morte física levou-me à percepção de que a vida não acaba. Meu divórcio me ensinou que muitos de nós têm de deixar o lar novamente, depois de adultos, porque é preciso abandonar relacionamentos que não mais contribuem para o nosso crescimento e criar novos vínculos mediante os quais podemos cultivar nosso amor.

Como os nudibrânquios, todos nós temos à nossa disposição os recursos necessários para a autocriação, para a expressão de pensamentos e emoções, para ganhar a liberdade, escapando do medo. Como o pintor Paul Klee disse: "Livre-se de sua concha e tente, por um momento, pensar em si mesmo como sendo Deus".

Agnes Martin

Estou de mãos dadas com a alegria, na porta da minha casa.

— Agnes Martin

A pintora abstracionista Agnes Martin cultivou alegria e sabedoria durante seus 86 anos de vida. Seu apartamento pequeno e simples em Taos, Novo México, fica a uma curta distância de seu ateliê, onde ela ainda pinta todos os dias. Sua obra tem sido comparada com a de Mondrian, Kandinsky e Klee. Quadros seus encontram-se no Guggenheim e no Museu Metropolitan de Arte Moderna de Nova York, e em exposição permanente no Museu Harwood, em Taos. Ela é muito estimada, mas mesmo que não fosse, não se importaria, porque não tem a mínima preocupação com o que possam pensar a seu respeito ou de sua arte. Quando lhe perguntei quem influenciara sua obra, ela respondeu que não acreditava nesse tipo de influência. Agnes Martin acredita na inspiração do próprio indivíduo.

Ela me contou que, quando começou a pintar, pintava gramados, flores e índios, mas que não gostava de seus quadros. Pintou durante vinte anos sem gostar do próprio trabalho. Então, teve uma inspiração totalmente abstrata, que ela chama de inocente, além do natural. Sua pintura tornou-se completamente abstrata, da qual ela gosta.

Embora se refira à sua obra como sendo além do natural, sua prosa e sua poesia cintilam com imagens naturais.

O lado de baixo da folha fresca na sombra
é sublime em sua falta de ênfase,
sorrindo com inocência.
Os frágeis talos,
tremendo na luz,
dobram-se e partem-se em silêncio.

Este poema, como o quadros,
não é a respeito da natureza,
não é o que se vê,
é o que se sabe
para sempre na mente.

e

O reflexo de um pôr-do-sol fala alto sobre dias.

Embora Agnes Martin tenha escrito que "estamos no meio da realidade, reagindo com alegria", conhecê-la e ver sua obra faz com que nos lembremos de suas referências a um outro tipo de realidade, que ela chama de reação transcendente, "a felicidade de nos sentirmos livres e sem relação com este ambiente concreto".

Ela conta que achou que sua obra abstrata não seria considerada arte, porém, para sua surpresa, todos os quadros eram vendidos durante as exposições. Na década de 1960, ela e outros pintores abstratos expuseram no Smithsonian e foram chamados de minimalistas, e sua arte, de impessoal. Agnes Martin afirma que sua arte não é impessoal, mas emocional.

Entendo que é fácil confundir sua mínima expressão de formas na tela e sua mínima expressão de emoção na conversa com frieza e indiferença. Mas, na verdade, ela é moderada, firme em suas crenças e, como um crítico resumiu, uma pintora meditativa.

As "meditações" de Agnes Martin são feitas em grandes telas quadradas de 1,80 m de lado.

— Precisei me contentar com telas de um metro e meio de lado, ultimamente, porque não consigo mais lidar com as maiores — ela informou. As cores translúcidas, o branco, o amarelo ou o azul às vezes mostram formas repetitivas, linhas, grades de lápis sobre óleo, tinta ou aquarela sobre papel. Agnes disse que foi ela que deu origem ao uso da grade. Acredita que existe força na repetição, e que linhas retas a levam para além das linhas mais curvas da natureza.

Contou-me que praticou meditação por alguns anos, quando era mais jovem, e que lera muito sobre hinduísmo e budismo. Essas tradições do pensamento asiático parecem refletir-se em seu estilo e em suas declarações simples, porém filosóficas.

Obra é aquilo que é possível para você, de acordo com sua percepção da vida.

É necessário manter a mente calada para que se possa ouvir claramente a voz da inspiração.

Não é necessário não sofrer, porque tudo no sofrimento é esclarecimento.

Pode-se ir em frente com a menor resistência possível, e ainda assim comer tudo o que há no prato.

Inspiração e vida são equivalentes. Auto-expressão é inevitável.

Seja devido ao espaço aberto da pradaria canadense onde ela foi criada, seja à falta de autoritarismo dos pais, ou à força da profundidade daquilo que aprendeu sozinha, Agnes Martin é um exemplo de quem dedicou a vida à criatividade. Aprendeu a cultivar a auto-expressão de acordo com sua própria definição: seguindo a inspiração. Ela observa que a palavra "inspirar" significa simplesmente "respirar", por isso prefere viver com simplicidade, seguindo um ato de respirar após o outro, ouvindo a Mente.

Agnes falou das duas crises em sua vida — ter o coração partido quando esteve apaixonada e de um período em que literalmente quase passou fome. Diz que nunca foi infeliz, nunca se sentiu deprimida, que não vê nenhuma diferença entre o tempo em que não tinha nada e agora, que é rica.

Perguntei-lhe o que ela fez quando quase passou fome, se ficou desesperada.

— Não fiz nada — ela respondeu. — As pessoas são boas. Vim morar neste país porque acho os norte-americanos generosos e comunicativos. Eu sabia que seria ajudada.

Que conselho ela daria àqueles que se sentem desesperançados em seu sofrimento?

— Que continuem indo em frente, a despeito da decepção e da derrota. Devemos sempre ter esperança de que a inspiração virá, de que teremos exatamente o que desejamos.

Eu quis saber o que ela faz quando se sente bloqueada, tanto na pintura como na vida.

— Mantenho a mente aberta, livre para receber inspiração —respondeu. — É difícil, porque estamos sempre com a mente lotada, mas podemos esvaziá-la a fim de abrir espaço para a inspiração. Eu sempre pergunto à Mente o que virá a seguir, então espero pela próxima inspiração.

Ela diz que viver e desenvolver a criatividade são coisas tão simples como inspirar de modo consciente.

O mundo evolui devido às mudanças que acontecem nos indivíduos... em todas as coisas vivas.
O mundo evolui devido a uma crescente percepção na vida de todas as coisas.
E que se expressa em suas ações.
As ações de todas as coisas são guiadas por uma crescente percepção da vida.
Nós chamamos isso de inspiração.

Como podemos aprender, como Agnes, a criar paz interior? Como podemos nos abrir à inspiração? Podemos começar honrando o poder da mente. Com um "M" maiúsculo, a palavra Mente sugere nossa ligação com a Inteligência Divina, com guias invisíveis, com o Eu Superior ou Transcendente ou, no mínimo, o reconhecimento de que temos muito mais capacidade de autocriação do que geralmente imaginamos. Acredito que temos também uma capacidade muito maior para alcançar a paz.

O tudo de tudo, realidade, mente,
o processo do destino
como o oceano cheio até a borda,
como uma boa viagem sem problemas,
sem meta, que prossegue e prossegue.
Solidão.

— Agnes Martin

Relaxamento — Transe — Meditação — Prece

O que Agnes Martin chama de solidão, o dr. Herbert Benson poderia chamar de reação de relaxamento, e o dr. Jon Kabat-Zinn, de meditação. Também podemos nos referir a isso como estado de transe natural e meditativo. Toda vez que nos concentramos profundamente, ficamos em estado de auto-hipnose, ou transe. Entramos em transe e dele saímos várias vezes durante o dia, mas não percebemos.

Para aprender a reconhecer nossos estados de transe, podemos fazer anotações mentais quando nos pegarmos devaneando. Podemos notar que, enquanto dirigimos nosso carro para o trabalho, nos deslocamos mentalmente para outros lugares e momentos. Mas, se prestarmos especial atenção ao modo como nosso corpo se sente quando estamos nesse biorritmo natural ou transe, ficamos receptivos às cinco reações já descritas: relaxamento, distorção do tempo, suspensão do pensamento crítico, imaginação acentuada e fluxo associativo. Quando dedicamos tempo à solidão, por meio de prece, meditação, contemplação e auto-hipnose, estamos conscientemente facilitando a criação de paz interior e exterior.

Quando enfrentamos uma crise, reagimos fisicamente com estresse, emocionalmente com sofrimento e mentalmente com pensamentos de medo. A fim de transformar essa energia negativa em uma reação criativa transcendente, temos de aprender a nos acalmar, mergulhando no lago de tranqüilidade que existe dentro de cada um de nós. Uma vez lá, tudo o mais transcorre facilmente: relaxamento físico e emocional, anulação do tempo, ausência de julgamento, imagens, fluxo de pensamentos ou ausência de pensamentos, enquanto flutuamos no espaço. Todas as minhas descobertas acontecem um pouco antes, durante ou depois da minha meditação matinal.

O antídoto do estresse é a reação de relaxamento. O remédio para a tensão criada por nossa resistência à vida é a não-resistência. Para praticar a não-resistência, podemos adotar uma atitude de prece e meditação. Integrada na vida diária, essa atitude pode trazer paz para o corpo e a mente.

A professora Margaret Poloma identificou quatro métodos de oração: coloquial, de petição, ritualística e meditativa. Na forma coloquial, simplesmente conversamos com Deus, falando de nossos interesses, de ocorrências ou de nossa gratidão a Ele. Na de petição, pedimos ajuda para a solução de um problema, ou a cura para nós ou outras pessoas. A forma ritualística de prece é aquela em que recitamos de memória algo como o Pai-Nosso, as orações do rosário ou um salmo. A prece meditativa é a simples prática de silenciar a mente.

"Precisamos expandir nosso conceito de oração, não apenas confiná-lo à idéia de que orar é falar em voz alta com um pai cósmico, um homem que prefere que nos dirijamos a ele numa língua específica", diz o médico e pesquisador Larry Dossey. "Silêncio é a língua que Deus fala, e todo o resto é uma tradução ruim", declara o padre Dick Rice. Há muitas referências ao silêncio, na Bíblia. Talvez a mais conhecida seja a encontrada em Salmos 46:10, que diz: "Fique em silêncio e saiba que eu sou Deus". Quando ficamos em silêncio, sabemos que estamos na presença de Deus, seja como for que O entendamos: Criador de todas as coisas, Fonte de toda energia, Divina Inteligência, Grande Espírito, Espírito Santo, Pai, Mãe, Unidade, Amor, Vida.

Somos barulhentos. E como alguns de nós reagem mais intensamente a estímulos auditivos do que a visuais, silenciar a mente e as emoções com palavras, pronunciadas em voz alta ou silenciosamente, pode servir como o dispositivo mental necessário para atingir a concentração meditativa ou estado de prece. Podemos usar quaisquer palavras ou sons para delicadamente silenciar a tagarelice da mente e impedir que a obsessão e a confusão interfiram, impedindo-nos de ficar em paz.

Também temos uma certa tendência para a preguiça. Pela manhã, quando acordamos, voltar a dormir é sempre mais fácil do que meditar. Devemos mudar isso para ser capazes de superar crises.

A seguir você encontrará algumas sugestões de como usar a meditação diária como motivação para transformar a adversidade em energia criativa.

1. Vá para um lugar tranqüilo, onde não seja perturbado. Use fones de ouvido, se precisar bloquear os ruídos domésticos, ou ponha para tocar um disco de sons da natureza ou de música Nova Era, que não ativarão seu cérebro esquerdo com associações.

2. Sente-se confortavelmente em uma poltrona de espaldar alto que lhe dê bom apoio. Feche os olhos, ou fixe-os em algo distante, ligeiramente acima do nível do olhar, deixando que a imagem fique fora de foco, borrada, até que, muito naturalmente, seus olhos se fechem.

3. Observe aonde sua mente vai: pensamentos, imagens, sons. Aproveite esse momento em que não precisa julgar nenhum pensamento nem agir de acordo com ele. A mente está aberta, receptiva, livre para viajar, também livre para voltar ao momento presente. Tente usar uma palavra ou som repetidamente para, com gentileza, chamar a mente de volta para a percepção.

4. Talvez você queira mergulhar mais fundo no relaxamento ou usar parte do tempo de meditação para orar. Traga para diante dos olhos da mente a parte de seu corpo, a situação, a pessoa ou o grupo que o preocupam. Ponha essa imagem numa bolha de luz branca e peça a Deus que mande energia vital e até mesmo anjos para ajudar a sanar o que for necessário. Envie luz e amor.

5. Se estiver precisando de orientação, peça-a a Deus, à sua Mente Superior, ao anjo guardião ou espírito-guia. Ouça

cuidadosamente a resposta criativa. Mantenho uma caneta e papel perto de mim para anotar qualquer mensagem que me seja enviada.

6. Termine a meditação com várias afirmações, que podem ser poderosas declarações de intenção de transformar pensamentos negativos automáticos em convicções positivas. As afirmações demonstram que temos fé no fato de que tudo do que precisamos, recursos e conhecimento, será providenciado. Mantendo essa disciplina, veremos a dúvida e o medo transformar-se na prova de amor que é a paz interior.

Podemos viver cada momento com a mente em estado de prece e meditação. De acordo com a tradição religiosa dos judeus, cristãos, budistas e islamitas, a meditação, ou prece, é apenas uma das formas de orar. Uma segunda forma é por meio do serviço, pois tudo o que fazemos no trabalho ou em casa nos transformar em servos da energia de Deus-Amor. Quando servimos aos outros, ajudamos a trazer o reino da paz de Deus ao mundo. Cada fralda trocada, cada refeição preparada, cada projeto concluído, cada porção de tempo dedicada a ouvir outra pessoa ou a voz íntima que pede tranqüilidade, demonstram uma ação em forma de prece, uma transmissão de paz.

Outro modo tradicional de orar é mediante o aprendizado. Ver a mente como uma dádiva da Criação ajuda-nos a reconhecer que temos a responsabilidade de usá-la em toda sua capacidade e de reverenciar nossas conquistas em todos os níveis. Respeite tudo o que aprender, seja uma nova receita, acertar o relógio do videocassete, qualquer coisa. Aplauda-se por tudo o que aprender, sabendo que você foi designado para crescer, adquirir conhecimento, amar e, dessa maneira, transcender o tumulto.

No budismo, a prece que pode ser comparada ao Pai-Nosso dos cristãos faz alusão à conquista da paz interior da mais deliciosa das maneiras e termina com estas palavras: "Possam todos os seres ter um coração contente". Quando temos paz interior, temos um coração contente.

Tenho notado que, quando meu coração está contente, minha fé fica mais clara, e quando minha fé não pode ser questionada, minhas preces são atendidas. Vários anos atrás, fui a um congresso em Washington e retornei ao Novo México num período em que o Aeroporto National estava passando por uma reforma. A fila de carros para a área de apresentação das passagens era imensa, e parecia que eu inevitavelmente perderia o avião. Minha amiga Sandy estava dirigindo seu novo jipe e nós duas nos encontrávamos com excelente estado de espírito. Vimos, ao mesmo tempo, uma oportunidade de avançar e, sem dizer uma palavra, ela simplesmente levou o jipe para cima da calçada e conduziu-o até a porta da frente do aeroporto.

Despedimo-nos com um entusiasmado "tchau" e me senti aliviada por ter alcançado meu vôo, enquanto muitas outras pessoas estavam na fila que se arrastava e perderiam o seu. Já no avião, comecei a ler, pensando que logo estaríamos em Chicago, onde eu tomaria outro avião para Albuquerque. Quinze ou vinte minutos depois ainda estávamos no chão, e o piloto anunciou que havia uma tempestade em Chicago e que a decolagem fora adiada por tempo indefinido.

Reagi imediatamente, pensando que aquilo era inaceitável, e chamei todos os anjos daquela área, pedindo-lhes que fizessem a tempestade parar, que isso não podia levar mais do que seis minutos. Olhei para o relógio, então voltei a ler.

Seis minutos depois, a voz do piloto voltou a soar pelo alto-falante, e ele anunciou, parecendo um tanto surpreso: "Recebemos permissão para decolar". Sorri para mim mesma e murmurei: "Obrigada, obrigada!".

Já nos aproximávamos de Chicago quando o avião enfrentou bastante turbulência. Uma das comissárias começou a ler a lista dos portões de embarque, e novamente preocupei-me com a possibilidade de perder meu vôo. Quando ela não leu o número do portão de embarque para Albuquerque, mais uma vez orei: "Por favor, façam com que o portão seja bem próximo, porque na ida tive de correr uma longa distância de um portão ao outro".

Assim que desembarquei, fui até a funcionária que possuía a lista de vôos de conexão e perguntei-lhe onde ficava o portão de embarque para Albuquerque. Ela olhou para a lista e apontou para o portão em frente, no outro lado do corredor.

Com o coração contente, embarquei no avião e sentei-me ao lado de um jovem que usava calça jeans, uma velha jaqueta de couro e chapéu de caubói. Começamos a conversar, e ele me contou que estava voltando para uma fazenda em Taos, depois de comparecer ao enterro da mãe, no Canadá. Acabei contando a história da tempestade e dos anjos. Ele disse que acreditava no poder da oração, porque sua avó, a quem fora muito apegado, era uma pessoa bastante espiritualizada. Mas, quando contei que pedira para o portão de embarque ser perto do outro, ele começou a rir. Perguntei por que ria, e ele explicou que estava caminhando para o portão listado nos quadros, quando, pelos alto-falantes, viera o anúncio de que houvera uma alteração e que o vôo dele partiria do portão 36, não mais do 24. Eu desembarcara no 38.

Devo confessar que aquela não foi a primeira vez que recorri aos anjos do tempo. Em diversas de minhas viagens a ilhas, o mau tempo ameaçara impedir o trânsito de barcos que levavam pessoas até as áreas de mergulho. Todas as vezes pedi aos anjos que limpassem o tempo, e todas as vezes o dia tornou-se claro e ensolarado.

Uma das razões pelas quais passei a confiar tanto em minha habilidade de mudar o tempo foi que me lembrei de Jesus acalmando a tempestade no mar da Galiléia. De alguma forma, acreditei que podia fazer a mesma coisa, que possuía esse poder. E foi isso que comecei a questionar: poder. Por que eu me sentia mais à vontade usando o poder da Mente, direcionando a Energia Divina para favorecer minha viagens ou para encontrar uma boa vaga para estacionar, e estava sendo tímida a respeito de usar essa energia para curar almas e corpos humanos?

O médico Larry Dossey, em um de seus livros, *Healing Words: The Power of Prayer and the Practice of Medicine* ("Palavras que Curam: o Poder da Oração e a Prática da Medicina"), fala de um estudo conduzido pelo cardiologista Randolph Byrd sobre a eficácia da prece, envolvendo 393 pacientes que foram escolhidos pelo computador a fazer parte de um de dois grupos: um grupo que receberia orações de pessoas que habitualmente oravam em suas próprias casas, e um grupo que não receberia orações. Como a divisão fora feita pelo computador, nem médicos, nem enfermeiras nem pacientes sabiam quem fazia parte de qual grupo.

As pessoas que oravam pelos doentes receberam uma lista com os nomes deles, o diagnóstico e a descrição de seu estado. Pediram-lhes que orassem todos os dias, mas não lhes deram nenhuma instrução sobre como orar.

Cada paciente recebeu orações de cinco a sete pessoas, e os resultados foram bastante significativos.

1. A probabilidade de precisarem de antibióticos era cinco vezes menor.
2. A probabilidade de desenvolverem edema pulmonar era três vezes menor.
3. Nenhum paciente que recebeu orações precisou de intubação endotraqueal, enquanto doze pacientes do grupo que não recebeu orações precisaram de ventilação mecânica.
4. Morreram menos pacientes do grupo que recebeu orações. Embora esse resultado não fosse estatisticamente signifi-

cativo; se você ou eu fôssemos um dos sobreviventes, seria muito significativo para nós!

O dr. Dossey descobriu que a oração que é dirigida a Deus, em uma atitude de "seja feita a Sua vontade" é a mais eficaz. Muitos outros estudos também mostraram que as preces que não especificam o resultado que seria desejável são de duas a quatro vezes mais eficazes.

Quando oramos pedindo que aconteça o que for melhor, estamos permitindo que prevaleça o poder da Divina Inteligência. Embora tenha facilitado minha vida fazendo pedidos específicos e sendo atendida, eu não confiaria os profundos mistérios da cura à minha pequena pessoa. Não posso saber qual seria o melhor resultado em uma determinada situação. Posso, entretanto, colocar minha fé à disposição da energia do Absoluto. Com minha fé e confiança, posso servir de canal para preces poderosas que pedem o que for melhor para todos os envolvidos.

Criando Propósito

Se a arte fala claramente sobre algo importante para a vida das pessoas, pode mudar a maneira como vemos a realidade.

— Judy Chicago

Judy Chicago cria arte participativa, como ela diz, em grande escala, voando de uma cidade para outra, coordenando grupos de artistas, revisando projetos, apresentando novas idéias, criando sua própria arte, fazendo palestras, arrecadando fundos, geralmente trabalhando mais de catorze horas por dia.

Formada em artes plásticas, ela costumava passar longos dias no silêncio de seu ateliê e, como parte da rotina diária, fazia pelo menos uma hora de meditação pela manhã. Mas tudo isso mudou no verão de 1971, numa viagem ao Oregon, onde ela viu um pequeno prato de porcelana pintado a mão em uma loja de antiguidades.

Entregou-se ao estudo dessa arte antiga e fez pesquisas para conhecer as mulheres que a estavam mantendo viva. Criou um enorme projeto, reunindo centenas de outras artistas que tanto consumiram como alimentaram sua energia por toda a década seguinte. O resultado foi *O Jantar Festivo*, uma cena montada que emprega peças de porcelana pintada, bordados em ponto cruz, tecidos, objetos de cerâmica, alumínio e madeira. A obra forma um triângulo de catorze metros em cada lado e homenageia 39 mulheres com seus nomes marcando lugares à mesa, e 999 com os nomes em azulejos. A equipe de pesquisas de Judy Chicago e centenas de voluntários ajudaram-na a celebrar as conquistas e contribuições históricas das mulheres ao longo dos séculos.

"Eu quero fazer parte da vida, em vez de me isolar dela", Judy escreveu em seu diário, em maio de 1973. Sucessivas anotações revelam a angústia que conheceu nos anos que levou para completar o projeto. "Caí em algum buraco de medo, insegurança, terror, alguma coisa. Tudo começou depois que contei a Lloyd que estava tentando criar uma obra-prima", com data de 7 de dezembro de 1974. "Estou tremendamente perturbada, sozinha numa enchente de sentimentos que não quero ter, mas preciso. É pintar de novo que está causando a perturbação, pois me põe em contato com camadas e camadas de ânsia, sentimento de perda, medo, decepção e raiva, Não quero entrar novamente em mim, mas preciso" (15 de fevereiro de 1977).

A crise que primeiro levou Judy a examinar sua profunda camada de sentimento de perda foi a morte do pai, quando ela estava com treze anos. Ele era um homem alegre e inteligente que fundou um centro de atividades políticas em sua casa. Como sindicalista, era apaixonado pelo estudo de questões sociais. Também era inovador como pai, constantemente inventando jogos e brincadeiras que ensinaram Judy a aproveitar a vida, pensar nos valores humanos e cultivar seu talento para a matemática e a lógica. Talvez a mensagem mais importante que ele deu à filha foi que ela podia conquistar o que quisesse.

Pelo fato de a mãe de Judy trabalhar fora de casa, nos anos 1930-40, uma época em que se esperava que as mulheres apenas cuidassem da família, Judy cresceu tendo como modelo uma mulher que trabalhava num mundo de homens. Tanto o pai como a mãe apreciavam suas demonstrações de inteligência e a apoiaram quando ela quis estudar pintura no Instituto de Arte de Chicago.

Durante a caça aos comunistas, o pai de Judy foi retirado do sindicato, ameaçado e atacado pelo FBI. Ele voltou a trabalhar, dessa vez como vendedor de seguros, mas a sua saúde começou a deteriorar, até que ele morreu subitamente durante uma hospitalização para o tratamento de úlcera que estava provocando hemorragia. Judy não se lembra de nenhum acontecimento no anos seguinte, mas é óbvio que a perda do pai foi a propulsora de seu ciclo de sofrimento e crescimento e de sua caminhada em direção à criatividade.

Ela se casou aos 22 anos, e aos 23 passou por outra experiência de sofrimento traumático. O marido, Jerry, morreu quando seu carro caiu de um penhasco. "Eu sabia que estava sozinha para sempre, que poderia perder as pessoas amadas a qualquer momento, e que a única coisa que eu tinha na vida era eu mesma. Percebi que precisava construir minha vida sobre minha própria identidade, meu próprio trabalho, minhas necessidades, e o único modo de fazer isso era por meio da minha arte." A autobiografia de Judy não apenas documenta sua luta para encontrar sua própria forma de expressão como também sua dedicação ao trabalho de ajudar todas as mulheres a dar validade à sua criatividade.

Muito antes de suas obras épicas, *O Jantar Festivo* e *O Projeto do Nascimento*, ela ensinava e incentivava as mulheres a criar e expor sua arte. Seu propósito era e continua a ser o de fazer com que o trabalho feminino seja levado a sério. Encoraja as mulheres a projetar as emoções de forma direta e, em suas palavras, a "mergulhar em si mesmas em busca de suas fontes de energia, um passo essencial para o desenvolvimento humano e criativo". Quando nos levamos a sério e nos esforçamos para aprender a respeito de nossas reações emocionais às mudanças e à opressão, transformamos os demônios da defesa em energia, à luz da percepção de nosso amor por nós mesmos e pelos outros.

O senso de propósito de Judy Chicago inclui o reconhecimento dos elementos mais básicos da criatividade, as experiências próprias das mulheres, dar à luz e sustentar a vida. Ela notou que as contribuições das mulheres à civilização não eram ignoradas apenas nos livros de história, mas que até no mundo da arte as obras femininas eram consideradas inferiores às dos homens. Ainda mais surpreendente: as representações do nascimento estavam totalmente ausentes de todos os documentos da história da arte ocidental. Na década de 1980 Judy trabalhou para criar *O Projeto do Nascimento*, usando mitos e "o processo físico do parto como metáfora do nascimento do Universo e da própria vida".

Juntou esforços com muitas mulheres de todo o país a fim de criar imagens da experiência do parto, usando seus desenhos e pinturas, realçados por *batik*, *patchwork*, bordados, crochê, apliques, trabalhos com contas, as muitas técnicas tradicionais de trabalhos manuais usadas pelas mulheres. *O Projeto do Nascimento* resultou em uma coleção de imagens fortes, histórias escritas e ilustrações sobre o confinamento e os trajes da mulher grávida e o tratamento que elas recebem durante o parto.

A paixão de Judy Chicago pelo aprendizado e o ensino por meio de imagens é prova irrefutável de que ela transformou decepções e obstáculos em criatividade e vida transcendente. Com o marido, o fotógrafo Donald Woodman, ela se empenhou em um trabalho emocionalmente exaustivo, criação de *Projeto Holocausto: das Trevas à Luz*, que levou oito anos para ser concluído. "Em Treblinka, durante toda a nossa estada, eu só chorei", ela escreveu. "Em Auschwitz, eu me senti como se fosse perder a sanidade mental."

De vez em quando a dor a vencia, e ela era tomada pela depressão que reflete compaixão, o lugar escuro que incuba o estágio seguinte do sofrimento. Em sua angústia, ela não sabia como e se poderia criar arte com as imagens do Holocausto. Foram apenas sua indignação e dor que a fizeram seguir em frente. Em Ebensse, na Áustria, ela viu os lugares em que os prisioneiros eram obrigados a cavar quilômetros de túneis onde montavam armas para os nazistas e onde trabalhavam até morrer, muitas vezes no prazo de três dias. Essa informação provocou em Judy uma nova reação: embebedou-se e teve um pesadelo, no qual era aprisionada. No dia seguinte, tratou o marido com irritação o tempo todo. "Eu não suportava mais, não conseguia ver outra coisa além daquele horror", escreveu. Estava apresentando sintomas de estresse traumático, que freqüentemente afeta testemunhas de atos de crueldade ou pessoas que cuidam de sobreviventes de abusos sádicos.

Por quê, então, ela continuou? Por que não esqueceu o projeto e começou outro, que representasse mais esperança, mais vida? Quando abraçamos todos os aspectos da realidade, os luminosos e os escuros, e aprendemos com eles, descobrimos nosso poder. É por intermédio de um conhecimento equilibrado que encontramos a sabedoria. Não podemos crescer na negação, nem na areia movediça do sofrimento repudiado. A disposição de Judy para tomar consciência do mal permitiu-lhe lamentar, incubar e criar imagens que alertam outras pessoas contra os perigos da ignorância.

Ela quis trazer à luz o fato de que, só no século XX, mais de 60 milhões de seres humanos foram vítimas de genocídios. Não apenas os 6 milhões do Holocausto, durante a Segunda Guerra Mundial, mas 60 milhões de pessoas ao redor do mundo. Já se referiram ao nosso século como o século do genocídio. O propósito de Judy foi contribuir para "uma transformação de consciência por meio da arte". Durante o último dos oito anos da criação de *Projeto Holocausto*, morreram a mãe, o único irmão e o sogro de Judy, o que deu início a mais um ciclo de sofrimento e crescimento. "A arte fez minha vida valer a pena", ela declarou, falando de seu propósito.

Resoluções para o Milênio, seu próximo projeto, apresentará uma visão de um novo mundo. Mostrará imagens do mundo transformado em uma comunidade global de pessoas amorosas.

Acredito que o poema que ela escreveu ao terminar *O Jantar Festivo* expressa lindamente a paz interior que o trabalho de sua vida lhe deu.

A Fusão

E então, tudo o que nos separou se fundirá
E então, a compaixão se casará com o poder
E então, a gentileza virá para um mundo duro e hostil
E então, homens e mulheres serão bondosos
E então, mulheres e homens serão fortes
E então, nenhuma pessoa será submetida à vontade de outra
E então, tudo será rico, livre e variado
E então, a ganância de alguns se curvará às necessidades de muitos
E então, tudo será dividido igualmente na terra abundante
E então, todos cuidarão dos doentes, dos fracos e dos velhos

E então, todos cuidarão dos jovens
E então, todos amarão as criaturas da vida
E então, todos viverão em harmonia uns com os outros e com a terra
E então, tudo será chamado de Éden mais uma vez.

— Judy Chicago, 1979

Como o mundo aceita a união como legítima força de liderança, o estilo natural de liderança das mulheres será o dominante.

— Dorothy Cantor, Toni Bernay, em *Women in Power* ("Mulheres no Poder")

Vinte e cinco mulheres eleitas para cargos públicos foram entrevistadas por dois psicólogos da Universidade da Califórnia empenhados em descobrir o segredo da liderança. Uma das perguntas foi: "Como vocês ganharam bastante autoconfiança para vencer os obstáculos que as mulheres enfrentam para chegar ao poder político?".

As mulheres ficaram confusas com a palavra "obstáculos". Não viam obstáculos, viam apenas o trabalho árduo e a dedicação persistente que as haviam levado a atingir suas metas. A importante mensagem que as mulheres assimilaram enquanto cresciam foi a de que podiam conquistar tudo o que quisessem, a mesma que Judy Chicago recebeu do pai. Todas elas tinham cinco características em comum: acreditavam que podiam conquistar tudo o que quisessem, sabiam que podiam contar o apoio da família, sentiam-se competentes, eram sempre capazes de ver possibilidades e aprenderam a usar a agressão criativa.

No contexto de ciclos de sofrimento e crescimento e de criatividade a que me refiro neste livro todo, vemos que essas mulheres, por terem sido ajudadas a superar crises enquanto cresciam, nunca foram tentadas a viver mentiras limitadoras. Com sua mentalidade positiva, nunca ficaram presas no desapontamento e na dor. Aprenderam a usar sua energia vital para transformar o medo em poderoso senso de propósito.

Uma de minhas amigas, Roberta Cooper Ramo, juntou-se às fileiras de mulheres no poder. Em 1994, foi eleita presidente da Associação dos Advogados Americanos. Durante seu mandato, focalizou sobretudo o assunto da violência doméstica, a que nenhum grupo racial, religioso ou econômico está imune. Também trabalhou para garantir que os carentes continuassem a ter assistência legal gratuita. O interesse dela por política deve ter sido herdado, pois em seu discurso de posse citou a avó, uma mulher decidida e avançada para a época. Roberta contou que um dia, quando Franklin D. Roosevelt iria chegar à cidade onde moravam os avós, o avô, militante do partido Democrata, saiu do trabalho e foi para casa trocar de roupa. A esposa perguntou-lhe aonde ele ia.

— A uma reunião com o presidente — ele respondeu.

— Também quero ir — a avó de Roberta declarou.

— É uma reunião só para homens — o marido explicou.

A mulher, então, replicou:

— Agora não é mais.

Roberta, como as mulheres entrevistadas pelos psicólogos da Universidade da Califórnia, sempre foi apoiada pela família, aprendeu que podia conquistar o que quisesse, nunca teve sua competência questionada, vê as possibilidades em todas as situações. Pelo fato de a auto-expressão sempre ter sido incentivada em sua família, ela desenvolveu a habilidade de transformar energia agressiva em iniciativa, planos ousados e liderança. Aqueles que a conhecem bem divertem-se com seu fino senso de humor. Em qualquer conversa com Roberta, pública ou particular, o riso sempre é garantido.

E aqueles de nós que não tiveram a sorte de crescer em uma família solidária e amorosa? Acredito que precisam trabalhar mais para crescer por intermédio das crises, reconhecer as defesas que marcam sua dor e encontrar forças para praticar auto-expressão e transcendência. Talvez possam dizer o "agora não é mais" da avó de Roberta ao medo, à tristeza, às dúvidas sobre si mesmos, assim decidindo resolver a dor do passado e o medo do futuro, para que possam voltar-se para as possibilidades do presente.

"Nosso subconsciente sabe o que viemos fazer aqui", escreveu Dan Millman em seu livro *The Life You Were Born to Live* ("A Vida para a Qual Você Nasceu"). "Ele nos manda mensagens por intermédio de sonhos, intuições, desejos íntimos. A vocação de nosso destino manifesta-se como nossos mais profundos impulsos e habilidades, as forças ocultas atrás de nossa personalidade."

Devemos aprender a calar e ouvir essas mensagens. A fim de descobrir nosso propósito, precisamos aprender a confiar na intensidade de nossa percepção.

O esplendor do sol nascente só pode ser verdadeiramente apreciado quando temos esperanças quanto ao futuro.

— Daisaku Ikeda, presidente do movimento budista Soka Gakkai

É possível restaurar um espírito quebrado.

— Sarah Dixon

Durante muitos anos Sarah Dixon não teve esperanças a respeito do futuro. Nasceu com espinha bífida e hidrocefalia, a deficiência congênita mais comum depois das deficiências cardíacas. Na espinha bífida, um defeito do tubo neural, a coluna vertebral não se desenvolve adequadamente. No caso de Sarah, parte do cordão espinal ficava exposta. Abaixo do ponto onde ocorre o defeito, as conexões neurológicas são rompidas durante o crescimento fetal, causando atrofia dos membros inferiores e incontinência intestinal e urinária.

Na noite em que nasceu, Sarah passou por uma cirurgia para que o cordão espinal fosse colocado para dentro e coberto por um enxerto de pele. No final de duas semanas, foi descoberto que o fluido que preenche as cavidades do cérebro e do cordão espinal estava bloqueado. Esse líquido banha o cérebro, serve como amortecedor de choques e leva substâncias, como anticorpos, ao tecido do sistema nervoso. A hidrocefalia indica que o fluido espinal está acumulado, em vez de circular e ser drenado para permitir a produção de novo fluido. Se não houver intervenção, podem ocorrer ataques, retardamento mental e progressivo aumento do tamanho da cabeça. Sarah foi submetida a cirurgia para a instalação de um desvio, um pequeno tubo que corria do lado direito de sua cabeça, por baixo da pele, para drenar o fluido, levando-o até o abdome.

— Tive sorte, porque fiquei curada da hidrocefalia, e o desvio foi retirado — ela me disse. — É muito bom não ter mais aquele calombo na cabeça.

Sarah está agora com 28 anos. Lembro-me de quando ela completou um ano, dois, três, e seus pais fizeram enormes festas para comemorar sua sobrevivência, pois o prognóstico era que ela não viveria. Outras predições sombrias eram retardamento grave e paralisia total. Enquanto o corpo de Sarah é confinado a uma cadeira de rodas, seu espírito é tudo, menos deficiente. Ela passou um período de perigosa depressão na adolescência, mas agora suas conversas são pontilhadas de palavras como "sorte", "felicidade" e "milagre".

Como aconteceu com Frida Kahlo, Sarah teve de passar por quase trinta cirurgias, incluindo reposições do desvio, colocação de placas e pinos nos quadris e procedimentos que a livrariam de cateteres e lhe permitiriam usar o banheiro para suas necessidades fisiológicas.

Na primeira vez em que a entrevistei, ela se recuperava de uma cirurgia e estava muito esperançosa a respeito dos resultados. Contou-me que a parte mais difícil fora suportar o problema da incontinência. Suportava zombarias dos colegas de escola, ninguém se sentia bem perto dela. Passou por uma experiência que acha que foi a pior de todas.

— Eu tinha cerca de dez anos, e meu pai me levou à piscina de um pequeno asilo — ela começou a me contar. — Adoro água, sempre adorei, e estava na piscina quando duas mulheres disseram a meu pai que ele precisava me tirar de lá. Tinham visto o cateter e achavam que a minha urina contaminaria a água. Meu pai ficou furioso, mas também embaraçado, e eu fiquei muito envergonhada.

— Sarah, eu me lembro de que John Bradshaw estabeleceu a diferença entre vergonha e sentimento de culpa. Ele disse que sentimos culpa quando cometemos um erro, e vergonha quando sentimos que *somos* um erro. Foi esse tipo de vergonha que você experimentava?

— Às vezes sim, porque eu sabia, desde a pré-escola, que era diferente das outras crianças. Mas a negação me foi muito útil, porque eu pensava que um dia seria igual aos meus colegas. As zombarias me ajudaram, pois me deram impulso, fortaleceram a minha determinação. Mas, durante o curso de segundo grau, deixei-me abater pelo sofrimento, como você diria.

— Você freqüentava uma escola pública?

— Minha mãe sempre quis que eu aprendesse a me ajustar ao mundo, não a esperar que o mundo se adaptasse a mim, de modo que fui para uma escola pública. Por fim, aceitei que nunca seria igual aos outros jovens. Para fugir das zombarias, isolei-me. Odiava minha vida e tinha raiva de todo mundo. Você conhece minha irmã mais velha, Heather? Na época eu às vezes a detestava por ser saudável, da mesma forma que ela devia me detestar por ser doente. Heather precisava ficar em casa, cuidando de mim, quando mamãe ia trabalhar. Fiquei rebelde. Só usava roupas pretas, não me importava com nada e comecei a beber e a usar drogas. Queria viver uma outra realidade, estava fugindo da minha vida.

— O que a ajudou a começar a sair desse ciclo de sofrimento? — indaguei.

— O amor da minha família. Não vi esse amor, não acreditei nele por algum tempo, mas meus pais não desistiram e me levaram a um psicoterapeuta, que achou que eu devia ser hospitalizada. Meus pais concordaram, e passei duas semanas numa instituição para adolescentes. Foi pouco tempo, mas consegui deixar as drogas e fazer terapia com o dr. Scofield, que me tratou durante um ano, e ele foi à cerimônia da minha formatura.

— Existe algum estágio do ciclo de sofrimento ao qual você tende ficar presa?

— Depressão. Não sinto mais muita raiva, mas de vez em quando fico deprimida. É a meditação que me ajuda nesses períodos, que estão se tornando muito mais curtos.

— Como aprendeu a meditar?

— Tornei-me budista dois anos atrás. Recito mantras durante quarenta minutos por dia. Aos poucos, fui transformando pensamentos negativos em positivos. Conhecer o budismo me ajudou muito, assim como a religião protestante de minha mãe sempre a ajudou. Acredito em Deus e sei que a minha vida faz sentido.

— Como é que você entende o sentido da sua vida e do sofrimento?

— Acredito em carma, não como idéia de punição, mas de aprendizado. Acredito que escolhi enfrentar muitos desafios nesta vida para aprender a respeito da compaixão e, claro, do amor. Toda vez que supero um obstáculo ou me recupero de uma operação, sinto minha auto-estima crescer. Há quem diga que Deus castiga, mas não creio nisso. Para mim, Deus é amor, Buda é amor, e a minha natureza é amorosa. — Sarah ficou pensativa por uns instantes, então disse: — Bem, não sei se devo continuar falando sobre isso.

— Por favor, continue — encorajei-a.

— Foi a prática do budismo que tornou a me conectar com o mundo e comigo mesma. A meditação me traz um fluxo contínuo de energia, e essa energia me ajuda a superar as dificuldades. O fato de eu ter escolhido enfrentar tantos desafio não significa que não preciso sofrer. Significa simplesmente que preciso ser responsável pela solução dos meus problemas.

— Qual é o seu objetivo na vida?

— Meu objetivo espiritual é alcançar a iluminação, ter conhecimento, paz, sabedoria. No plano físico, quero fazer o melhor que posso. Tenho um amigo que também vive em cadeira de rodas e é um atleta fabuloso. Ele quer me ensinar a jogar basquete e a esquiar. Quero me casar um dia e ter filhos.

— Não posso deixar de perguntar uma coisa, Sarah. Como você acredita em reencarnação, o que gostaria de ser na sua próxima vida?

— Gostaria de evoluir para não ter de retornar aqui, mas, se tiver, aceitarei qualquer coisa, desde que tenha um corpo saudável. Para mim, seria o paraíso poder correr, dançar, escalar montanhas. Enquanto não posso fazer isso, visualizo meu corpo se curando, pratico o bem, faço preces por mim e pelos outros.

— E as pessoas que foram cruéis com você? Como se sente a respeito delas?

— Nas minhas orações, peço que elas sejam felizes, mas que façam isso bem longe de mim — respondeu Sarah com um sorriso. — Uma das minhas maiores descobertas foi que ninguém pode me ferir, a menos que eu permita. Conhecer o paradoxo egoísmo/altruísmo faz parte disso. Sendo egoísta, estabeleço limites definidos e valores claros, o que me torna capaz de ser altruísta, de criar felicidade e amar os outros.

— Vejo que a sua alma é linda — comentei. — Mas você percebe que é linda fisicamente também?

Ela tem cabelos loiro-avermelhados, olhos azuis e feições perfeitas.

— Na escola, vários dos meus colegas diziam que eu era bonita, mas nunca acreditei. Agora, porém, que a minha espiritualidade está em desenvolvimento, acho mais fácil ver beleza em tudo, até em mim mesma.

Sarah rodou sua cadeira até outro cômodo de seu apartamento e voltou com um livro de recortes.

— Gostei do seu apartamento — eu disse. — Sempre tive vontade de conhecer este prédio.

O rosto de Sarah iluminou-se.

— Foi um dos meus sonhos que se realizou. Eu queria morar sozinha e ter um carro. Parece que recebo tudo o que peço nas minhas orações. Sinto-me abençoada.

Ela me mostrou o livro de recortes, confeccionado artisticamente por suas mãos. Na primeira página, em letras grandes, está escrito: "Está na hora de dar o próximo passo!".

Em janeiro do ano seguinte, fui a uma cerimônia comemorativa do Dia de Martin Luther King e vi Sarah sentada na primeira fileira. Aproximei-me, conversamos um pouco, e ela me disse que estava ali porque ia cantar com um pequeno coral. Ocupei minha cadeira, imaginando como ela subiria ao palco. Quando o coral foi anunciado, Sarah levantou-se e, apoiando-se em uma bengala, subiu os poucos degraus, juntou-se aos companheiros e ficou em pé durante todo o tempo da apresentação! Que coragem, pensei. Que exemplo de determinação, de força interior, de capacidade de transformar perda em amor. No fim da cerimônia, fui até Sarah e lhe perguntei em tom de brincadeira:

— O que vai fazer depois? Voar?

— Gostei da idéia — ela respondeu com um suave sorriso. — Talvez eu comece a me visualizar criando asas.

— Você tem outros sonhos dos quais não me falou?

— Vou voltar a estudar. Embora tenha trabalhado como secretária e operadora de computadores, quero ser professora de pré-escola e de primeira série. Meu sonho é morar e lecionar no Japão durante alguns anos, e depois na Austrália.

Eu já podia ver Sarah voando, divertindo-se, saboreando a vida, tornando seus sonhos reais.

Chiclete

Doce, doce, cor-de-rosa,
nadando em minha boca.
Para cima e para baixo, virando e virando,
para a frente e para trás,
amassando-se de encontro aos dentes,
lâminas usadas para cortar
e apertar seu corpo flexível,
soltando um suco doce em minha boca.
Deixando-me com um sorriso.

Noite estrelada

Círculos piscantes no céu.
Amarelos, azul-escuros, dourados e alaranjados,
girando, girando,
tintas se misturando,
fazendo a beleza de uma noite maravilhosa.

Visão de um louco que sabia criar beleza,
ninguém nota, até ter ido embora.
Ondulada e distinta visão da noite,
ignorada até que nossa arte tenha partido do mundo,
deixando um legado de tremendo talento e profunda influência.

A viagem de Alice
...Joaninhas e borboletas escalam e beijam meu corpo inteiro. Um campo de margaridas me rodeia, e fico completamente concentrada...

O exemplo de Sarah faz com que nos lembremos de respeitar todas as experiências da vida por seu inerente potencial de crescimento e criatividade. Ela me contou que um dia esperou para falar com um professor depois da aula, mas que ele não apareceu. Achando que fora preterida em favor de outro aluno, Sarah foi para o carro e desatou em pranto. Chorou muito, antes de reconhecer que isso lhe dera a oportunidade de desabafar a dor acumulada e causada por seus problemas físicos do ano anterior. Ela diz que se sentiu muito melhor no dia seguinte.

Toda vez que lutamos ou sofremos de alguma forma, estamos trabalhando com a matéria-prima do crescimento. Essas experiências são meios de auto-expressão, o solo que usamos para passar de muda jovem a planta forte, bela e exuberante.

Criando Amor

Admire a luz que você criou. Essas palavras me ocorreram durante a meditação matinal. Eu estava preocupada, pensando em como terminaria este livro e se ele continha informações realmente úteis. Então essas palavras passaram por minha mente. Fiquei deliciada com a mensagem tão direta. "Não procure mais encontrar brilho fora de si mesma", a mensagem continuou. "A luz e o amor que você cria todos os dias, sozinha ou em interação com os outros, irão fortalecê-la e darlhe alegria." Tudo o que precisamos ouvir está dentro de nós. Só temos de nos lembrar de observar nossas borbulhantes fontes de criatividade e de ouvir o Eu Superior, ligado à intuição e à vasta Inteligência Universal.

Um coração, para amar, precisa confiar. Sempre que me vejo angustiada, penso em nós, seres humanos, como mísseis altamente inteligentes e com um perfeito sistema de orientação. Quando não confiamos, achamos que esse sistema está com defeito e agimos como crianças impacientes durante uma longa viagem. Ficamos perguntando se vai demorar para chegarmos, dizemos que estamos com fome, apostamos que estamos perdidos e desejamos nunca ter viajado. Podemos permanecer no medo e nas dúvidas até que alguém nos conforte, dizendo que está tudo bem. Essa conexão amorosa que nos conforta também nos orienta e nos liga à nossa própria força interior. Então, sossegamos, sentindo-nos seguros.

Precisamos aprender a confiar em nosso sistema de orientação e no fato de que temos todos os recursos necessários para suportar qualquer tipo de teste. Quando as provas começarem, nossa experiência de sofrimento e crescimento estará em equilíbrio, e poderemos viver na transcendência do amor.

Disciplina Criativa Diária

(Transcendência: Criando Paz, Propósito e Amor)

1. Pergunte-se se ainda abriga **reações de sofrimento**. Se responder que sim, encontre um meio de *sentir* seus sentimentos e **expressá-los**. Converse com alguém sobre eles, escreva-os, desenhe-os. Antes de dormir, peça para ter um sonho que lhe diga como mudar esses sentimentos. Visualize-os nas nuvens e veja como começam a mudar. Peça uma direta orientação de Deus, do Espírito ou da Fonte Criativa.

2. Acostume-se a **silenciar a mente** todos os dias para criar paz interior. Encontre uma oportunidade de confortar uma pessoa que você sabe que está com problemas. Isso é um ato de amor.

3. Durante um dia inteiro, **faça com que todos os seus comportamentos sejam propositados**. Declare sua intenção de honrar cada refeição, cada encontro, cada trabalho com sua gratidão.

4. **Encontre possibilidades** de mudar e crescer em todas as situações. Use sua imaginação criativa para derrubar os muros de defesa, resistência e medo da mudança. Faça isso com senso de humor. O riso é um ótimo lubrificante para a flexibilidade.

5. Faça um esforço para **transformar cada pensamento negativo em energia positiva**. Use o ponto de vista do amor para observar tudo o que fizer durante o dia, e verá como os problemas vão ficando cada vez menores. A sensação de que a energia flui livremente lhe permitirá vencer velhos hábitos limitadores e para tornar-se o que sempre quis ser.

6. Comemore seu aniversário **dando-se um presente** feito por você mesmo. Por exemplo, use o material que você guardou em sua pasta e faça uma colagem circular. Essa mandala representará seu cosmo íntimo, a unificação de todos os aspectos de sua personalidade. **Exiba sua criação orgulhosamente**.

7. Faça um lindo cartão com a parte de dentro em branco. Feche os olhos e concentre-se em sua respiração para entrar em estado meditativo. Quando se sentir pronto, abra os olhos e, no lado esquerdo do interior do cartão, escreva uma nota de agradecimento para si mesmo, em nome da Sabedoria Íntima de seu Eu Superior. Descreva seu progresso no ano anterior. No lado direito, escreva um bilhete para si mesmo, explicando o que pretende fazer para continuar crescendo no ano seguinte. Quando terminar, feche os olhos e concentre-se no ponto do terceiro olho, no meio da testa. Flutue. Torne-se nada. Torne-se tudo.

Lembretes de Paz:
Meditações, Frases, Intenções

Oração por Fé

Deus Mãe, Deus Pai, Anjos e todos os Servidores do Bem Universal,
Ajudem-me a sair de minha dor.
Ajudem-me a expandir minha visão
para ver que sobrevivi a todos os obstáculos do passado.
Fortaleçam minha fé para que eu possa saber agora
que sobreviverei à dificuldade atual.
Ajudem-me a ver claramente
o que devo aprender com esta experiência,
a entender que fui derrubado de joelhos
para que, ao me levantar, eu caminhe
para a Luz e o Amor do claro propósito.

Declaração de Fé

Não viverei com medo.
Todos os dias, deixo que a energia flua para a percepção.
Minha raiva expressa minha mágoa.
De agora em diante, deixo que minha raiva se torne a energia vital que me incentiva a me tornar completo.

Reconheço meus pensamentos obsessivos como tentativas de controlar a ansiedade. Quando os percebo, paro e confirmo minha confiança de que estou seguro no mundo. Confirmo poderosas possibilidades para a minha vida.

Na depressão, estou morrendo para o passado.
Respeito a dificuldade dessa transição e permito que os sintomas sejam a chuva que incuba um novo crescimento.
Por meio dessa adversidade, descobrirei o propósito de minha vida.

Na aceitação, permito que a sabedoria
de todos os ciclos da vida amadureça em mim.
Cultivo amor por mim mesmo e pelos outros.

Transformo incessantemente os demônios escuros da defesa em energia vital, à luz da percepção do amor.

Crises...

Toda vida plena inclui sofrimento.

— Madeleine L'Engle

A vastidão da alma só pode ser medida pela profundidade da tristeza.

— Khalil Gibran

O tempo amadurece todas as coisas: ninguém nasce sábio.

— Cervantes

É preciso aprender a navegar com qualquer vento.

— Provérbio italiano

Nada permanece, a não ser a mudança.

— Heráclito (540-480 a.C.)

Não há sol sem sombra, e é essencial conhecer a noite.

— Albert Camus

A dor pode derramar-se de um coração partido e inundar toda a Terra, mas ninguém a vê.

— Tchekhov

As auréolas de todos nós escorregam. Mas, transformando a dor em criatividade, as colocamos nos lugar.

— Gail Feldman

Para resolver um problema, é preciso ir aonde o problema não está.

— Einstein

Não se preocupe, as coisas tendem a piorar.

— Sam Roll

Todo brilho do sol forma desertos.

— Provérbio árabe

Da mesma forma que ele era capaz de gigantesca alegria, abrigava imensa tristeza.

— John Steinbeck

Satanás é todo defesa.

— W. Ulwelling

Toda situação, bem observada, contém sementes de liberdade.

— Joan Borysenko

Por mais forte que soprem os ventos do mal, a chama da verdade nunca se apagará.

— Dalai Lama

A pedra preciosa não pode ser polida sem fricção, ninguém é perfeito sem passar por provações.

— Provérbio chinês

Por estranho que possa parecer, o conhecimento intencional de nossos sentimentos em tempos de sofrimento emocional contém em si mesmo as sementes da cura.

— Jon Kabat-Zinn

Quando a mente condena uma mudança, o resultado é perda.

— Deepak Chopra

Quando uma pessoa ri, o mundo todo ri com ela. Mas quando ela chora, chora sozinha.

— Leopold Kozlaski

Continuem. Nada no mundo pode substituir a persistência. O talento não pode: nada mais comum do que um talento não reconhecido. Educação não pode: o mundo está cheio de fracassos educados. Só a persistência é onipotente.

— Calvin Coolidge, presidente dos Estados Unidos

A tribulação é um tesouro, porque nos leva cada vez mais perto de casa, o Céu.

— John Donne (1623)

Deus não nos tira nada, a não ser que queira nos dar algo melhor.

— Thomas Keating

É só por meio da crise que a fé amadurece, A dúvida precisa devorar a velha forma de fé, de modo que uma nova e mais profunda fé possa nascer em nós.

— Paul Tillich

A adversidade nos faz redescobrir a nós mesmos e o Deus que existe em nosso íntimo.

— Alan Cohen

Criatividade...

Como seria a vida se soltássemos toda nossa criatividade?

— Dan Millman

Olhe para dentro, que é onde o céu está.

— Rev. H. Patrick Pollard

A criação de mil florestas está numa bolota de carvalho.

— Emerson

Minhas palavras são meu guarda-roupa.

— Laurie Beth Jones

Pelo ato criativo, somos capazes de ir além de nossa morte.

— Rollo May

Uma espantosa capacidade de poder criativo está embutida em nossos genes, pronta para se desdobrar.

— Joseph Chilton Pearce

Você e eu já nascemos muitas vezes.

— Krishna (*Bhagavad-Gita*)

A excentricidade dá energia.

— Carly Simon

Lembre-se de que você está constantemente criando a si mesmo.

— Neale Donald Walsch, em *Conversations with God* ("Conversando com Deus")

As coisa mais lindas que podemos conhecer são as misteriosas.

— Einstein

Encontre cem maneiras...

— Quincy Jones

Na arte nos esforçamos para ser criativos, mas, se formos criativos demais na política, matamos os outros de susto.

— Ben Nighthorse Campbell, senador dos Estados Unidos, índio norte-americano (1995)

Vá em frente e dê um susto daqueles em todo mundo.

— Gail Feldman

A criatividade, como a vida humana, começa no escuro.

— Julia Cameron

Os artistas amam seus instrumentos. Ame os seus.

— Gail Feldman

No processo criativo, mudança é a regra.

— Robert Fritz

Vivemos em um mundo no qual a vida quer acontecer.

— Margaret Wheatley

O mundo interior aprofunda-se e fica mais refinado à medida que a empatia se expande.

— Huston Smith

Ouse ser grande, mas primeiro ouse fazer papel de tolo.

— E. Lynn Werner

Volte para seu coração criativo. Está na hora.

— Gail Feldman

Para que possamos voar, temos de desistir do chão sob nossos pés.

— Elia Wise

Transcendência...

Reconhecer Deus e viver são a mesma coisa.

— Tolstói

A maior perfeição da alma é a capacidade de sentir prazer.

— Anônimo

Vida transcendente: a capacidade de superar o medo do sofrimento e transformar a energia da resistência e defesa em uma vitalidade ilimitada de crescimento, que se manifesta como criatividade.

— Gail Feldman

O mundo não é um lugar, mas a vastidão da alma.

— Amy Tan

Todas as almas são uma só. Cada uma é uma centelha da alma original, e essa alma é completamente inerente a todas as almas.

— Martin Buber

Ame a todos, sirva a todos.

— Sai Baba

O Universo conspira para lhe dar o que você quer.

— Anônimo

Muitas coisas que começam bem acabam mal. A meditação começa com dificuldade e acaba em prazer, felicidade e harmonia.

— Bernard Ghunter

Temos de respeitar o que é bom, bonito e importante em outras culturas, para nos transformar.

— Thich Nhat Hanh

O amor é a maior virtude humana, na verdade, a maior virtude do Universo.

— Erik H. Erikson

Quando o coração chora o que perdeu, o espírito se rejubila com o que encontrou.

— Ditado sufi

Tudo é possível se você acreditar que é.

— Jesus de Nazaré

Somos postos num pequeno espaço do mundo para que possamos aprender a sustentar as vigas do amor.

— William Blake

É preciso coragem para amar, mas a dor causada pelo amor é o fogo purificador que aqueles que amam generosamente conhecem.

— Eleanor Roosevelt

O objetivo da vida é viver, e viver significa estar consciente, alegremente, embriagadamente, serenamente, divinamente consciente.

— Henry Miller

A função da vida é viver o potencial.

— Joseph Campbell

Afogado no impiedoso encantamento de ser.

— Nancy Zala

Deus é a própria vida que respira e bate o coração.

— Shari Sorbo

Como todos nós podemos conceber um bem maior do que aquele que conhecemos até agora, todos nós temos a capacidade de transcender.

— Ernest Holmes

Prece matinal

Saúdo este dia com o coração aberto

Permito-me ser um canal para o amor

Creio com confiança que minha vida transcorrerá do modo certo

Não ofereço resistência

Aceito os milagres

Vejo a verdade